KB180559

인지적 사고와 국어교육론

인지적 사고와 국어교육론

김 종 률

역락

책 머 리 에

국어과 인지적 사고와 국어교육을 염두에 두고서 쓴 글들을 수정·윤색하여 한 편의 연구서를 낸다. 오랫동안 국어교육학과 관련된 글을 쓰면서 한편으로는 인지적 사고에 관심을 두었다. 그래서 인접 학문에서 다룬 인지적 사고를 조금씩 접하다가 한 가지 의문이 들게 되었다. 그것은 '국어과의 인지적 사고는 인접 학문의 인지적 사고와 동일한가.' 하는 것이었다. '인접 학문에서 체계화한 인지적 사고의 보편성이 그대로 국어과의 인지적 사고 영역으로 자리 잡기도 하지만 국어과의 특수성이 고려되어야 하지 않을까.' 하는 생각이 들었다.

그리고 국어과 교육과정에는 학습자의 고등 사고 능력 신장이라는 교육 목표가 설정되어 있다. 이를 접하면서 또 하나의 의문은 '인지적 사고 능력을 신장하기 위해서는 인지적 사고 영역의 체계가 우선적으로 이루어져야 하는 것이 아닐까.' 하는 것이었다. 그래서 인접 학문에서 추구하는 인지적 사고의 보편성과 국어교육에서 추구하는 인지적 사고의 특수성을 고려하여 글을 쓰게 된 것이다.

인지적 사고는 화법과 작문, 독서와 문법, 문학을 모두 아우른다. 문학이라고 해서 인지적 사고가 작동하지 않는 것은 아니다. 대상을 관찰한다는 것은 인지적 사고가 작동하고 있다는 것을 의미하며, 그 대상을 문학적으로 수용하는 과정에서 기억이라는 인지적 사고가 자리 잡는다. 특히 작가의 체험은 장기기억 속에서 회상을 통해 재인된다는 점을 감안하면 어떤 형태로든 인지적 사고는 작동된다. 물론 텍스트 생산 과정에서 정의적 사고 영역을 중심으로 미적 형상화를 추구한다는 점에서 문학과 비문학은 다르다고 말할 수도 있다. 그러나 사실적 사고인 묘사나 서사, 이해적 사고인 설명이나 해설, 논리적 사고인 논증이 현대소설 작품에 쓰이고 있다는 점을 감안하면 인지적 사고는 문학과 문법을 포함한 비문학을 모두 아우른다고 보아야 한다.

인지적 사고의 관점에서 국어교육은 통합교육을 지향해야 한다. 물리적으로 화법과 작문이, 독서와 문법이 통합되었지만, 이를 유기적으로 엮을 수 있는 기준이 필요하다고 보고, 오랫동안 인지적 사고의 관점에서 글을 써왔다. 사고 중심의 읽기와 쓰기의 통합은 읽기 사고가 쓰기 사고로, 쓰기 사고가 읽기 사고로 전이되어야 한다고 본다. 동일한 사고가 작동하기 때문이다. 나아가 텍스트 수용과 생산에서도 인지적 사고는 동일하거나 유사하게 작동한다. 텍스트 수용에 작동하는 인지적 사고가 별도로 존재하고, 텍스트 생산에 작동하는 인지적 사고가 별도로 존재하는 것은 아니기 때문이다.

특히 인지적 사고와 관련하여 기존의 텍스트 분류 체계를 되돌아보아야 할 것이다. 문학 텍스트 분류는 양식에 따른 분류이고 여기에는 큰 문제점이 없다. 그러나 비문학 텍스트 분류 체계는 텍스트의 목적에 따라 설득을 위한 텍스트, 정보전달을 위한 텍스트, 자기표현과 사회적 상호작용을 위한 텍스트이다. 이러한 분류 체계는 학문적 목적성을 띤 '논술'을 수용하지 못한다는 한계가 있다. 따라서 비문학 텍스트도 사고와 관련시켜 논술 양식, 기술 양식, 서술 양식의 분류 체계를 지향해야 한다. 이러한 분류 체계에 맞추어 시각자료를 활용한 언어사용의 교육내용 조직에 대한 방안을 제시해 보았다.

인간의 두뇌는 어느 한 쪽 사고 영역만을 작동시키지 않는다. 만약, 어느 하나의 사고 영역에 편중한다는 것은 학문적 입장에서 필요에 의한 행위로 보아야 할 것이다. 보편적으로 인간은 인지적 사고 영역과 정의적 사고 영역 모두를 공유하면서 삶을 영위한다. 이와 마찬가지로 국어교육학 또한 두 가지 사고 영역의 고른 발달을 추구할 필요가 있다. 이러한 의미에서 시적 대상에 대한 관찰 및 수용의 방향에서 미의식을 바라볼 필요가 있다. 그럼에도 불구하고 필자의 연구서는 정의적 사고 영역보다 인지적 사고 영역에 초점을 맞추고 있다는 점에서 필자는 언제나 부족하고 미흡하다.

오랜 시간 현장교육에 임하면서 학생들에게 무엇이 절실한가를 생각하였다. 국어교육은 학문적 목적의 글쓰기 지도와 더불어 실용적 목적의 글씨기 지도도 필요하다. 미국의 교육이 이를 모두 수용하고 있다는 점을 감안하면 우리의 국어교육도 변화를 모색해야 한다는 생각이 든다. 그리고 지금까지 인접 학문에서 학습 방법에 대한 연구가 40여 년 이상 진행되어 왔다. 이를 국어교육학적 관점에서 수용하여 개별적인 연구가 이루어졌으나, 아쉬운 점은 그 학습 방법이 어떻게 통합적으로 학습자들에 의해 수용되고 있는지, 또 학습 방법을 활용한 인지적 학습 과정은 어떻게 이루어져야 하는지를 밝혀내지 못하였다. 그래서 필자는 국어 학습자들이 어떤 학습 방법을 선호하는지를 밝혀 이를 토대로 인지적 학습 과정을 모색하였다. 인지적 학습 과정은 완성된 것은 아니다. 많은 연구자들에 의해 좀 더 보완되고 수정되기를 기대한다.

이 연구서가 완성되기까지는 이강옥 선생님의 은혜가 크다. 4년 전 담당 교수로서의 학위논문 지도가 큰 보탬이 되었다. 부족한 부분을 채워갈 수 있는 인고의 시간을 지켜봐 주신 선생님께 깊은 감사를 드린다. 그리고 인생과 문학을 가르쳐 주신 윤영천 선생님, 언제나 따뜻한 마음으로 대해 주시면서 이 길을 걷게 해 주신 서종학 선생님, 국어교육 연구에 밑바탕을 마련해 주신 성호경 선생님, 사고를 좀 더 깊이 연구하도록 만들어 주신 박종홍 선생님, 인생을 다시금 성찰할 수 있도록 해 주신 전재강 선생님, 청춘을 학문과 엮어 주신 정호웅 선생님, 학문적 토대를 마련해 주신 김정우 선생님, 무더운 여름 학위모를 올려 주신 수수한 성품의 정정순 선생님, 옥구슬 같은 목소리로 후배들을 가르쳐 주시는 이미향 선생님, 학문적으로 성숙하기를 바라며 후배들을 지도하시는 신승용 선생님, 소탈하고 꾸밈없는 최미숙 선생님, 학술 논문을 쓰는 데 도움을 주신 신두환 선생님께도 감사드린다.

부족한 아들을 위해 굳은살 마다하지 않고 고향에서 평생을 보내신 부모님과 오랜 시간 친구로 지내며 사랑과 믿음으로 함께 한 아내에게 이 연구서를 바친다.

끝으로 이 책을 펴주신 역락출판사 이대현사장님께 깊이 감사드린다.

2014년 6월

김종률

제8장 │ 자기소개서 쓰기 지도 방법 • 215
－평가 항목과 평가 요소를 중심으로

제9장 │ 국어영역을 위한 인지적 학습 과정 • 237
－Dunlosky et al.의 학습 방법과 학업성취도의 상관성을 기반으로

일러두기

1. 저자가 2명인 경우, 본문 내에서 인용할 때마다 두 저자의 성을 모두 쓴다.
   예 최지은, 전은주(2009) / Richards와 Rogers(1986)

2. 저자가 3명 이상인 경우, 처음에 인용할 때는 모든 저자들의 성을 쓰고, 두 번째 인용부터는 다음 예와 같이 한다.
   예 노명완, 손영애, 이인제(1989)(처음 인용 시)
   　　노명완 외 2인(1989)(두 번째 인용부터)
   예 Bloom, Engelhart, Furst, Hill과 Krathwohl(1956)(처음 인용 시)
   　　Bloom et al.(1981)(두 번째 인용부터)

3. 책명은 『 』나 " "로 표시하지 않는다.

4. 논문명은 「 」나 ' '로 표시하지 않는다.

제1장

국어과 인지적 사고 영역 체계

1. 머리말

Bloom, Engelhart, Furst, Hill과 Krathwohl(1956)의 인지적 영역에 대한 교육 목표 분류는 교육학이나 심리학뿐 아니라 여러 인접 학문 분야에서 인지적 사고 연구의 한 중요한 줄기를 이루고 있다. 국어교육 분야에서도 인지적 사고의 계발이나 신장과 관련하여 이러한 분류와 관련된 연구가 지속적으로 이루어지고 있다. 그러나 문제는 인지적 사고의 체계가 정립되지 않은 상황에서 이루어지는 노력은 결국 한계에 부딪힐 수밖에 없다는 점이다. 왜냐하면 그 계발이나 신장의 기저에 체계가 놓이며 그 체계가 기반을 다져야 계발이나 신장이 효율적으로 극대화될 수 있기 때문이다. 따라서 이 연구는 국어교육에서 '인지적 사고를 어떻게 계발하고 신장할 것인가.'라는 물음에 대한 기저로서 '인지적 사고 영역을 어떻게 체계화할 것인가.'라는 문제의식에서 출발한다.

교육과학기술부(2012)의 초등학교 교육목표인 "학습과 생활에서 문제를 인식하고 해결하는 기초 능력을 기르고, 이를 새롭게 경험할 수 있는 상상력을 키운다."(p.3)와 중학교 교육목표인 "학습과 생활에 필요한 기초 능력과 문제 해결력을 바탕으로 창의적 사고력을 기른다."(p.4) 그리고 고등학교 교육목표인 "학습과 생활에서 새로운 이해와 가치를 창출할 수 있는 비판적, 창의적 사고력과 태도를 익힌다."(p.71)는, 국어교육이 사고력 신장 교육과 무관하지 않음을 보여준다. 이삼형, 김중신, 김창원, 이성영, 정재찬, 서혁, 심영택, 박수자(2007)에 의하면, 교육의 본질적이며 궁극적 목표 중의 하나는 '생각하는 힘'을 길러 주는 일이라고 한다. 교육의 본질적 목표가 생각하는 힘을 길러 주는 일이라면, 국어교육의 본질적 목표도 거기에서 크게 벗어나지 않을 것이라고 한다.1) 그리고 국어과 교육과정에서 내용의 영역과 기준, 교수·학습 방법, 평가 또한 교육목표에 설정된 사고력 신장 교육이 이루어질 수 있도록 그 내용이 조직되어 있다.

그래서인지 교육과학기술부(2012)에 의해 제시된 인지적 사고 관련 용어는 이전의 국어과 교육과정에 비해 그 사용 빈도가 높아지면서 종류 또한 다양해졌다. 비사고 용어가 한정어로 쓰여 낱말인 사고와 연결된 경우(국어적 사고, 고등 사고, 복합적 사고 등), 사고에 해당하는 용어가 한정어로 쓰이면서 낱말인 사고와 연결된 경우(창의적 사고, 비판적 사고, 논리적 사고 등), 사고에 해당하는 용어가 한정어와 피한정어로 연결된 경우(창의적 문제해결,

---

1) 교육의 본질을 사고력 신장에 두면 전통적으로 나누어진 교과의 구분이 모호해지는 문제가 있을 수 있다. 그러나 교육의 본질을 사고력 신장에 둔다고 해서 교과적 독자성이 상실되는 것은 아니다. 사고를 문제해결 과정이라고 한다면, 문제의 성격은 다양하다. 과학과와 관련된 문제는 자연 현상이며, 역사과와 관련된 문제는 인간의 과거사에 관한 문제이다. 과학과에서 탐구하는 문제와 역사과에서 탐구하는 문제의 성격은 분명히 다르며, 문제의 성격에 따라 문제해결에 필요한 사고 또한 달라질 수밖에 없다. 그렇다면 다른 교과와 구별되는 국어과의 고유한 영역은 국어활동이다. 국어활동은 언어적 생산과 수용으로 의미를 텍스트로 그리고 텍스트를 의미로 재구조화하는 것을 말한다. 따라서 국어교육과 사고의 관계는 텍스트의 생산과 수용의 과정에서 드러난다(이삼형 외 7인, 2007 : 46-47).

비판적 평가, 비판적 판단 등), 사고에 해당하는 용어가 단독으로 쓰인 경우(문제해결, 의사결정, 추론 등), 사고에 해당하는 용어가 한정어로 쓰이면서 언어 사용과 연결된 경우(비판적 듣기, 추론적 듣기, 사실적 듣기 등), 비사고 용어가 한정어로 쓰여 사고에 해당하는 용어와 연결된 경우(기초적 이해, 주체적 평가 등)가 그것이다.

이처럼 다양한 사고 관련 용어들이 존재하고 있으며, 그 개념과 사용역의 다양성이 보여주듯 사고의 문제에 대해서는 많은 관심만큼이나 관점과 시각의 편차 또한 상존하고 있다(최홍원, 2010 : 321). 그래서 인지적 사고 영역을 체계화하기란 쉽지 않으며, 그 체계화에 대한 합의점을 도출하기란 더욱 어려운 실정이다.

그럼에도 불구하고 국어교육학적 관점에서 인지적 사고의 체계화를 거론하는 이유는, 그 체계화에 의해 첫째 사고력 신장이라는 국어과 교육 목표 달성을 위한 실행을 효율화할 수 있고, 둘째 국어과 교수·학습의 질적 수준을 학년 발달에 따라 조직할 수 있으며, 셋째 국어과 텍스트[2] 경계의 확장 여부를 결정할 수 있기 때문이다.[3]

따라서 이 연구에서는 먼저 인지적 사고 영역의 체계와 관련된 용어를 정립하고, 다음으로 인지적 사고와 관련된 선행 연구와 그 선행 연구에서 다루지 않은 몇 가지 추가할 수 있는 인지적 사고를 검토한 후, 마지막으로 검토한 내용을 바탕으로 국어과 인지적 사고 영역의 체계화를 모색할 것이다.[4]

---

2) 이 연구서에서 텍스트는 '담화를 포함하는 텍스트'를 의미한다.
3) 국어와 사고는 불가분의 관계에 있으므로 어떤 인지적 사고로 그 영역을 체계화하느냐에 따라 국어교육의 텍스트 경계가 축소될 수도 있고 확장될 수도 있을 것이다.
4) 다만, 인지적 사고 영역의 체계화는 사고를 단순히 유목화 함으로써 사고의 본질, 즉 사고의 다양성과 복합성 및 입체성을 훼손할 우려도 있다.

2. 인지적 사고 영역의 체계 용어 정립

인지적 사고(cognitive thinking)는 학문 분야에 따라 그 개념이 조금씩 상이하게 제시되어 있으나, 대체로 인간의 기억에서부터 문제해결에 이르기까지의 개념적이고도 논리적인 성격이 강하게 나타나는 사고라 할 수 있다. 특히, 인지적 사고는 정서적 요소가 개입되는 정의적 사고와 달리 지각 대상을 기술하거나 문제를 해결하는 데 목표가 있으며, 그 결과로서의 산물은 진리, 지식이라고 부른다(한명희, 1987; 이삼형 외 7인, 2007 : 52에서 재인용). 그런데 이러한 인지적 사고는 국어교육의 대상인 국어활동, 즉 텍스트의 생산적 활동과 수용적 활동을 하는 주체들의 머릿속에서 일어나는 사고 과정(이삼형 외 7인, 2007 : 220)으로서, 국어교육의 모든 영역의 교수·학습에서 중요한 의미를 지닌다.

국어교육에서 인지적 사고는 교육 전반에서 추구하는 보편적 의미와 더불어 국어교육에서만 드러나는 특수한 의미를 함께 지닌다. 국어로써 국어를 가르치고 배우는 교과가 국어교육이라 할 때, 국어로 이루어진 텍스트, 교사와 학생간의 국어적 상호작용 그리고 학습자간의 국어적 상호작용, 의미 구성자인 학습자 그 모두가 인지적 사고 형성에 영향을 미친다(서은정, 2005 : 51). 따라서 인지적 사고는 국어사용영역, 문법영역, 문학영역의 교수·학습 활동에서 매우 중요하다.

한편, 인지적 사고가 논리적이고 개념적 성격이 강하여 비문학영역의 사고로 생각할 수도 있으나, 그렇다고 해서 문학영역에서 언어화되지 않는 것은 아니다. 왜냐하면 인지적 사고는 "문학교육에서 정보적 능력, 해석적 능력, 비평적 능력"(서울대학교 국어교육연구소, 2007 : 638) 등을 요구하기 때문이다.

또한 인지적 사고는 텍스트 생산과 수용에 모두 필요한 사고이다. 텍스트 생산은 잠재적인 텍스트 수용이며 텍스트 수용은 잠재적인 텍스트 생산인 것과 마찬가지로 텍스트 생산에 작용하는 인지적 사고는 텍스트 수용에 작용하는 잠재적인 인지적 사고이며 텍스트 수용에 작용하는 인지적 사고는 텍스트 생산에 작용하는 잠재적인 인지적 사고이기 때문이다. 따라서 인지적 사고 영역을 체계화하는 데에 문학영역과 문법을 포함한 비문학영역, 텍스트 생산과 수용을 별도로 구분하지는 않을 것이다.

본격적인 논의에 앞서, 인지적 사고 영역의 체계와 관련된 용어 사용의 혼란을 피하기 위해 인지적 사고의 유형과 그 하위 유형 및 그에 따른 용어부터 정립하고자 한다. 이는 연구자마다 동일하거나 유사한 속성을 지닌 사고를 체계화하면서 서로 다른 용어를 사용하는 데 따른 어려움을 해소하기 위해서이다.

인지적 사고 영역의 체계 용어와 관련하여 이경화(2004)는 사고 활동의 수준과 독해 전략에서 사고의 수준을 사실적 수준, 해석적 수준, 적용적 수준, 교류적 수준으로 나누어 '수준'이란 용어를 사용한다. 그러나 사고를 수준으로 체계화하는 것에 대해서는 문제가 있다. 앤더슨을 포함한 심리학계는 고도의 체계적이며 논리적인 인지구조에서 발생한 모든 종류의 사고행위는 행위의 종류와 관계없이 모두 다 고등 수준의 사고라고 보아야 한다는 입장이다(허경철, 2013 : 124). 서혁(1997)은 사실적 사고, 추론적 사고, 창의적 사고를 사고의 '범주'로 나눈다. 한국문학평론가협회(2006)에 의하면, 범주는 사물의 개념을 분류할 때 더 이상 일반화할 수 없다고 생각되는 최고의 유개념(類槪念)일 때 적합하다고 한다.

이대구(1994)는 비교와 대조, 분류, 시간 순서, 공간 순서, 인과, 연역과 귀납, 정의, 사실, 유추 등을 사고의 '유형'으로, 신명선(2004b)은 인지 중심적 사고와 정의 중심적 사고를 사고의 '유형'으로 본다. 그리고 강미영 (2010, 2012)은 사실적 사고, 추론적 사고, 창의적 사고를 문제해결적 쓰기의 복합적 사고 '유형' 또는 '과정'으로, 이해하기, 개념 형성하기, 추론하기, 추리하기, 평가하기, 종합하기를 기초적 사고 '기능'으로 설정한다. 기능은 교과 학습이나 일상생활에서 기본적 요소이기에 유의미하다. 그리고 유형은 사고의 성질이나 특징 따위를 공통적인 것끼리 묶을 수 있는 하나의 일정한 사고방식이기에 적합할 수 있다. 그러나 선행 연구에서 다루어진 인지적 사고를 고려해 볼 때, 비교·대조, 분류 등을 사실적 사고나 창의적 사고 등과 동일한 유형으로 다룰 수는 없을 것이다. 이는 유형과 그 유형에 해당하는 하위 유형으로 구분할 필요가 있다는 것을 의미한다. 즉, 사실적 사고나 창의적 사고 등은 인지적 사고의 한 유형으로, 비교·대조, 분류, 추론 등은 하위 유형으로 설정해야 할 것이다.

따라서 유형은 사고의 속성과 관련된 질적 측면에 따라 사실적 사고나 창의적 사고 등으로 나뉠 수 있으며, 그 하위 유형은 사고의 과정적 측면에 따라 기본적 사고와 복합적 사고로 나뉠 수 있다. 기본적 사고란 비교적 단일한 인지 과정으로서 다른 사고의 수행을 위해 요구되는 일반적인 사고 과정이라면, 복합적 사고는 특정 목적의 과제 수행과 관련되는 것으로 범위가 넓고 거대하며 여러 기본적 사고 과정을 포괄적으로 요구하면서(성일제, 윤병희, 양미경, 한순미, 이혜원, 임선하, 1989 : 75; 최홍원, 2010 : 335에서 재인용) 구성적 측면에서의 텍스트적 완결성을 지향하는 사고 과정이다(김종률, 2010 : 55, 2011a : 99).[5]

지금까지 살펴본 인지적 사고의 유형과 그 하위 유형을 인위적이고 형

---

5) 국어과 인지적 사고는 텍스트적 완결성을 지향하는 사고가 작동되며, 이러한 사고가 더 추가된다는 점에서 일반 인지적 사고와 다를 수 있다.

식적인 틀로 갖추어 <표 1>로 나타내면 다음과 같다.

〈표 1〉 인지적 사고 영역의 체계 용어 표

유형	하위 유형	
	기본적 사고	복합적 사고
⋮		

다만, 기본적 사고와 복합적 사고 중에는 각 유형에서 중심이 되는 사고가 있을 수 있으며, 이를 그 유형의 '주된 기본적 사고'와 '주된 복합적 사고'라고 할 수 있다. 이 용어를 선행 연구에 대한 검토와 더불어 추가할 수 있는 몇 가지 인지적 사고에 대한 검토에서 각 유형의 중심적인 사고로 자리매김할 수 있는 인지적 사고이거나 그렇지 못한 경우에 사용할 것이다.

3. 선행 연구와 인지적 사고 추가 검토

3.1. 선행 연구에 대한 비판적 검토

국어교육연구 담론에서 이루어진 사고 영역 체계는 사고의 과정이나 단계를 기능에 따라 세 범주로 나눈 서혁(1997), 사고의 과정을 기본적 사고와 복합적 사고로 구분한 이상태(2002), 사고를 인지 중심적 사고와 정의 중심적 사고로 나눈 박인기, 김창원, 공숙자, 정유진, 박창균, 이지영, 양경희(2005), 고차적 사고력의 유형과 범주를 제시한 김종률(2010, 2011a), 쓰기적 사고력의 요소와 층위를 제시한 강미영(2010, 2012), 국어과 사고의 체계화를 3차원 모형으로 나타낸 최홍원(2010) 등이 있다. 필요한 경우 이들의 사고 영역 체계를 인지적 사고 영역의 체계 용어 표를 활용하여 검토할 것이다.6) 그리고 김영정(2005)의 고등사고능력의 7범주와 Anderson, Krathwohl, Airasian, Cruikshank, Mayer, Pintrich, James Raths와 Wittrock(2001/2005)의 인지과정 차원의 개정된 분류 체계도 함께 검토할 것이다.7)

다양한 분야의 연구 중에서 이들 논문들이 검토 대상이 된 이유는 동일한 사고 용어임에도 불구하고 연구자마다 서로 다른 사고 체계를 보여주고 있어 이를 국어교육학적 관점에서 재정립할 필요성을 가졌기 때문이다. 동일한 사고 용어에 대해 어떤 경우는 유형으로, 또 어떤 경우는 하위 유형으로 설정되기도 하며, 그러면서 어떤 경우는 기본적 사고로, 또 어떤 경우는 복합적 사고로 설정되기도 한다. 이는 사고 용어 사용과 사고 체계에 대한 혼란을 가중시킬 뿐만 아니라 국어과 사고교육에 대한 방향 설정에 어려움을 더할 수도 있다. 따라서 이들 선행 연구에 대한 검토는 사고 계발이나 신장 이전 단계에서 선행되어야 할 국어과 사고 체계화의 합의점을 찾아가는 기틀을 마련할 수 있을 것이다.

---

6) 인지적 사고 영역의 체계 용어 표를 활용한다는 것은 선행 연구에서 이루어진 인지적 사고 영역의 체계 내용의 원형을 유지하면서 필요한 경우 체계 용어 사용의 혼란을 피하기 위해 인지적 사고 영역의 체계 용어 표로 구성함을 의미한다.
7) Bloom et al.(1956)의 인지적 영역은 이미 수많은 학자들에 의해 검토되었기에 이 연구에서는 논외로 하는 대신 Anderson et al.(2001)의 인지과정 차원에 대한 비판적 검토를 할 것이다.

3.1.1. 서혁(1997)의 사고의 기능과 범주

서혁(1997)은 국어적 사고력과 텍스트의 주체적 이해를 탐구하면서 기존의 사고 분석에 대한 논의들을 참고로 공통적인 사고의 과정과 단계를 '(감각) → 지각 → 개념 → 분석(해석) → 추리 → 상상 → 종합 → 비판(평가, 감상, 문제·해결)'으로 정리하고 있다. 그리고 이러한 사고의 과정이나 단계를 그 기능에 따라 다음의 세 범주로 나누는데, 이를 <표 2>로 나타내면 다음과 같다.

<표 2> 서혁(1997 : 136)의 사고의 기능과 범주

기능	범주
사실적 사고	개념 파악, 분석(수렴적 사고), 기억·재생
추론적 사고	추리(논증, 해석, 판단)·상상
창의적 사고	종합(확산적 사고), 비판(평가, 감상), (적용), 문제·해결

이 체계는 인지적 사고의 기능을 사실적 사고, 추론적 사고, 창의적 사고로 유형화함으로써 노명완, 손영애, 이인제(1989)의 '표현 기능'[8]보다 진일보한 면모를 보여준다는 점에서 가치 있다. 하지만 이 체계는 몇 가지 문제점을 안고 있다.

먼저, '추론적 사고'를 사실적 사고나 창의적 사고와 함께 하나의 기능으로 설정할 수 있는가의 문제이다. 추론은 명시적이지 않은 정보를 언어적 지식이나 배경지식을 이용하여 명시화하는 인지 작용으로, 논리학에서는 이를 하나 이상의 전제로부터 어떤 결론을 도출해 내는 사고 행위나

---

8) <표현 기능> 1. 내용 선정 및 조직 : 비교와 대조, 분류, 시간 순서, 공간 순서, 원인과 결과, 귀납과 연역, 정의 / 2. 주제를 뒷받침할 수 있는 자료의 사용 : 사실, 전문가 의견, 통계 자료, 유추, 예증(노명완 외 2인, 1989 : 108-109).

과정으로 본다(서울대학교 국어교육연구소, 2007 : 734; 서혁, 1995 : 31). 그런데 이러한 추론을 주로 다루는 것은 논리적 사고에서이다.

논리적 사고는 크게 언어 자체의 논리와 형식 논리로 나뉜다. 언어 논리란 언어가 갖는 애매성이나 오류를 피하기 위해서 갖추어야 할 논리적 요소들의 체계이며, 형식 논리란 언어에 의한 추리의 과정을 일정한 형식으로 체계화한 것이다. 즉, 논리적 사고에서는 언어 논리와 추론 과정을 주로 다룬다고 할 수 있다(서울대학교 국어교육연구소, 2007 : 173).

다음으로, '개념 파악'이 사실적 사고에 해당하는 범주인가의 문제이다. 서혁(1997 : 136)에 의하면, 사실적 사고는 텍스트 자체의 이해나 표현하고자 하는 대상에 대해 있는 그대로 표현하는 사고의 과정을 가리킨다. 그리고 국어학적으로 사실은 실제로 이루어진 일이나 일어난 일 또는 실제로 있었던 일이나 지금 현재 있는 일을 뜻한다. 그렇다면 사실적 사고나 사실은 '있는 그대로'를 핵심 어구로 한다. 따라서 사실적 사고의 개념을 재정의 하면, 사실적 사고는 경험이나 체험, 사물이나 대상 또는 현상을 있는 그대로 텍스트로 생산하거나 그렇게 생산된 텍스트의 내용을 있는 그대로 수용하는 사고이다.9)

이에 비해 개념 파악은 어떤 사물의 현상에 대한 일반적인 지식을 확실하게 해석하는 과정을 거쳐 이해에 도달하는 사고로서, 파악의 대상은 개념뿐만 아니라 의미와 내용일 수도 있으며 본질과 사실일 수도 있다. 이와 같이 파악은 개념 파악, 의미 파악, 내용 파악, 본질 파악, 사실 파악 등 다양한 맥락에서 사용된다.10) 물론 개념 파악이 사실적 사고와 무

---

9) 사실적 사고에 대한 이러한 개념은 당대의 사회적 실재에 대한 객관적 재현, 즉 있는 그대로 정확한 재현을 지향하는 사실주의의 개념과도 연계될 수 있을 것이라 본다.
10) 의미파악(search-after-meaning) 원리의 중요한 세 가지 가정은 독자의 목표 가정, 응집성 가정, 설명 가정이다(서혁, 1995 : 39). 이를 다양한 맥락에서 사용되는 '파악'

관하다고 볼 수는 없겠으나, 파악이 해석하는 과정을 거쳐 이해에 도달하는 사고라는 점에서 사실적 사고의 한 범주로 다룰 수는 없을 것이다.

그 다음으로, 사실적 사고에 설정된 '분석'과, 창의적 사고에 설정된 '종합'이 각각의 기능에 해당하는 범주인가의 문제이다. "분석과 종합은 서로 대비되는 논리적 사고"(서울대학교 교육연구소, 1994 : 309)이다. 특히, 종합과 분석이 대가 된다는 점에 주목하면 종합은 새로운 관념이나 개념을 구성한다는 의미라기보다는 분석된 대상을 다시 합한다는 의미로 보아야 할 것이다. 철학사전편찬위원회(2009)에 의하면, 분석은 종합과 반대되는 말로서 대상, 표상, 개념 등을 그것의 부분이나 요소로 분해하는 것을 말하며, 종합은 분석과 반대되는 말로서 몇 개의 요소를 결합하여 하나의 전체로 통일하는 것과 그 결과를 말한다는 것이다. 그리고 김미숙, 김은경, 박명화, 이영규, 장명익, 황재옥(2010)에 의하면, 분석은 얽혀 있거나 복잡한 것을 풀어서 개별적인 요소나 성질로 나누는 것을 말하며, 종합은 여러 개의 요소나 부분들을 전체로 하나가 되도록 모으는 것을 말한다고 한다. 따라서 분석과 종합은 서로 대립적인 관계에 놓이는 논리적 사고로 보아야 할 것이다.

그 다음으로, '비판'이 창의적 사고의 기능에 해당하는 범주인가의 문제이다. 비판적 사고는 사물에 대한 옳음을 판단하여 사물에 대한 믿음을 가지며 그 믿음으로 인하여 행위를 하려는 사고이자, 사물에 대한 그름을 판단하여 사물에 대한 믿지 않음을 가지며 그 믿지 않음으로 인하여 행위를 하지 않으려는 사고이다(김종률, 2010 : 41-42, 2011a : 81-82). 이러한 의미에서 비판적 사고는 평가나 판단과 같은 주된 기본적 사고를 한 범주로 취하는 것이기에 사실적 사고나 창의적 사고와 동궤에서 하나의 유형으

원리의 가정으로 확장할 수 있을 것이다.

로 설정되어야 할 것이다.

마지막으로, 사실적 사고에 해당하는 '기억·재생'에서 기억의 의미를 어떻게 보아야 하는가의 문제이다. 국어학적으로 기억은 이전의 인상이나 경험을 의식 속에 간직하거나 도로 생각해 내다는 뜻이다. 여기에서 '간직하다'는 '저장하고 유지하며 보존하다'라는 의미를 가지고 있으며, '도로 생각해 내다'는 '회상하고 재인하다'라는 뜻을 지니고 있다. 한국교육심리학회(2000)에 의하면, 기억(memory)은 일상에서 경험한 내용을 머릿속에 저장하고 보존했다가 필요한 시기에 회상하여 인지해 내는 일련의 과정을 의미하며, 기억의 과정은 기명(memorizing), 파지(retention), 회상(recall), 재인(recognition)의 과정으로 세분될 수 있다고 한다.[11]

따라서 사소한 의미 차이일 수도 있으나, 기억은 기명, 파지, 회상, 재인을 포함하는 인지적 사고이므로 사실적 사고의 범주에 '기억·재생'보다는 '기억(기명, 파지, 회상, 재인)'으로 설정하는 것이 적절할 것으로 보인다.

3.1.2. 김중신(1999)의 문학 교수·학습 활동의 범주

김중신(1999)은, 문학 교수·학습 활동의 대상은 작가가 작품을 통하여 형성하고 있는 의미에 대한 수렴적 파악과 그 후 학습자의 내면에서 발산되는 재구성으로 나뉜다고 하면서, 문학 교수·학습 활동의 범주를 인지적 활동 영역과 정의적 활동 영역으로 나누어 <표 3>과 같이 도식화한다.

---

11) 서울대학교 교육연구소(1994)는 기억의 과정에서 회상과 동일한 의미로 재생(recall)이라는 용어를 사용하고 있다.

<표 3> 김중신(1999 : 37)의 문학 교수 · 학습 활동의 방향

영역 \ 속성	수렴	발산
인지적 활동	알기(認識)	따지기(分辨)
정의적 활동	느끼기(感應)	즐기기(享有)

이 체계에서 인지적 활동의 범주는 수렴적 파악으로서의 알기(인식)와 발산적 재구성으로서의 따지기(분변)이다. 아는 일 곧 앎을 의미하는 알기는 "작품을 이루고 있는 언어적 의미에 대한 인식"(김중신, 1999 : 36)을 말한다. 한국문학평론가협회(2006)에 의하면, 인식은 자연, 사회, 사유 등과 같이 상대적으로 한정된 대상 영역, 또는 물질세계 전체에 대한 경험적, 이론적 앎이며, 체계적으로 정돈된 '진술들 및 진술 체계'의 형태로 존재한다는 것이다. 그리고 이러한 진술들 및 진술 체계는 각각 정도의 차이는 있지만 늘 감각적인 직관과 연결되어 있다는 것이다. 인식이 감각적인 직관과 연결되었다는 점에서 보면, 인식은 인지보다 좀 더 포괄적인 의미를 지닌다고 할 수 있다. 따라서 인식을 인지적 사고로 설정하기에는 무리가 따른다.

옳음과 그름을 밝혀 가리다의 의미인 따지기는 "작가가 형상화하고 있는 세계의 타당성이나 합리성을 분변하는 활동"(김중신, 1999 : 36)을 말한다. 분변은 어떤 사물의 같고 다름을 가린다는 의미인데, 오늘날 국어과에서 자주 활용되는 사고 용어는 아니다. 하지만 전통적인 글 읽기에서 사용된 용례를 찾아 볼 수 있다는 점을 감안하여 이를 국어교육에 적용한다면 사고의 확장을 좀 더 세밀하게 조직할 수 있을 것이다. 더욱이 따지기에는 분변 활동 이외에도 평가나 판단과 같은 활동이 가능하며, 사고적인 측면에서 평가나 판단과 같이 분변 또한 비판적 사고의 주된 기본적 사

고에 해당한다고 볼 수 있다.12)

3.1.3. 박인기 외 6인(2005)의 인지 중심적 사고

박인기 외 6인(2005)은 시인의 정서가 담겨 있는 한 편의 시를 읽을 때
에 기본적으로 인지적 사고가 작용하지 않고서는 올바른 감상에 도달할
수 없으며, 인지와 정의가 서로 구분되는 별개의 사고 과정이 될 수 없다
고 하면서 인지 중심적 사고와 정의 중심적 사고로 구분한다. 인지 중심
적 사고만을 <표 4>로 제시하면 다음과 같다.

〈표 4〉 박인기 외 6인(2005 : 45-46)의 인지 중심적 사고

유형	하위 유형
사실적 사고	개념 파악, 분석, 기억·재생, 내용과 구조의 이해
추리적 사고	추리, 상상, 내용과 과정의 추리
논리적 사고	언어 논리, 추론
비판적 사고	텍스트 내적(정확성, 적절성) 판단, 외적(타당성, 효과성) 판단

이 체계는 인지적 사고를 사실적 사고, 추리적 사고, 논리적 사고, 비판
적 사고 네 가지로 유형화함으로써 이를 세 가지로 기능화한 서혁(1997)의

---

12) 분변과 관련된 따지기에 변증이 있다. 김대행·이남렬·김중신·김동환·염은열·
조희정(2008)에 의하면, 모순이나 대립을 근본 원리로 하여 어떤 문제를 따지는 방
식인 변증은 정(正)의 면모를 드러내어 말한 다음 그에 대립되거나 모순되는 반(反)
의 측면을 말하고, 대립이나 모순의 관계를 해소하는 방안이나 제3의 대안을 제시하
는 것이라고 한다. 따지는 방식, 즉 비판적 사고방식으로서의 변증이 방안이나 제3
의 대안을 제시하는 창의적 사고방식과 충돌하는 양상을 보여준다. 한편 김종률
(2010)에 의하면, 비판적 사고로서의 변증은 사리의 옳고 그름을 밝혀 논증하는 것
이라고 한다. 이는 분변에 의한 논증 과정이라고 할 수 있다. 물론 두 견해에서 변증
이 비판적 사고의 하나라는 사실을 말해주고 있으나, 전자의 개념은 서양 철학적 관
점에서의 접근이며, 후자의 개념이 국어학적 관점에서의 접근이다.

사고 기능과 범주(<표 2>)와는 차이를 보여준다. 특히, 이 체계는 논리적 사고를 하나의 유형으로 설정했다는 점과 추론을 논리적 사고의 한 하위 유형으로 설정했다는 점에서 의미가 있는데, 그럼에도 불구하고 이 체계에는 몇 가지 문제점이 있다.13)

먼저, '추리적 사고'를 사실적 사고·논리적 사고·비판적 사고와 더불어 하나의 유형으로 설정할 수 있는가의 문제이다. 김미숙 외 5인(2010)에 의하면, 추리와 추론은 어떤 사실이나 근거를 바탕으로 미루어 짐작하여 새로운 사실을 이끌어 내는 과정이라고 하며, 이영규, 심진경, 안영이, 신은영, 윤지선(2010)에 의하면, 추리와 추론은 우리가 경험한 것을 통하여 경험하지 않은 것을 미루어 짐작해 보는 것이라고 한다.14)

한편 한국교육심리학회(2000)에 의하면, 추리를 한 명제를 출발점이나 기본적인 전제로 하여 어떤 다른 명제를 도착점이나 결론으로 획득하는 '논리적 과정'이라고 한다. 그리고 서울대학교 교육연구소(1994)에 의하면, 전제와 결론을 연결하는 과정에서 나타나는 일련의 명제군이 규칙에 따라 연결되어 있는 것이 '논증'이며, 이러한 논증을 전개하는 것을 '논리적 추리'라는 것이다. 또한 이상태(2002 : 69)의 '작문 과정에서의 내용 생성 활동'15)에서 추리에는 연역 추리와 귀납 추리가 있으며, 이것이 논리적 사고와 연결된다. 따라서 추리적 사고는 추론과 마찬가지로 논리적 사고의 한 하위 유형으로 설정되어야 할 것이다.

다음으로, '이해'를 사실적 사고의 한 하위 유형으로 설정할 수 있는가

---

13) 이 항부터는 앞 항에서 검토한 내용을 생략하기로 한다.
14) 김미숙 외 5인(2010)과 이영규 외 4인(2010)에서 볼 수 있듯이, 추리적 사고는 추론적 사고와 동일한 의미로 규정됨으로써 이 두 사고를 엄밀하게 구분하여 사용하지 않는 것으로 보인다. 그러나 추리와 추론을 국어교육학적 관점에서 구분할 필요가 있을 것이다. 이에 대해서는 5목에서 논의할 것이다.

의 문제이다. 독자는 해석의 과정을 거치면서 의미를 재구성하여 이해에 도달할 수 있기 때문에 대상에 대한 사실 그대로를 수용하는 사실적 사고의 한 범주로 다룰 수는 없다.

3.1.4. 김영정(2005)의 고등사고능력의 7범주

김영정(2005)의 고등사고능력의 7범주는 인지적 사고의 범주에 해당하는 분석적 사고, 추론적 사고, 종합적 사고, 대안적 사고가 고등사고능력의 한 범주임을 알려주는 중요한 지표가 된다는 점과 논리적 사고·비판적 사고·창의적 사고가 이러한 범주를 하나로 묶을 수 있는 고등사고능력의 한 유형이라는 사실도 보여준다는 점에서 의미가 있다. 고등사고능력의 7범주를 <표 5>로 나타내면 다음과 같다.

〈표 5〉 김영정(2005 : 109)의 고등사고능력의 7범주

비판-창의적(critico-creative) 사고 (느슨한 의미의 비판적 사고, 느슨한 의미의 창의적 사고)						
← 수리성 방향	비판적 사고					→ 예술성 방향
Formal Symbolic Thinking 기호적 사고	Analytical Thinking 분석적 사고	Inferential Thinking 추론적 사고	Synthetical Thinking 종합적 사고	Alternative Thinking 대안적 사고	Divergent Thinking 발산적 사고	Material Symbolic Thinking 상징적 사고

15)

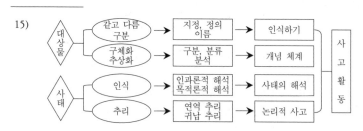

〈그림 1〉 이상태(2002)의 작문 과정에서의 내용 생성 활동

개념적 분석 텍스트 분석	분석적 추론 : 연역 종합적 추론 : 귀납	귀추 논리퍼즐 의사 결정 상황 추리 민감성	관점/발상전환 대안 창안, 시야/시계확장 시각/지평전환 재정의	유창성 융통성 독창성 정교성	
논리적 사고			창의적 사고		
광의의 논리적 사고(수렴적 사고)			협의의 창의적 사고		
협의의 논리적 사고		광의의 창의적 사고			

이 체계에서 분석적 사고, 추론적 사고, 종합적 사고, 대안적 사고는 비판적 사고의 한 범주이기도 하며, 이 중에서 분석적 사고, 추론적 사고, 종합적 사고는 논리적 사고의 한 범주이기도 하고, 대안적 사고는 창의적 사고의 한 범주이기도 하다. 그러나 이 체계는 몇 가지 문제점을 지니고 있다.

먼저, '분석적 사고', '추론적 사고', '종합적 사고', '대안적 사고'가 비판적 사고의 한 범주인가의 문제이다. 비판적 사고는 사고의 질적 측면(기능)과 관련되며, 문제해결이나 의사결정을 위한 인지적 과정과는 구별되고, 생산적인 특성을 지닌 창의적 사고에 반해 평가적이다(서울대학교 국어교육연구소, 2007 : 372). 평가는 대립적 관계에 있는 시-비, 진-위, 선-악, 미-추 등에 대한 판단을 요구하는 속성을 지니는데, 분석적 사고, 추론적 사고, 종합적 사고, 대안적 사고는 이러한 속성과 무관하지는 않겠지만 그렇다고 해서 이 속성을 주된 속성으로 내포하지는 않는다. 따라서 이들 사고는 비판적 사고의 주된 기본적 사고는 아니다.

다음으로, '의사결정'이 종합적 사고16)로서 적합한 것인가의 문제이다. 곽호완 외 4인(2003)에 의하면, 의사결정은 목표, 유인가, 확실성 및 위험

---

16) 이 연구에서 종합적 사고는 분석적 사고와 대가 되는 단일한 인지 과정을 의미한다.

도 등을 고려하여 여러 대안 행동이나 정책들 가운데 하나를 선택·적용하는 결정 과정이나 인지 과정이라고 한다.

> 의사결정 과정은 문제해결을 지향한 활동의 선택행위인 의사결정을 효율적으로 내리기 위해서 따라야 하는 과정이다. 이러한 과정은 다음과 같은 단계를 거친다. 첫째, 결정해야 되는 문제나 상황의 인식이다. 둘째, 정보수집 및 분석단계로 의사결정자는 문제가 생긴 원인이나 문제해결의 가능한 방법에 대한 정보를 수집하여 분석해야 한다. 셋째, 문제해결을 위해서 가능한 여러 대안을 확인하는 단계로 전 단계에서 수집된 정보를 기초로 대안적인 행동과정이 확인되어야 하는데 그러기 위해서는 창의성이나 경험 및 복잡한 정보를 통합할 수 능력이 요구된다. 넷째, 앞서 제시한 여러 대안을 평가하는 단계로 결정의 시행 과정에서 예상되는 결과를 서로 비교하고 장단점을 주의 깊게 고려해야 한다. 다섯째, 최종 대안을 선택해야 한다(서울대학교 국어교육연구소, 2007 : 517).

이렇게 보면 의사결정은 문제해결을 위한 과정을 거쳐 창의적 사고의 주된 기본적 사고인 대안을 선택하는 것으로, 창의성이나 통합 능력이 요구되는 사고이자 대안 이외에도 분석, 확인, 평가, 비교 등의 기본적 사고를 취하는 복합적 사고가 된다.

박영목(2012)에 의하면, 의사결정 과정은 문제해결 과정과 밀접히 관련된다고 한다. 특히, 복잡한 문제 상황에 직면하여 어느 하나의 대안을 선택해야 하는 경우에는 반드시 문제해결 과정을 거쳐야 한다는 것이다. 의사결정 과정이 문제해결 과정을 거쳐야 한다는 점에서 보면, 의사결정을 창의적 사고의 주된 복합적 사고로 자리매김할 수 있을 것이다.[17)]

---

17) 문제해결이 창의적 사고의 하위 유형(서혁, 1997 : 136; 김종률, 2010 : 98-104)이고,

3.1.5. Anderson et al.(2001/2005)의 인지과정 차원

Anderson et al.(2001)은 인지과정 차원에 '기억하다, 이해하다, 적용하다, 분석하다, 평가하다, 창안하다'의 6개 유목을 설정하며, 그 유목에 2~7개의 하위 유목들을 구성한다. 그리고 각 하위 유목별 관련 용어도 함께 제시하는데 <표 6>과 같다.

〈표 6〉 Anderson et al.(2001/2005 : 76-77)의 인지과정 차원

인지과정 유목	하위 유목	관련된 용어
1. 기억하다	1.1 재인하기	확인하기
	1.2 회상하기	인출하기
2. 이해하다	2.1 해석하기	명료화하기, 바꿔쓰기, 표현하기, 번역하기
	2.2 예증하기	예를 들기, 실증하기
	2.3 분류하기	유목화하기, 포섭하기
	2.4 요약하기	추상하기, 일반화하기
	2.5 추론하기	결론짓기, 외삽하기, 내삽하기, 예언하기
	2.6 비교하기	대조하기, 도식화하기, 결합하기
	2.7 설명하기	모델구성하기
3. 적용하다	3.1 집행하기	시행하기
	3.2 실행하기	사용하기
4. 분석하다	4.1 구별하기	변별하기, 식별하기, 초점화하기, 선정하기
	4.2 조직하기	발견하기, 정합성 찾기, 통합하기, 윤곽 그리기, 해부하기, 구조화하기
	4.3 귀속하기	해체하기

그러한 문제해결 과정을 거치는 의사결정 또한 창의적 사고의 한 유형으로 볼 수 있을 것이다.

5. 평가하다	5.1 점검하기	조정하기, 탐지하기, 모니터하기, 검사하기
	5.2 비판하기	판단하기
6. 창안하다	6.1 생성하기	가설세우기
	6.2 계획하기	설계하기
	6.3 산출하기	구성하기

이 체계는 Bloom et al.(1956)의 인지적 영역에 비해 사고 유목을 구체화한 점, Bloom et al.(1956)에서 종합을 창안하다로 수정하고 평가하다와 순서를 바꾸어 새로 설정한 점이 큰 특징이다. 특히, 이해하다의 하위 유목에 예증하기, 분류하기, 비교하기 등이 구성된 점 또한 의미가 있다. 하지만 이 체계는 몇 가지 문제점을 지니고 있다.

먼저, 이해하다의 하위 유목에 '추론하기'를 설정할 수 있는가의 문제이다. 추론은 앞서 논의한 바와 같이 논리적 사고에 해당하는 것으로서 김영정(2005)의 고등사고능력 7범주(<표 5>)에 제시된 분석적 추론과 종합적 추론으로 나뉜다. 그리고 坂部惠, 有福孝岳(1997/2009)에 의하면, 추론은 직접적 추론과 간접적 추론의 둘로 나뉘며 지성적 추론이라고도 하는 직접적 추론은 추론된 판단이 이미 최초의 명제 안에 잠재해 있고, 제3의 표상의 매개 없이 이 명제로부터 도출되는 '분석적 절차'를 의미한다는 것이다. 이에 비해 이성적 추론이라고도 하는 간접적 추론은 결론을 끌어내는 것에 근거가 되는 인식 이외에 또 다른 하나의 판단을 필요로 하는 추론으로서 이른바 삼단논법의 추론인데 '종합적 절차'가 취해진다는 것이다. 따라서 김영정(2005)과 坂部惠, 有福孝岳(1997/2009)를 종합해 보면, 추론은 서혁(1997)의 사고의 기능과 범주(<표 2>)에서 밝힌 것처럼 추리를 주된 기본적 사고로 하면서 분석, 종합, 판단을 취하는 복합적 사고로서의 논리적 사고이다.

그렇다면 국어교육학적 관점에서 추리와 추론을 구분할 필요가 있다. 추리는 삼단논법에 의한 단순한 명제적 진술, 즉 3개 정도의 명제적 문장만을 활용하여 결과를 도출하는 것으로, 추론은 이러한 명제적 진술의 단위를 넘어 분석, 종합, 판단의 사고가 작용하여 텍스트적 완결성을 지향하는 것으로 구분할 필요가 있다. 김종률(2011a)에 의하면, 추론은 전통적인 글쓰기에서 원(原) 양식에 해당하며, 대표적인 작품으로는 다산 정약용의 원목(原牧), 원정(原政), 원사(原赦) 등이 있다고 한다.

다음으로, 이해하다의 하위 유목인 '예증하기', '분류하기', '비교하기'와 '설명하기'의 관계 설정과, 해석하기의 개념 및 해석하기와 이해하다의 관계 양상을 살펴본 후 '적용하다'와 이해하다의 관계 설정을 국어교육학적 관점에서 바라볼 필요가 있다.

첫째, 이해하다의 하위 유목인 예증하기, 분류하기, 비교하기는·설명하기와 대등하게 설정될 수 없을 것이다. 개정 교육과정에서 제시하고 있는 글의 갈래를 사용자의 인지 구조에 따른 유형과 관련하여 살핀 강미영(2009)에 의하면, 설명적 텍스트의 사용자는 예시, 분류, 비교와 같은 기초적 사고 과정을 거친다는 것이다.[18] 그러면서 개정 교육과정에서 내용 조직 원리로 제시한 비교·대조, 분류·구분, 예시들은 실제 내용을 생성하는 단계에서부터 작동되어야 하는 사고 활동이라고 한다. 이는 곧 설명이 복합적 사고로서 비교·대조, 분류·구분, 예시와 같은 단일한 성격의 기본적 사고를 통합적으로 취한다는 의미이다.

둘째, 해석하기의 개념 및 해석과 이해의 관계 양상을 보면 다음과 같다.

---

18) 강미영(2009)이 사용한 기초적 사고는 설명과 비교·대조, 분류·구분, 예시 등의 관계를 하위 유형적 측면에서 고려할 때, 기본적 사고를 의미하는 것으로 보인다.

해석은 쉽게 그 의미를 파악할 수 없는 부분의 의미를 분명히 하거나, 각 단어나 구절, 혹은 말이나 글 전체의 의미를 해석자의 입장에서 파악하는 것을 뜻한다. 글을 읽는 독자가 글의 의미를 파악하여 궁극적으로 도달하게 되는 상태가 이해이고, 이해에 도달하는 것이 읽기 과정의 목적이자 최종 결과라 할 때, 해석은 이해의 과정에서 어려움을 겪는 부분을 다양한 방법으로 해소하고 이해에 도달하는 과정, 혹은 방법으로서의 성격을 띤다(김정우, 2006 : 40).

이와 같이 해석은 텍스트의 의미를 파악하는 것으로, 이해에 도달하는 과정으로서의 인지적 사고인데 이러한 인지적 사고에는 적용도 있다. 그러나 Bloom et al.(1956)의 인지적 영역에 대한 교육 목표 분류에서 이해와 적용을 구분한 이래, 국어과 인지적 사고 영역의 체계화를 모색한 선행 연구에서 적용은 거의 다루어지지 않는다. 어떻게 보면 적용은 국어과 선행 연구에서 사실적 사고의 개념을 넘어서면서도 논리적 사고의 개념에는 들어갈 수 없는 모호한 위치에 놓이기 때문일지도 모른다. 그러나 해석학적 관점에서 보면 적용은 이해나 해석과 밀접한 관계에 놓이는 사고이다.

그런데 이해와 해석의 긴밀한 내적 상관성을 강조한 나머지 해석학 문제의 세 번째 요소인 적용(Applikation)의 문제가 해석학의 맥락에서 완전히 배제되는 결과를 초래했다. …… 그렇지만 이미 설명한 바와 같이 어떤 텍스트를 이해할 때는 언제나 이해대상이 되는 텍스트를 해석자 자신이 처해 있는 현재의 상황에 적용해서 이해하게 된다. 따라서 이해와 해석뿐 아니라 적용의 문제까지도 단일한 과정으로 이해하려면 낭만주의 해석학 이전에 통용되던 해석학 전통을 고려하지 않을 수 없을 것이다. 그렇다고 해서 경건주의 전통에서 그러했듯이 이해와 해석과 적용이라는 '엄밀한 능력'을 제각기 독립된 영역으로 설정했던 전통적 구분법을 따르자는 것은 물론 아니다. 그 반대로 우리는 적용 역시 이해 및 해석과 마찬가지로 해석학적 과정의 불가결한 요소로 간주하고자 한다(Gadamer, 1990/2012 : 195).

이와 같이 적용을 해석학적 과정의 통합적 구성 요소의 하나로 볼 수 있다면, 적용도 해석과 마찬가지로 이해에 도달하는 과정으로서의 인지적 사고이다.

따라서 이해와 해석, 적용, 비교·대조, 분류·구분, 예시 및 설명의 관계를 재설정할 수 있다. 즉, 이해는 사고의 한 유형인 '이해적 사고'로, 해석,[19] 적용, 비교·대조, 분류·구분, 예시는 이해적 사고의 주된 기본적 사고로, 설명은 이해적 사고의 주된 복합적 사고로 설정하는 것이 가능하다.[20]

---

[19] 한국문학평론가협회(2006)에 의하면, 문학 작품을 해석한다는 것은 나누고 합치는 과정이 아니라, 그 작품에 관하여 우리의 의식 속에 주어진 사실들을 재료로 삼아, 그 작품을 누구나 납득할 만한 의미체로 형성하는 활동이라는 것이다. 그리고 한스 게오르크 가다머는 해석은 자율적인 객체로서의 텍스트를 분석하거나 분해하려고 하는 개별 주체의 문제가 아니고, 텍스트와 독자가 나와 너로 만나 질문을 주고받는 지평융합의 문제라고 하였다는 것이다. 해석이 나누고 합치는 과정이 아니라는 점과 분석하거나 분해하려고 하는 개별 주체의 문제가 아니라는 점에 주목하면, 해석 그 자체에는 분석이나 종합이 포함되지 않는 단일한 성격을 지니는 사고이다. 물론 해석을 하기 위해서는 내용과 맥락 분석, 종합, 판단, 기억 등 여러 사고가 동원되기도 하는데, 이것은 해석을 하기 위한 이전 단계의 사고 과정이다. 해석이 복합적 사고로 보이는 것은 다른 사고와 서로 맞물려 작동하기 때문이다.
[20] 이해적 사고의 주된 복합적 사고로서의 설명이 주된 기본적 사고로서의 적용을 취하는 예로는 박종훈(2007 : 115)의 '텍스트 간 환언 및 분석 활동이 도입된 설명 화법 교수·학습 절차'이다. 이 모형에는 텍스트 간 환언 수행 단계와 텍스트 간 환언 분석 단계가 있으며, 이 두 단계는 서로 송환되면서 '안내(수행 단계 : 언어 형식화 원리 투입, 분석 단계 : 문법 지식 및 언어 형식화 원리 투입) → 교사 유도 활동 →

여기에서 이해적 사고란 경험을 개념화한 지식을 맹목적으로 기억하는 것이거나 아니면 기억한 것에 머무는 것이거나 또는 단순히 안다는 것을 의미하는 것이 아니라, 개인의 능력으로 대상이나 현상 등의 의미를 밝히거나 의미 관계를 맺으면서, 그 의미를 구체화하거나 확장하는 것을 말한다(서울대학교 교육연구소, 1994 : 530).

마지막으로, 평가하다의 하위 유목에 '비판하기'를 설정할 수 있는가의 문제이다. 평가는 사물의 가치나 수준 따위를 판단하는 것이므로, 박인기 외 6인(2005)의 인지적 사고 영역 체계(<표 4>)에서 판단을 비판적 사고의 한 범주로 다룬 것과 같이, 평가 또한 비판적 사고의 주된 기본적 사고라고 할 수 있다.

비판하기는 원래 Anderson et al.(2001)의 'CRITIQUING'을 번역한 것이다. 이를 '비평하기'로 번역한 경우(김옥남, 2006 : 181)라 하더라도 여전히 문제가 된다. 다만, 이것은 'CRITIQUING'을 비판하기나 비평하기로 번역한 데에 따른 문제라기보다는 Anderson et al.(2001)이 설정한 인지과정 유목인 EVALUATE와 그 하위 유목인 CRITIQUING의 관계 자체의 문제이다.

사전적인 의미로 볼 때, 비평은 '사물의 옳고 그름을 가리어 판단하거나 밝힘', '사물을 분석하여 각각의 의미와 가치를 인정하고, 전체 의미와의 관계를 분명히 하며, 그 존재의 논리적 기초를 밝히는 일' 또는 '분석 대상에 대해 존재의 의미와 가치성을 따지고 숨은 의미와 드러난 의미의 관계를 논리적으로 검토하는 일'을 뜻한다. 이러한 긍정적 의미에서 비평

강화 → 학생 독립 활동 → 적용' 순으로 이어진다. 이는 적용이 설명 화법의 중요한 기본적 사고로 작용함을 알 수 있다. 물론 적용은 문제해결을 위한 상황에서도 작용할 수 있는데, 이는 대부분의 주된 기본적 사고가 다른 유형의 복합적 사고에 통섭되는 속성을 지니고 있기에 가능하다. 그렇다고 해서 적용을 이해적 사고가 아닌 다른 유형의 주된 기본적 사고로 설정하자는 것은 아니다.

의 개념은 어떤 대상에 대한 가치 판단을 전제하는데, 이는 판단의 대상에 대한 추론적 읽기를 토대로 한다. 따라서 비평적 사고는 추론 능력을 포함하는 보다 상위 수준의 지적 발달을 포함한다(선주원, 2006 : 325-326).

한편, 교육과학기술부(2008)에 의하면, 비평은 어떤 사람이 생산한 작품에 대하여 옳고 그름, 아름다움과 추함 등의 관점에서 분석적 평가를 하는 것이라고 한다. 특히 문학 작품에 대한 분석은 얽히고설킨 상태에 있는 문학 작품의 내용, 형식, 표현 요소들을 풀어헤치는 지적 사고의 과정이며, 평가는 분석에서 이루어진 문학 작품의 내용, 형식, 표현에 대한 가치를 내리는 사고 과정인데, 이러한 분석과 평가에 의한 사고 활동이 곧 비평 활동이다(김종률, 2011c : 196-197). 따라서 비평은 평가를 주된 기본적 사고로 하는, 비판적 사고의 주된 복합적 사고에 해당한다.

3.1.6. 이상태(2002)의 사고 과정의 구분

이상태(2002)는 심리학이 사고의 본성을 기술하고 논리학이 바른 사고의 규범 규칙을 세우며, 이 두 학문에 기대어 글 쓸 대상의 인식에서부터 작문의 과정을 따라가면 사고의 줄거리를 세울 수 있다고 하면서 사고 과정의 구분을 제시한다. 이를 <표 7>로 나타내면 다음과 같다.

〈표 7〉이상태(2002 : 67-68)의 사고 과정의 구분

1) 기본적 사고	(가) 인식 : 관찰, 기억, 비교, 대조, 지정, 정의, 이름 짓기
	(나) 개념 체계 구성 : 구분, 분류, 분석
	(다) 해석 : 인과적 해석, 목적론적 해석
	(라) 추리와 논리적 사고 : 연역, 귀납
	(마) 평가 : 타당성 검증, 가치 순서

	(가) 문제해결 : 문제 인식―문제 표상―해결책 구상―실행―평가	
	(나) 의사 결정 : 목표 정의―여러 대안 식별―대안들 분석―대안들 서열화―최선의 대안 선택	
2) 복합적 사고	(다) 비판적 사고 : 증명 가능한 사실과 가치 주장 구분―정보·주장·추리의 타당성 따지기―중의적 주장이나 논점 식별―진술되지 않은 억측/전제 식별―편견 찾기―논리적 오류 찾기―추리 과정에서의 일관성 검증―주장이나 논증의 건전성/강도 결정	
	(라) 창조적 사고	
3) 초인지 조작	자기 사고 과정을 스스로 계획하고 감시하며 사정(査定)하기	

이러한 체계는 노명완 외(1989), 서혁(1997), 박인기 외 6인(2005)과 달리 그 체계를 사고 과정에 따라 기본적 사고와 복합적 사고로 구분하는 데에 큰 의미가 있다. 특히 관찰, 기억, 비교, 대조, 정의, 구분, 분류, 분석, 해석, 추리, 평가 등을 단일적 성격을 지닌 기본적 사고로, 문제해결과 의사결정을 복합적 사고로 구분한다는 점에서 의의가 있다.

그러나 문제는 '논리적 사고'를 해석이나 추리 및 평가와, '비판적 사고'를 문제해결이나 의사결정과 함께 동일한 과정에 설정할 수 있는가에 있다. 앞서 논의한 것처럼 논리적 사고는 사고의 한 유형이며, 특히 단일적 성격을 지닌 추리를 주된 기본적 사고로 한다. 마찬가지로 비판적 사고 또한 사고의 한 유형이며, 박인기 외 6인(2005)의 인지적 사고 영역 체계(<표 4>)에서 보듯 판단을 주된 기본적 사고로 취한다. 따라서 논리적 사고와 비판적 사고는 사고의 과정적 측면이 아닌 사고의 질적 측면에서 다루어야 한다.

3.1.7. 강미영(2010, 2012)의 쓰기적 사고력의 요소와 사고 층위

강미영(2010, 2012)은 문제해결적 특성을 지닌 쓰기 활동과 관련하여 쓰기적 사고력의 사고 요소와 사고 과정을 탐색하면서, 문제해결적 쓰기의 기초적 사고[21] 기능으로 이해하기, 개념 형성하기, 추론하기, 추리하기, 평가하기, 종합하기를, 복합적 사고 과정으로 사실적 사고, 추론적 사고, 창의적 사고를 제시한다. 그리고 쓰기적 사고력의 인지 조작 과정을 '이해 → 개념 형성 → 추론 → 추리 → 평가 → 종합'으로 이해하고, 이를 <그림 2>로 체계화한다.

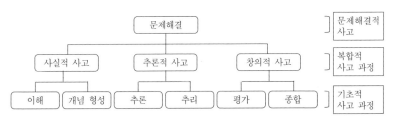

〈그림 2〉 강미영(2010 : 70, 2012 : 124)의 쓰기적 사고력의 요소와 사고 층위

이러한 체계에서 기본적 사고로 제시된 개념 형성,[22] 추리, 평가, 종합은 단일적 성격을 갖는다고 볼 수 있기에 큰 무리가 없으나, 몇 가지 문제가 있다.

---

21) 일반적으로 기초적 사고(낮은 수준의 사고)는 고차적 사고(높은 수준의 사고)와 대비되는 용어로 사용하는데, 강미영(2010, 2012)은 기초적 사고를 복합적 사고와 대가되는 기본적 사고와 동일한 의미로 사용하고 있다. 그래서 강미영(2010, 2012)의 쓰기적 사고력의 요소와 사고 층위에 대한 검토에서는 기초적 사고를 기본적 사고로 용어를 바꾸어 사용할 것이다.

22) 개념 형성은, Bloom(1956)은 이해(해석)로, Marzano(1988)는 조직으로, 허경철(1991)은 관계와 양식 파악, 비교와 대조, 속성 파악, 범주화, 순서화로 설명하고 있다(강미영, 2012 : 109). 따라서 개념 형성은 해석이나 파악 등과 유사하거나 동일한 의미역을 갖는다.

먼저, 복합적 사고인 추론적 사고의 하위 구조에 동일한 의미를 지닌 '추론'이 기본적 사고로 설정될 수는 없다.

다음으로, 문제해결과 창의적 사고의 관계 설정의 문제이다. 문제해결이란 어떤 사물에 대한 문제적 인식을 가지고 그 문제에 대한 분석과 평가 등을 통하여 그 문제를 해결할 수 있는 방안을 마련하는 것이다(김종률, 2010 : 59; 2011a : 104). 그래서 문제해결은 기본적 사고인 분석, 평가, 방안 등을 취하는 복합적 사고로 성립된다. 이에 비해 창의적 사고는 다음과 같은 의미를 갖는다.

> 우리는 학생들의 말을 통해 그들이 예술은 문제를 해결하는 것이며, 창의적 사고는 그 문제 해결과정 속에서 움직이는 정신(spirit)이라고 생각하고 있다는 것을 알 수 있다. 의심은 현재 우리가 갖고 있는 신념을 유보하게 한다. 문제를 해결하기 위해 문제상황을 재구성하고, 문제를 해결하기 위한 방법으로서 대안적 가설을 세우고, 가능한 결과를 고려해 보면서 그 상황이 갖고 있는 문제가 사라지고 새로운 신념이 세워질 때까지 경험을 조직하는데, 이것은 바로 창의적 사고가 하는 것이다 (Matthew Lipman, 2003/2005 : 319).

여기에서 주목할 만한 사실은 창의적 사고가 어떤 문제와 관련되어 있다는 점과 대안적 가설을 세운다는 점 그리고 새로운 신념이 세워질 때까지 경험을 조직한다는 점이다. 따라서 창의적 사고는 어떤 문제나 기존의 사물과 관련하여 새로운 의견을 내거나 대안적 가설을 세워 문제를 해결하거나 의사를 결정하려는 사고이다. 이러한 의미에서 본다면, 문제해결적 쓰기에서 창의적 사고를 복합적 사고의 과정으로 보기보다는 인식과 관련한 사고방식으로서의 관점을 취할 필요가 있다. 즉, 창의적 사고는 문제해결과 의사결정을 주된 복합적 사고로 취하는 질적 차원으로서의 사고 유형으로 다룰 필요가 있다.[23]

3.1.8. 김종률(2010, 2011a)의 고차적 사고력의 범주

김종률(2010, 2011a)은 논술교육에서 고차적 사고력의 범주를 사고 유형에 따라 기본적 사고력과 복합적 사고력으로 나누는데, 관점에 따라 또 연구 분야에 따라 다르게 해석될 수도 있다고 하면서, 고차적 사고력의 유형과 범주를 제시한다. 이를 <표 8>로 나타내면 다음과 같다.

〈표 8〉 김종률(2010 : 55, 2011a : 98)의 고차적 사고력의 범주

유형 범주	논리적 사고력			비판적 사고력			창의적 사고력		
기본적 사고력	분석	종합	추리	판단	평가	분변	방안	발상 전환	입체적 관점
복합적 사고력	해석 (解析)	논증	추론	논단	비평	변증	문제해결		

이러한 체계는 해석(解釋, interpretation)과 해석(解析, interpretative analysis)[24]을 구분하여 후자를 논리적 사고의 복합적 사고로, 추리와 추론을 구분하여 추리를 논리적 사고의 기본적 사고로, 추론을 논리적 사고의 복합적 사고

---

23) 사실적 사고 또한 문제해결적 쓰기에서 복합적 사고의 과정이라기보다는 인식과 관련한 사고의 한 유형으로 다룰 필요가 있다.

24) '해석(解析)'의 인지언어학적 의미는 '해석(解釋)해서 분석하는 것'이다. 이에 대해서는 제2장에서 자세하게 논의하기로 한다. 한편 전제응(2008)에 의하면, 해석자를 가능하면 배제하고 해석자 외부에 존재하는 '대상' 자체의 속성을 객관적으로 밝히는 것이 해석(解析)이라고 한다. 그러나 해석을 쓰기 대상에 대한 '인식한 내용'으로 한정할 때, 해석(解析)보다는 해석(解釋)이 요구되고 쓰기에서 해석의 대상은 '인식된 쓰기 대상'이라는 것이다.

로 설정한다는 점에서 의미 있다. 하지만 이 체계는 몇 가지 문제점을 안고 있다.

먼저, 창의적 사고의 기본적 사고에 설정된 '입체적 관점'에서 관점의 개념과 더불어 관점과 함께 사용되고 있는 한정어와의 여러 관계 양상을 고려할 필요가 있다. 국어학적으로 관점은 사물이나 대상 또는 현상을 관찰하고 난 뒤에 일어나는 일정한 생각의 방향이나 태도를 의미한다. 이러한 의미를 지닌 관점은 국어교육에서 주체적 관점, 객관적 관점, 주관적 관점, 문학적 관점, 개방적 관점, 수용적 관점 등으로 다양하게 사용되고 있다. 따라서 하나의 사물을 여러 관점에서 포착한다는 의미로서의 입체적 관점보다는 그 관점이 창의적 사고와 연관될 때, 즉 창의적 관점을 지향해야만 창의적 사고의 기본적 범주로 자리매김할 것이라고 본다. 이는 발상 그 자체보다는 창의적 발상일 때와 같은 관계에 놓인다.

다음으로, 창의적 사고의 기본적 사고에 설정된 '발상전환'은 국어교육에서 주로 발상으로 쓰이고 있다. 교육과학기술부(2012)와 교육인적자원부(2007)는 발상 또는 창의적 발상으로 기술하고 있다는 점에서 발상전환보다는 발상이 창의적 사고의 주된 기본적 사고로 설정되는 것이 적절하다.

3.1.9. 최홍원(2010)의 국어과 사고 영역 모형

최홍원(2010)은 국어교육에서 기본적 사고의 존재 위상은 사고의 일반 과정과 사고의 초점 대상이 만나는 지점을 고려하여 기본적 사고를 사실적 사고, 추론적 사고(추리적 사고), 정서적 사고, 심미적 사고로 제안한다. 그리고 복합적 사고의 개념을 고등 사고력과 관련하여 특정 목적을 위해 여러 기본적 사고를 통합적으로 요구하는 사고라고 하면서, 복합적 사고를 문제해결적 사고, 비판적 사고, 창의적 사고, 윤리적 사고, 메타적 사고로 제안한다. 이러한 제안을 토대로 국어과 사고 영역을 체계화하면서, 사고의 일반 과정과 초점 대상의 2차원석 실계에서 나아가 사고의 전 과정과 초점 대상의 전 부분을 아우를 수 있는 제3차원의 구성이 필요하다고 하며, 그에 따라 국어과 사고의 체계화 모형을 <그림 3>으로 제시한다.

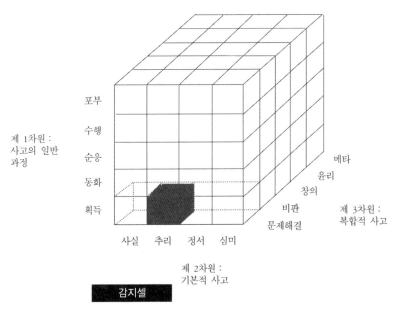

제 1차원 :
사고의 일반
과정

포부
수행
순응
동화
획득

사실 추리 정서 심미

제 2차원 :
기본적 사고

감지셀

메타
윤리
창의
비판
문제해결

제 3차원 :
복합적 사고

〈그림 3〉 최홍원(2010 : 343)의 국어과 사고 영역 모형

이러한 입체적 체계화는 대부분의 연구자들이 사고의 체계를 2차원적으로 설정한 것에 비해 3차원적 형태를 갖춤으로써 그 체계를 새롭게 인식할 수 있다는 데에 의의가 있다. 그러나 '사실적 사고'를 추리적 사고와 동일한 사고 과정으로, '비판적 사고'와 '창의적 사고'를 문제해결적 사고와 함께 동일한 사고 과정으로 설정할 수는 없다.

비판적 사고와 창의적 사고는 문제해결이나 의사결정을 위한 인지적 과정과는 구별되는 특성을 지닌다. 문제해결 또는 의사결정의 과정에서 우리는 보다 비판적인 사고 또는 보다 창의적인 사고를 할 수 있다. 따라서 비판적 사고 또는 창의적 사고는 인지 과정의 측면보다는 사고의 질에 관한 측면과 직결되는 특성을 지닌다(박영목, 2012 : 97).

이러한 측면을 감안할 때 사실적 사고 또한 인지적 과정으로서의 추리와 구별되어야 한다. 따라서 사실적 사고·비판적 사고·창의적 사고는 사고의 한 유형으로, 추리적 사고와 문제해결적 사고는 사고의 한 하위 유형으로 다루어야 할 것이다.

3.2. 인지적 사고 추가 검토

인지적 사고 영역의 체계와 관련된 선행 연구에 대한 비판적 검토를 통해서 볼 때, 인지적 사고의 하위 유형에 적합하다고 판단할 수 있는 몇 가지 사고를 추가할 수 있으리라 본다.

3.2.1. 묘사와 서사

사실적 사고의 재정의에 따라 묘사와 서사가 그 하위 유형으로 설정될 수 있을 것이다. 박영목(2008 : 288-291)의 '사고 연습장을 활용한 작문 과정 지도 모형'에는 사고력 신장과 관련하여 비교·대조, 분류, 예시, 인과, 설명, 문제해결과 함께 묘사와 서사가 제시되어 있다. 서울대학교 국어교육연구소(2007)에 의하면, 묘사는 대상의 특질을 사실적으로 생동감 있게 그려내는 것으로, 언어를 통해 대상을 드러낸다는 점에서 표현 양식이나 기법 차원을 넘어 인식의 문제와 연관됨으로써 사실을 언어로 드러내는 정신 능력이라는 것이다.

묘사에 대한 이러한 정의에서 우리는 세 가지 점에 주목할 필요가 있다. 먼저, 묘사는 인식의 문제와 연관된다는 점이다. 철학사전편찬위원회(2009)에 의하면, 인간은 인식 과정을 통하여 역사적으로 객관 세계에 대한 인식을 획득하고, 이 성과에 기초하여 객관 세계에 작용을 가해 이것을 변화시키고 개조한다는 것이다. 그리고 인식 과정은 단순하지 않기 때문에 감각으로부터 사고에 의한 정련을 거쳐 성립하는 것을 볼 수 있다고 한다. 이러한 의미에서 묘사는 전개를 통한 사고의 정련 과정을 거친다고 할 수 있다.

다음으로, 묘사는 사실을 언어로 드러낸다는 점이다. 묘사적 표현에서는 대상을 직접 지각하고 있는 듯한 효과를 만들어내기 위해 다양한 표상 방식을 동원하는데, 지각과 통각이 그것이다. 지각은 대상에 대한 직접적인 지각을 보여준다면, 통각은 지각하고 있는 지각자의 의식이 포함된다. 지각과 통각의 구분은 대상을 표상하는 방식이 어떠한가의 문제에서 나온다. 지각에 의한 묘사는 대상에 대한 묘사가 객관적이고 상황에 대한 그대로의 재현인 것처럼 제시하는 경우이다. 통각에 의한 묘사는 글 쓰는 주체가 자신이 인식한 것을 일정한 관점으로 통제하면서 자신의 인식을 조정하고 조절한다(김혜영, 2001 : 132-133). 그런데 묘사가 의식 자체의 사실 여부를 구분할 수 없는 허구일지라도, 그것은 현실을 기반으로 글쓰는 주체가 체험한 대상과 무관할 수는 없으며, 설사 대상의 허구화를 추구하더라도 거기에는 사실성과 구체성이 부여된다.

마지막으로, 묘사는 정신 능력이라는 점이다. 한국문학평론가협회(2006)에 의하면, 정신이란 인간의 심리적, 육체적 감각을 지배하고 이해와 판단 등의 지적 사고를 관장하는 것이라고 한다. 정신이 지적 사고를 관장하는 것이라면, 묘사는 그러한 사고의 관장을 따른다고 볼 수 있다.

정리하면, 묘사가 지각과 통각에 의해 대상에 대한 사실을 재현하거나 조정하게 되며, 사실 여부를 확인할 수 없는 허구라 할지라도 거기에는 사실성이 부여된다는 점이다. 그리고 묘사가 전개를 통한 사고의 정련 과정을 거치며, 지적 사고의 관장을 따른다는 점에서 사고의 일종이다. 따라서 묘사는 인지적 사고의 한 유형인 사실적 사고로 자리매김할 수 있을 것이다.

그리고 글쓰기나 말하기에 있어서 자신의 주관적 판단을 개재하지 않고 대상을 언어로 옮기는 능력과 연관지어 묘사의 효용은 드러난다(서울대학교 국어교육연구소, 2007 : 250)는 점에서, 묘사는 사실적 사고의 하위 유형인 기본적 사고에 해당한다고 볼 수 있다.25)

권영민(2004)에 의하면, 일반적으로 서사는 어떤 사실을 있는 그대로 기록하는 것으로, 인간 행위와 관련되는 일련의 사건들에 대한 언어적 재현이라는 것이다. 이러한 의미에서 사실과 경험을 다루는 경험적 역사적 서사는 이미 일어난 것에 기초하여 그 사실의 실재성을 재현하고 전달하며, 작가의 상상력에 의해 만들어지는 허구적 서사는 이야기 내용에 실재성을 부여하기 위해 가공의 시간과 공간을 만들어내고 실제의 일처럼 꾸며내는 행위가 이루어진다고 한다.26) 따라서 서사는 사실의 실재성을 재현

---

25) 물론, 대상에 대한 묘사 이전의 상태에서는 그 대상에 대한 이해나 판단 등이 선행적으로 이루어질 수도 있으나, 묘사 그 자체에는 이해나 판단 등이 나타나지 않는다.

26) 서사의 현대적 변용 가운데, 특히 장르를 형성하고 있는 것이 소설이다. 그러나 소설과 서사를 동일한 개념으로 다루어서는 안 된다. 소설은 서사 일반의 원리를 바탕으로 역사·사회적인 규제를 수용하면서 이루어진 장르이기 때문에 내적인 규칙성에서 서사 일반과는 다르다. 문학 교육에서 서사론을 도입할 경우, 그것이 소설과 변별되는 점에 대한 고려가 있어야 한다(서울대학교 국어교육연구소, 2007 : 409-410).

하거나 실재성을 꾸며내는 언어적 표현이자 언어적 사고라고 할 수 있다.[27)

언어적 표현은 언어적 사고를 동반하며, 언어적 사고는 언어적 표현을 생산한다. 언어와 사고의 상호의존성을 밝힌 Vygotsky(1972)에 의하면, 사고와 언어의 관계는 어떤 실체가 아니라 과정으로서 사고에서 언어로 언어에서 사고로 이어지며 끊임없이 주고받는 계속적인 움직임이라는 것이다. 이러한 언어와 사고의 상호의존적 관계를 고려할 때, 언어적 표현은 반드시 언어적 사고 과정을 거치게 된다. 이 점을 염두에 두면 사사적 표현은 그것이 경험적 역사적 서사이든 허구적 서사이든 서사적 사고의 과정에 따른다. 따라서 사실의 실재성을 재현하거나 실재성을 꾸며내는 서사[28)는 인지적 사고의 한 범주인 사실적 사고로 자리매김할 수 있을 것이다.

> 몇 해 전, 해방되던 날만도 아버지는 읍내 사람들과 함께 장터 마당에서 독립 만세를 불렀다. 여름 한낮, 태극기를 흔들며 기세껏 독립 만세를 불렀다. 재작년 겨울에 무슨 법이 만들어지고부터 아버지는 갑자기 집에서는 물론, 읍내에서 사라졌다. 사람들을 피해 숨어 다니기 시작했다. 밤중에 살짝 나타났고, 얼굴을 보였다간 들킬세라 금방 사라졌다. 아버지가 무슨 일을 맡아 그러고 다니는지 어머니도 잘 모른다. 장터 마당 주위 사람들이 아버지를 두고 좌익질 한다며 쑤군거렸고, 순경이 자주 우리집을 들랑거렸지만, 재작년 겨울부터 누구도 아버지를 봤다는 사람이 없었다(김원일, 2006 : 13).

---

27) 서사와 묘사는 표현의 한 방식이기도 하지만, 묘사와 마찬가지로 서사 또한 표현 양식이나 기법의 차원을 넘어서는 하나의 정신 능력으로 볼 수 있을 것이다.
28) 소설에는 서사와 묘사, 대화, 논증, 독백 등 다른 유형의 재현 방법이 있으며, 이중 서사와 묘사는 대표적인 현실 재현 방법으로 꼽힌다(김정숙, 2010 : 207~208).

인용문은 "서사는 사건 전개에 대한 설명이 아니라 사건 전개 그 자체"(서울대학교 국어교육연구소, 2007 : 409)에 있다는 것을 보여준다. 그래서 서사에는 설명 전개 방식으로 알려진 정의, 비교·대조, 분류·구분 등과 같은 사고나 분석, 판단, 평가 같은 사고가 언어화되지 않는다. 따라서 서사는 사실적 사고의 하위 유형인 기본적 사고에 해당한다.[29]

3.2.2. 회고

사실적 사고의 주된 복합적 사고에 지나간 일이나 사건을 돌이켜 생각하는 '회고'를 추가할 수 있다. 회고는 주로 장기기억 속에 파지되어 있던 체험을 회상하고 재인하여 서사를 중심으로 하면서 묘사를 활용하게 된다. 이렇게 이루어진 텍스트가 회고담이나 회고록이다.

> 내가 염치없는 일을 했던 기억이기에 오래 남아 있는 것입니다. 당시에 신형 필통이 나왔는데 내가 가진 것은 구형이었어요. 신형을 가지고 싶은 욕심이 있었던 것입니다. 그러다 어느 날 어수룩한 친구를 꼬드겨서 서로 필통을 바꿨습니다(노무현, 2011 : 111).

---

[29] 전통적으로 소설은 시간예술로 정의되어 왔다. 일정한 시간의 흐름에 따라 작품 속의 인물이 상황에 반응하는 과정이다. 이 과정에서 서사는 현실을 재현하는 가장 주요한 방법으로 간주된다. 이러한 현실성을 구축하는 서사에 대한 신뢰는 역으로 현실재현의 또 다른 대표적 방식인 묘사의 기능을 축소하는 것으로 작용한다. 그런데 1990년대 이후 한국소설은 거대담론에서 일상의 모습 등 미시사를 다루면서 점차 묘사의 비중이 서사를 압도하는 경향을 보이고 있다. 이것은 탈근대적, 탈중심적인 인식의 변화와 맞물리는 점에서 주목을 요한다. 이런 흐름은 서사만이 현실을 소설로 가져오는 유일한 방법은 아니라는 점을 시사한다. 최근 한국소설의 새로운 서사를 모색하는 논의나 서사 외면 현상을 비판하는 목소리는 이처럼 묘사가 압도하는 현상에 대한 반작용인 셈이다. 더 나아가 이것은 서사와 묘사가 단지 진술 방식에 국한된 것이 아닌 작가의 태도와 관련되어 있다는 것을 의미한다(김정숙, 2010 : 209). 따라서 서사와 묘사의 관계를 규정할 때, 서사에 포함되는 묘사라거나 서사에 상반되는 묘사로 인식하기보다 서사와 묘사가 상호작용한다고 보아야 한다.

이처럼 회고는 장기기억 속에 파지되어 있던 체험을 사실적으로 재현하면서 회상하고 재인한다. 다음 대목은 회상이 잘 드러난다.

형님하고 대화를 하면서 많은 자극을 받았습니다. 형님과 친구들 간의 대화를 엿듣기도 하면서 자극을 받아 시골아이 치고는 다른 아이들에 비해 그런 학구적인 환경을 조금 일찍 접하게 된 편이지요. 오랫동안 형님의 영향을 많이 받았어요. 그래서 형님 이야기를 많이 했던 것이 아닌가 싶습니다(노무현, 2011 : 113).

그러면서 회고는 서사의 한 단면을 보여주기도 한다.

형님이 대학교에 입학할 때 그 등록금을 마련하기 위해 우리가 살던 집을 팔았습니다. 지금 우리 생가 터에 있던 세 칸 집하고 대지 천 평인데, 시골 땅이라 얼마 되지는 않았지만 그것을 팔았습니다. 그 일이 굉장히 강한 인상으로 남아 있습니다. 그랬지만 결국 집안 형편도 좋지 않고 형님 역시 끝까지 공부를 할 형편이 아니었는지 중도에서 그만두었습니다(노무현, 2011 : 114).

한편 문학 텍스트의 경우, 작가의 체험을 재구성하기는 하지만 그렇다고 해서 기억에 따른 회고가 전혀 작용하지 않는다고 볼 수는 없다. 이문열 소설의 회고적 구성을 연구한 윤광옥(2002 : 22)에 의하면, 작가의 직·간접적 체험은 서사적인 재구성을 통해서 작품으로 탄생된다. 그러한 과정에서 그의 체험은 기억에 의존하게 되는데, 기억은 현재적 시점에서 과거의 특정 시기를 추억하는 행위로 회고적 성향을 나타내게 된다.

따라서 회고는 비문학뿐만 아니라 문학에서도 중요한 사실적 사고의 복합적 사고로 자리매김할 수 있다. 물론 문학 텍스트에서 회고적 구성은 작가 자신의 체험을 서사적으로 재구성한다는 점에서 사실적 사고의 재정의된 개념에 적합하지 않다고 볼 수도 있다. 그러나 작가의 서사적 재구성에 의한 회고적 구성일지라도 그것이 작가 자신의 체험에 대한 회고적 사고를 기반으로 한다는 점에서는 틀림이 없다.

3.2.3. 해설

이해적 사고의 주된 복합적 사고에 문제나 사건의 내용을 알기 쉽게 풀어 설명하는 '해설(解說)'을 추가할 수 있다. 송진우(2007)에 의하면, 해설은 신문 기사문의 구성 형식 중 하나로서 신문 기사문 중에서 가장 마지막 부분을 차지하며, 기사문의 내용을 요약하고 종합하며 전망하기도 하고 신문사의 입장에서 평가하기도 하는 부분이라고 한다.

평가는 문학 텍스트에 대한 해설에서도 일부분 나타난다. 김선영(2006)에 의하면, 몽고반점에 대한 작품 해설은 먼저 작품에 대하여 간략하게 소개하고 난 다음 작가 한강에 대한 소개로 이어지고 있다. 그리고 작품 내용의 이해를 도모하기 위해 작품의 줄거리, 등장인물, 문체에 대한 해설이 뒤따르고 있다. 여기에서 등장인물과 관련된 해설 중 평가가 나타난 부분을 보면 다음과 같다.

① 영혜는 '그'의 욕망의 대상이 되는 인물로, ② 20살이 넘도록 엉덩이에 푸른 몽고반점을 가지고 있다. 철저한 채식을 고집하며, 가족들이 억지로 입 안에 밀어 넣는 고기를 먹지 않기 위해 급기야 자살까지 시도한다. 그리고 그 일로 정신 병원에 보내지고 이혼 소송까지 당한다. ③ 외적으로는 현실에 제대로 적응하지 못하는 인물처럼 보이지만, 내적으

로는 가장 순수한 생명력을 지닌 인물이다(김선영, 2006 : 4).[30]

이러한 해설에서 ①은 영혜가 그의 욕망의 대상이 되는 인물이라고 해석하고 있으며, ②는 영혜의 삶에 대한 과정을 간략하게 설명하고 있고, ③은 영혜가 가장 순수한 생명력을 지닌 인물임을 평가하고 있다.

한편, TV텍스트의 발화 양식을 연구한 이은호(1993)에 의하면, 여러 가지 발화 양식 중에서 보이스오버 나레이션(voice-over narration)은 시청자들에게 자신이 무엇을 보고 있는지, 자신들이 보고 있는 것에 관해 무엇을 생각할지를 카메라가 말해주는 목소리로서, 시청자로 하여금 영상에 대한 객관적인 설명과 함께 영상화면 속에 등장하는 인물의 묘사나 상황에 대한 해석을 해설로 제시하는 경우에 해당된다고 한다.

이렇게 보면 해설은 장르에 따라 다소 차이는 있지만, 해석, 설명, 평가 등이 복합적으로 작용하는 사고라고 할 수 있다. 따라서 해설은 이해적 사고의 복합적 사고로 설정될 수 있을 것이다.

3.2.4. 논평

비판적 사고의 주된 복합적 사고에 '논평(論評, commentary)'을 추가할 수 있다. 논평은 사실을 해설적·해석적으로 논의하고 여론을 정당화·증명·반박하면서 논의하기 때문에 논평의 개념은 흔히 의견강조형(meinungsbetonte Formen)으로 사용되기도 한다(Lüger, 1996; 이성만, 1999 : 283에서 재인용). 이러한 논평의 개념에서 몇 가지 주목할 점은 '사실', '해설적·해석적으로 논의', '여론', '정당화·증명·반박하면서 논의'이다.

첫째, '사실'은 대체로 신문이나 방송과 같은 공공적인 언론을 통해 보

---

30) 원숫자는 인용자임.

도된 시의적인 사건을 말한다. 권영국(2014)의 '손배가압류, 대한민국의 끔찍한 현실'이라는 논평 텍스트에 기술된 사건은 다음과 같다.

> 2014년 2월 20일 현재, 민주노총 산하 노동조합과 소속 조합원들에게 단체행동을 이유로 사용자로부터 청구된 손해배상금액이 1691억원, 가압류 결정이 난 금액이 182억원에 이르는 것으로 집계되었다. (중략) 지난해 12월에는 2009년 분식회계로 위장된 정리해고에 반대하며 77일간의 파업을 벌였던 쌍용차 노동자들에게 47억원을 배상하라는 판결이 내려졌고, 올해 1월에는 2010년 고용안전협약을 위반한 한진중공업의 정리해고에 반대하는 파업을 전개했던 한진중공업 노동자들에게 59억원을 배상하라는 판결이 떨어졌다. 대법원이 두 차례에 걸쳐 인정한 현대자동차의 불법파견에 대해 시정을 요구하며 공장점거 파업을 벌였던 현대자동차 사내하청 비정규직 노동자들에게도 90억원이 넘는 금액의 손해배상 판결이 이어졌다. 박근혜정부의 철도 분할민영화 정책에 반대하는 파업을 했다는 이유로 철도노동자들은 철도공사로부터 162억원의 손해배상청구소송을 제기받은 상태이고 이미 법원으로부터 112억원의 가압류 결정을 받았다.

민주노총 산하 노동조합과 소속 조합원들에 대한 182억 원의 가압류 결정, 쌍용차 노동자들에 대한 47억 원 배상 판결, 한진중공업 노동자들에 대한 59억 원 배상 판결, 현대자동차 사내하청 비정규직 노동자들에 대한 90억 원이 넘는 금액의 손해배상 판결, 철도노동자들에 대한 112억 원 가압류 결정은 언론을 통해 보도된 시의적인 사건에 해당한다.

둘째, 이러한 사건에 대해 논평자의 해설이 뒤따른다.

이처럼 21세기 대한민국의 노동자들은 파업을 했다는 이유만으로 사용자로부터(심지어 경찰로부터도) 수십억 원에서 수백억 원에 이르는 민사배상청구를 당하고, 그중의 상당부분이 법원에 의해 인용되고 있는 실정이다. 더욱이 단체행동으로 인한 민사책임은 대부분 연대책임으로 구성되어 노동자들은 평생을 벌어도 갚을 수 없는 엄청난 금액에 압도되고 만다. 그 결과 '손배 폭탄'을 맞은 노동자의 가정은 파탄이 나고 노조 간부는 노조를 떠나야 하며 급기야 그 중압감과 부당함에 죽음을 선택하기에 이르렀다.

논평자는 법원에 의한 가압류 결정이나 배상 판결(손배 폭탄)에 의해 노동자들이 그 중압감과 부당함을 이기지 못하여 극단적으로 죽음을 선택하기에 이르렀다고 해설한다. 논평자가 제시한 '벼랑 끝으로 내몰리는 파업노동자'라는 소제목은 그러한 해설을 압축한 것이라 할 수 있다.

셋째, 논평자는 해설에 뒤이어 파업노동자들의 극단적인 행위로서의 죽음은 여론을 형성하기에 적합하다고 보고 있다. 즉, 그 죽음은 "사회적으로 공론화되는 사건이나 쟁점"(민병곤, 2000 : 133)이 되기에 충분하다는 것이다. 논평자는 다음과 같이 기술하고 있다.

그 여파로 노동자의 단결권과 단체행동권을 옥죄는 손배가압류를 금지하거나 상당히 제한하여야 한다는 사회적 공론이 일었다.

그런데 논평자는 이러한 사회적 공론이 당시 불어 닥친 기업과 시장 중심의 신자유주의라는 신기루 정책 앞에서 좌절되고 말았다는 점과 헌법 제33조에서 규정한 단체행동권은 노동자의 파업에 대해 거의 무제한적으로 적용되는 민법상의 손해배상책임과 형법상의 업무방해죄에 포위

되어 고사할 지경에 처해 있다는 점을 들고 있다.

넷째, 논평자는 사회적 공론에 대한 정당화·증명·반박을 하고 있는 데, 정당화·증명·반박은 논증에서 보여주는 과정이기도 하다. 이러한 논증 과정을 위해 먼저, 논평자는 사회적 공론을 뒷받침하기 위한 근거로 우리의 헌법을 제시한다.

> 우리 헌법은 "근로자는 근로조건의 향상을 위해 자주적인 단결권, 단
> 체교섭권 및 단체행동권을 가진다."라고 천명함으로써 쟁의권(단체행동
> 권)을 노동자의 기본권으로 인정하고 있다.

다음으로, 논평자는 이러한 쟁의권에 대한 취지가 근대 시민법상의 위법성을 가진다고 하더라도 그 행위에 대한 책임을 묻지 아니하려는 데 있다는 쟁의권에 대한 정당화를 말함으로써 그 제도적 보장을 논하고 있다. 이에 대한 증명 과정은 다음과 같다.

> ① 그 제도적 보장은 영국과 미국의 경우 판례와 제정법에 의해 갖춰
> 져 있고 우리나라를 비롯한 독일과 일본은 헌법상 기본권으로 확립하고
> 있다. ② 어떠한 제도를 통하든 중요한 것은 쟁의행위가 원칙적으로
> 민·형사상 적법성을 가진다는 것이다. ③ 그러므로 쟁의행위의 민사
> 상·형사상 면책이란 평화적인 쟁의행위가 민사상·형사상 위법으로 평
> 가되지 않아야 한다는 것을 의미한다.[31]

논평자는 쟁위권에 대한 여러 나라의 제도적 보장(①)과 그 제도에 의한 쟁의행위가 민·형사상 적법성을 가진다는 점(②)을 들어 쟁의행위의

---

31) 원숫자는 인용자임.

민·형사상 면책이란 평화적인 쟁의행위가 민·형사상 위법으로 평가되지 않아야 한다는 것을 의미한다(③)고 결론짓는다.

마지막으로, 논평자는 쟁의행위의 민·형사상 면책이 있음에도 불구하고 우리의 현실은 헌법상의 권리행사에 대해 '파업의 정당성 요건'이라는 하위법령과 해석의 굴레를 뒤집어씌워 노동자에게 감당할 수 없는 손해배상과 형사책임을 지우는 위헌행위를 지속하고 있다고 반박한다.

이와 같이 권영국(2014)의 논평 텍스트 분석을 통해서 볼 때, Lüger (1996)에 의한 논평의 개념은 타당하다. 그러나 논평은 논증 과정까지만 전개되는 것은 아니며, 그 과정에 이어 "현실의 문제에 대한 판단"(김양훈, 2004 : 260)이나 평가까지 제시되어야 한다. 왜냐하면 논평은 '논'과 '평'의 합성어로서 논에 해당하는 논증 과정뿐만 아니라 그 논증 과정을 통하여 평에 해당하는 과정을 결론부에 도출시켜야 하기 때문이다. 그래서 논평자는 국제노동기구(ILO) '결사의 자유 위원회'에서 표명한 파업권에 대한 결정요지 중 일부를 논거로 들면서 다음과 같이 현실의 문제를 평가하고 판단함으로써 결론을 맺는다.

① 그럼에도 100여 년 전 노조탄압의 수단으로 동원되었던 손배가압류가 기승을 부리며 파업권을 부정하는 대한민국의 현실은 끔찍하다. ② 파업에 대해 거의 무제한적으로 적용되고 있는 손배가압류 문제를 해결하지 못하는 이상, 우리의 노동조건은 물론이요 삶의 조건 또한 온전할 수 없다.32)

인용문에서 논평자는 손배가압류가 기승을 부리며 파업권을 부정하는

---

32) 원숫자는 인용자임.

대한민국의 현실은 끔찍하다(①)는 부정적 평가를 하면서, 손배가압류 문제를 해결하지 못하는 이상, 우리의 노동조건과 삶의 조건이 온전할 수 없다(②)는 판단을 내리고 있다.

정리하면, 논평은 시의적 사건에 대한 해설과 사회적 공론에 대한 논증을 통해 최종적으로 현실 문제에 대한 평가나 판단을 내림으로써 비판적 사고의 하위 유형인 복합적 사고에 해당한다고 볼 수 있다.33)

4. 국어과 인지적 사고 영역의 체계화

국어교육연구 담론에서 이루어진 인지적 사고 영역의 체계를 보면, 연구자들마다 인지적 사고 영역의 체계 용어를 각자의 연구 관점에 따라 사용하고 있으며, 동일한 사고라 하더라도 사고의 유형과 하위 유형을 다르게 설정하고 있다. 그러나 인지적 사고 영역의 체계에 대한 검토로 얻은 결과는, 선행 연구들이 국어과 인지적 사고를 체계화하는 데에 매우 중요한 몇 가지 가능성을 열어주었다는 사실이다. 즉, 인지적 사고의 유형을 재설정할 수 있었다는 점과 각 사고 유형에는 그에 적합한 주된 기본적 사고와 주된 복합적 사고를 설정할 수 있었다는 점이 그것이다.34) 그리고 선행 연구에서 다루지 않은 인지적 사고를 추가할 수 있었다.35)

---

33) 2007년 개정 국어과 교육과정의 9학년 읽기 영역 '성취 기준과 내용 요소의 예'(p.56)에서 논평과 관련된 교육 내용 조직을 볼 수 있으나, 2012년 수정 고시된 2009년 개정 국어과 교육과정에서는 논평을 다루지 않고 있다. 이는 국어적 사고가 축소됨으로써 국어과 텍스트의 경계가 축소됨을 의미한다.
34) 선행 연구에 대한 비판적 검토를 통한 국어과 인지적 사고 영역의 체계화 방식은 동일 사고에 대한 선행 연구자들의 상이한 설정을 해소하고, 인지적 사고에 대한 질적 측면과 과정적 측면의 구분을 통해 어느 정도 합의점을 도출하기에 적합할 것으로 보인다.

먼저, 인지적 사고의 유형은 1유형－사실적 사고, 2유형－이해적 사고, 3유형－논리적 사고, 4유형－비판적 사고, 5유형－창의적 사고로 나눌 수 있다.

이들 유형에서 대상을 있는 그대로 생산하거나 수용하는 것이 사실적 사고의 핵심축이며, 대상의 의미를 밝히고 관계를 맺게 하면서 그것을 구체화하고 확장하는 것이 이해적 사고의 핵심축이고, 언어적 오류나 비약이 생기지 않도록 하는 것이 논리적 사고의 핵심축이다. 그리고 "대립적 관계에 대한 판가름은 비판적 사고의 핵심축이며, 새로움은 창의적 사고의 핵심축"(김종률, 2010 : 102-103)이다. 이들 핵심축이 각기 다른 유형의 사고와 변별될 수 있는 기준이 된다.

한편, 이들 유형은 고유한 속성을 지니면서 어떤 층위를 이룬다고 볼 수도 있다. 그러나 유형들 사이의 관계에서 반드시 층위가 성립한다고 단정하기는 그리 쉽지 않다. 왜냐하면 인지적 사고의 특성상 어느 하나의 사고가 완성된 다음에 다른 사고의 습득과 완성이 이루어지는 것은 아니며, 또한 "개념 차원에서 그 경계가 선명한 것도 아니기"(이삼형 외 7인, 2007 : 225) 때문이다. 따라서 인지적 사고가 언어로 의미화 된 여러 장르의 텍스트 관계를 층위로 설정하지 않는 것처럼 인지적 사고의 다섯 가지 유형의 관계를 층위로 정립하기란 매우 어렵다. 만약 층위가 설정된다면, 그 층위는 사고의 수준으로 인식될 가능성이 있으며, 그것은 사고 유형을 고차적 사고와 저차적 사고라는 이분법적 체계로의 환원을 의미한다. 어떤 사고는 고차적 사고로, 또 어떤 사고는 저차적 사고로 단정하기란 어렵다.

---

35) 신명선(2004a)에 의하면, 구별, 대별, 대비, 변별, 분별, 열거, 예시 등이 사고도구어에 해당한다고 한다. 이는 인지적 사고가 추가 · 확장될 수 있는 가능성을 시사한다.

다음으로, 인지적 사고의 하위 유형은 인지적 사고를 주된 기본적 사고와 주된 복합적 사고로 구분될 수 있다. 첫째, 사실적 사고의 주된 기본적 사고에는 관찰,36) 기억(기명, 파지, 회상, 재인), 묘사, 서사를, 이해적 사고의 주된 기본적 사고에는 정의, 비교·대조, 분류·구분, 인과, 파악, 해석(解釋), 적용을, 논리적 사고의 주된 기본적 사고에는 분석, 종합, 추리를, 비판적 사고의 주된 기본적 사고에는 분변, 판단, 평가를, 창의적 사고의 주된 기본적 사고에는 발상, 창안, 대안, 방안을 설정할 수 있다. 둘째, 사실적 사고의 주된 복합적 사고에는 회고를, 이해적 사고의 주된 복합적 사고에는 설명과 해설을, 논리적 사고의 주된 복합적 사고에는 해석(解析), 추론, 논증을, 비판적 사고의 주된 복합적 사고에는 변증, 논단, 비평, 논평을, 창의적 사고의 주된 복합적 사고에는 문제해결과 의사결정을 설정할 수 있다.

이들 하위 유형에서 기본적 사고의 기능 없이 복합적 사고의 기능이 활발하게 작동하기는 어렵고, 기본적 사고가 뒷받침될 때 복합적 사고가 원활하게 작동될 수 있다. 그러나 이들 사이에 반드시 위계적 관계가 성립한다고 단언하기는 쉽지 않다. 사고는 그만큼 복잡한 과정을 거치면서 서로 맞물려 일어나기 때문이다(이삼형 외 7인, 2007 : 169-170). 이를 감안하고 인지적 사고 영역을 체계화하여 나타내면 <표 9>와 같다.37)

---

36) 철학사전편찬위원회(2009)에 의하면, 관찰(observation)은 어떤 대상이나 과정이 어떻게 존재하며 어떻게 하여 생겨나는가 하는 등, 있는 그대로의 사실을 확인하는 것을 말한다는 것이다. 이러한 의미를 수용하여 이 연구에서 관찰은 대상이나 현상 및 과정 등에 대한 '있는 그대로의 사실을 확인하는 것'을 의미한다. 한편, 관찰, 기억, 묘사, 서사의 관계는 명확하게 단정해서 말할 수는 없다. '관찰 → 기억 →묘사/서사', '관찰 → 묘사/서사', '묘사(텍스트)/서사(텍스트) → 관찰 → 기억' 등의 사고 전개 과정에서 상호적 관계를 맺고 있기 때문이다.
37) 사고 용어들 중에는 서로의 의미 범주를 넘나드는 경우가 있을 수 있다. 예를 들어 변증, 논단, 논평 등은 그 의미 영역이 상당히 중복되어 있어 각 개별항으로 독립할

유형	하위 유형	
	주된 기본적 사고	주된 복합적 사고
1. 사실적 사고	관찰, 기억(기명, 파지, 회상, 재인), 묘사, 서사	회고
2. 이해적 사고	정의, 비교·대조, 분류·구분, 인과, 파악, 해석(解釋), 적용	설명, 해설
3. 논리적 사고	분석, 종합, 추리	해석(解析), 추론, 논증
4. 비판적 사고	분변, 판단, 평가	변증, 논단, 비평, 논평
5. 창의적 사고	발상, 창안, 대안, 방안	문제해결, 의사결정

이러한 체계는 그 경계가 명확하게 구분되거나 단절되어 있다기보다는 상관적이면서 통섭적인 상태에 놓이는 것들로, 평면 위에 인지적 사고를 유형과 그 하위 유형에 따라 적절하게 구역을 설정해서 인위적으로 위치시켜 놓은 것이다.

사실적 사고의 주된 기본적 사고인 관찰에서부터 창의적 사고의 주된 기본적 사고인 방안에까지 모든 주된 기본적 사고는 사실적 사고의 주된 복합적 사고인 회고에서부터 창의적 사고의 주된 복합적 사고인 의사결정에까지 모든 주된 복합적 사고에 직·간접적으로 통섭한다.[38]

수 없는 용어로 볼 수도 있다. 복잡한 과정을 거쳐 서로 맞물려 있는 사고는 그 의미 영역 또한 맞물리기도 하지만, 이들 용어에 대한 의미 영역의 구분은 중심축이 되는 사고의 변별로 가능하다. 즉, 변증, 논단, 논평의 의미 영역에는 모두 논증이 맞물려 있으나, 변증은 분변이, 논단은 판단이, 논평은 평가가 의미 영역을 변별할 수 있는 사고이다. 물론 논평의 경우 판단이 작용하지 않는 것은 아니나 국어학적 관점에서 논평은 논과 평의 합성어이기에 판단보다는 평가가 중심축이 되는 사고라고 보아야 할 것이다. 한편, 비평과 논평은 논증의 유무에 따라 변별될 수 있다. 물론 비평에 논증이 작용할 수도 있으나, 그렇다고 해서 논증이 비평의 중심축이 되는 것은 아니다.

38) 이대규(1994 : 27-28)의 '창의적인 말하기 교수-학습의 모형'에서, 1단계(문제 확인

또한 주된 기본적 사고는 단일적 성격을 지니고 있기는 하지만 그렇다고 해서 각각의 주된 기본적 사고가 개별화된 상태로만 놓이는 것은 아니며, 주된 복합적 사고 또한 여러 기본적 사고를 취하기는 하지만 각각의 주된 복합적 사고가 개별적 상태로만 놓이는 것은 아니다. 즉, 텍스트 생산이나 수용 과정에서 주된 기본적 사고와 주된 복합적 사고는 각기 고유의 영역을 지니면서, 주된 기본적 사고는 주된 기본적 사고끼리 주된 복합적 사고는 주된 복합적 사고끼리 상호관련성을 맺는다.[39) 이를 <그림 4>로 나타내면 다음과 같다.

단계)에는 분석, 종합, 평가가, 2단계(과제 탐색 단계)에는 분석, 판단이, 3단계(해결의 종합화 단계)에는 분류, 분석, 종합, 평가가, 4단계(수행 및 평가의 단계)에는 종합, 평가가 창의성 기능의 성향으로 제시된다. 그리고 고춘화(2007)의 '문제해결 사고의 과정에 따른 읽기 지도 방안'(pp.17-20)에서, 1단계(문제에 관한 글쓴이의 인식 찾기)에는 확인, 분류·구분, 분석, 추리, 판단 등이, 2단계(글쓴이의 개념 체계 찾기)에는 비교·대조, 분류·구분, 분석, 종합, 추리 등이, 3단계(글쓴이의 사태 해석 찾기)에는 인과, 해석, 추리 등이, 4단계(논리적 사고 찾기)에는 확인, 분류, 파악, 논증, 판단 등이, 5단계(글쓴이의 사고 과정 해체 및 종합)에는 종합, 평가, 판단 등이 그 방법으로 제시된다.

39) 예를 들어 기본적 사고의 경우, 박성희(2007 : 70)의 '의미 구조 이해 과정의 전략의 수행 과정' 3단계 의미 구조의 도식화에서 '3. 도식화한 의미 구조가 논리적으로 타당한가를 확인한다.'고 할 때, 확인은 도식화한 의미 구조에 대한 분석과 더불어 논리적으로 타당한가의 여부에 대한 판단이 선행적으로 관련되어 이루어질 때 가능한 사고이다. 그러면서 설명적 텍스트에 대한 구조 분석이나 그에 대한 판단은 1단계 구조 지식의 형성에서 구조 지식에 대한 의미 단위의 여러 관계나 형식 언어 요소의 체계, 관계표지나 개관표지 등에 대한 확인과 선행적 상관성을 갖는 사고이다. 그리고 복합적 사고의 경우, "변증은 문제해결의 중요한 방법"(김대행 외 5인, 2008 : 191)일 수도 있으며, 문제해결은 변증, 논증, 설명 등을 동원할 수 있는 사고이기도 하다. 그리고 설명 또한 문제해결과 무관하지는 않다. 노경숙(2001 : 38)의 '설명적 텍스트 구조 지도 모형'의 텍스트 구조 학습에 문제해결이 있음을 볼 수 있으며, 임경대(2002 : 54-56)의 '설명적 텍스트의 독자 투고문의 기능 구조'에 문제 중심 독자 투고문과 해결 중심 독자 투고문이 있음을 볼 수 있다.

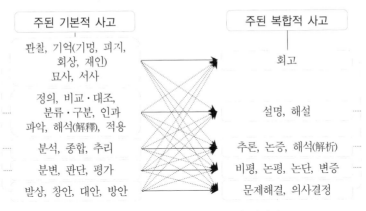

〈그림 4〉인지적 사고의 통섭성과 상관성

위의 그림에서 실선 화살표는 주된 복합적 사고가 주된 기본적 사고를 취하는 것이며, 점선 화살표는 주된 복합적 사고가 주된 기본적 사고를 제외한 나머지 기본적 사고를 간접적으로 취할 수도 있음을 의미한다. 즉, 실선 화살표와 점선 화살표는 기본적 사고가 어떤 형태로든 복합적 사고에 직·간접적으로 통섭한다는 것을 뜻한다. 그리고 그림의 왼쪽과 오른쪽의 점선은 기본적 사고는 기본적 사고끼리, 복합적 사고는 복합적 사고끼리 상관적 상태에 있다는 것을 의미한다.

5. 맺음말

이 연구의 목적은 인지적 사고를 어떻게 체계화할 것인가라는 문제의식을 가지고 국어과 인지적 사고의 체계화를 모색하는 것이었다.

인지적 사고 영역의 체계와 관련된 용어 사용의 혼란을 해소하기 위해 먼저 인지적 사고 영역의 체계 용어를 사고의 유형과 하위 유형 측면에서 정립한 후 선행 연구들에 대한 비판적 검토를 통해 얻은 결과는, 선행 연구들이 국어과 인지적 사고를 체계화하는데 매우 중요한 몇 가지 가능성을 열어주었다는 사실이다.

사고의 유형 측면에서 사실적 사고, 이해적 사고, 논리적 사고, 비판적 사고, 창의적 사고의 설정, 하위 유형 측면에서 각 유형에 해당하는 주된 기본적 사고와 주된 복합적 사고의 설정 그리고 그에 해당하는 개별적 사고의 설정이 가능할 수 있었다. 덧붙여 일부 사고를 추가함으로써 국어과 인지적 사고를 체계화하였다.

국어과 인지적 사고 영역의 체계는 그 경계가 명확하게 구분되거나 단절되어 있다기보다는 상관적이면서 통섭적인 상태에 놓이는 것들로 단일한 것부터 복합적인 것까지 사고의 유형에 적합한 특성을 가장 잘 보여주는 어느 지점에 분류해 넣어 그 체계에 대한 이해를 도모하고자 한 것이다.

한편, 이 체계화는 선행 연구와 달리 인지적 사고를 크게 두 측면으로 구분하여 연구를 시도한 것이다. 하나는 질적 측면으로서의 접근을 통한 유형 설정과 또 하나는 그 질적 측면에 따른 과정 측면으로서의 접근을 통한 하위 유형의 설정이다. 이는 어떤 사고(용어)가 유형에 해당하는지, 또 어떤 사고(용어)가 하위 유형에 해당하는지를 구별할 수 있으며, 하위 유형들 간에도 단일적 성격을 지닌 사고인지, 아닌지를 분별할 수 있다는 장점을 지닌다.

이러한 장점은 국어교육 연구나 실행에서 사고 용어 사용과 그 배열의 혼란, 즉 유형에 해당하는 사고 용어와 하위 유형에 해당하는 사고 용어 간의 무분별한 나열을 해소하는 데에 기여할 수 있을 것이다. 그리고 이 체계화는 최근에 보여주는 문제해결만을 위한 편향된 사고교육의 방향을 재조정하면서 사고의 층위화나 위계화가 아닌 사고 간의 상호관련성을 기반으로 하는 사고의 통합적 교육을 지향해야 함을 시사한다.

사고의 통합적 교육을 지향해야 이유는, 사고가 영역에 따라 또는 장르에 따라 개별적이고 특수한 형태로 작동되는 것은 아니기 때문이다. 즉, 국어사용 영역이 서로 다르다 해서 각 영역에 작동하는 사고가 다른 것은 아니며, 문학과 비문학이 다르다고 해서 문학적인 사고와 비문학적인 사고가 별도로 존재하는 것은 아니기 때문이다. 다만 영역과 장르에 따라 사고 작동의 정도 차이만 있을 뿐이다.

인지적 사고 영역에는 우리가 아직 인식하지 못한 사고나 개별 사고와 유사한 사고가 더 있을 수도 있으며, 이는 필자의 연구 부족의 결과로 보아야 할 것이다. 그래서 인지적 사고 영역의 체계 모형이 완벽하다거나 완성된 것은 아니며, 부족하거나 미흡하여 다른 연구자에 의해 수정·보완되어 채워질 수 있는 부분일 것이다.

제2장

'해석'의 인지적 의미

1. 머리말

2007 국어과 교육과정[1] 10학년 쓰기영역 성취 기준에 그림이나 사진, 그래프나 도표 등의 자료를 해석하는 글쓰기가 있다. 내용 요소의 예에는 자료를 해석하는 방법과 유의점 이해하기, 해석에 영향을 미치는 요인을 고려하여 그림이나 사진 등을 해석하기, 해석하는 글을 쓰는 목적과 독자 고려하기, 해석한 내용을 논리적 순서로 조직하여 표현하기가 있다(교육인 적자원부, 2007 : 63). 이는 이전 국어과 교육과정에서 볼 수 없었던 것으로 교육과정이 개정되면서 시각 자료에 대한 해석과 그에 따른 글쓰기를 새

---

[1] 이 연구서에서는 편의상 개정 연도나 수정된 연도로 국어과 교육과정을 구분하고자 한다. 2007년 개정 국어과 교육과정은 2007 국어과 교육과정으로 사용한다. 특히 2009년 개정 국어과 교육과정은 2011년과 2012년 2번의 수정 과정을 거친다. 따라서 2011년 수정 고시된 2009년 개정 국어과 교육과정과 2012년 수정 고시된 2009년 국 어과 교육과정을 구분하기 위해 편의상 개정 연도나 수정된 연도를 사용하여 2009년 개정 국어과 교육과정은 2009 국어과 교육과정으로, 2011년 수정 고시된 2009년 개 정 국어과 교육과정은 2011 국어과 교육과정으로, 2012년 수정 고시된 2009년 국어 과 교육과정은 2012 국어과 교육과정으로 사용한다.

로 마련한 것이다.

해석이란 용어는 일반화된 개념으로 많은 사람들의 입에 오르내리면서 보편적으로 사용된다. 이는 과거에서 현대에 이르기까지 널리 사용되어 그 의미하는 바를 문화적으로 인지하면서 살아왔기에 가능한 일이다.[2] 그래서 누구나 보편적으로 그 개념을 인식한다고 보았는지 모르지만, 국어과 교육과정과 그에 따른 국어교과서에서 해석에 대한 명확한 개념을 밝히지 못하고 있다. 어떻게 보면 보편적으로 사용하기에 굳이 그 개념을 밝힐 필요가 없을지는 모르지만, 국어교육학적 입장에서 해석의 인지적 의미를 분명히 짚고 넘어가야할 필요가 있을 것이다. 특히, 한 나라의 모국어에 대한 개념 설정은 문화적인 측면에서도 매우 중요한 의미를 가지는데, 이는 언어와 문화 및 사고가 서로 불가분의 관계에 있기 때문이다.

오늘날 국어교육은 텍스트의 이해에만 초점을 맞추는 경향이 강하다. 그래서 용어의 개념을 정확히 알지 못하더라도 텍스트 전체의 흐름을 인식하고 내용에 대한 이해에만 매달리는 학습자들의 모습을 자주 접할 수 있다. 물론 이것이 국어교육의 교수·학습관과 관련되고 그 시대 교육관

---

2) 우리가 일반적으로 해석이라고 할 때, 해석을 해석(解析)보다는 주로 해석(解釋)의 의미로 인식하고 사용한다. 이는 과거에 해석(解釋)을 보편적으로 사용했기에 언어·문화적으로 해석을 해석(解釋)으로 인식하는 경향이 강하기 때문이다.
  문헌을 토대로 보면 해석(解析)보다 해석(解釋)의 사용 횟수가 훨씬 많다. 해석(解析)은 안방준의 은봉전서(1), 조익의 포저집(1), 임영의 창계집(1), 이의현의 도곡집(1), 윤동수의 경암유고(1), 김종후의 본암집(1), 성해응의 연경재전집(1), 박윤묵의 존재집(1), 이항로의 화서집(2)에서 총 10회 정도의 사용 빈도를 보인다. (괄호의 숫자는 용어의 사용 횟수를 뜻한다. 이하 동일함.)
  그러나 해석(解釋)은 송시열의 송자대전(44), 이규경의 오주연문장전산고(19), 최한기의 인정(17), 이희조의 지촌집(15), 정약용의 여유당전서(11), 조익의 포저집(10), 윤증의 명재유고(10), 권상하의 한수재집(10), 김창협의 농암집(10) 등에서 총 676회 정도의 사용 빈도를 보인다. 따라서 해석(解析)보다는 해석(解釋)을 보편적으로 사용함으로써 해석은 언어·문화적으로 해석(解釋)으로 인식되었을 가능성이 크다.

의 한 줄기를 담당한다는 측면에서 긍정적일 수 있으나, 텍스트 최소 단위의 언어·문화적 의미는 하나의 용어(단어)에서 출발한다고 보아야 한다. 이러한 의미에서 해석의 개념을 명확히 설정하는 것은 시각 자료 해석하기와 시각 자료 해석하는 글쓰기의 개념을 규정하는 일과 무관하지 않기 때문이다.

따라서 이 연구에서는 국어과 교육과정과 그에 따른 국어교과서에서 밝힌 해석과 관련된 내용의 문제점을 살펴보고, 그 문제점을 해결하기 위해 국어교육학적 입장에서 '해석'의 인지적 의미를 고찰하고자 한다.[3]

2. '해석' 내용 관련 문제

해석하는 글은 '그림이나 표 등의 자료를 이해하기 쉽게 설명하는 글을 의미'(교육과학기술부, 2008 : 43)하는 것이라 하여 시각 자료에 대한 해석 개념으로서의 글이다.[4] 이러한 개념을 진술한 김종철, 이창덕, 이명찬, 서유경, 황혜진, 서효현, 이상일, 김효정, 이지은, 이현진(2010), 문영진, 강경

---

3) 해석에 대한 용어의 의미 혼란을 피하기 위해 필요한 경우 한자를 병기하여 반복해서 쓸 것이다. 다만 국어과 교육과정과 국어교과서에서는 해석(解釋)과 해석(解析)을 구분하지 않고 '해석'으로만 쓰고 있어 인용문 등의 경우는 한자를 병기하지 않고 그대로 '해석'을 쓸 것이다.

4) 2011 국어과 교육과정에서 시각 자료와 관련된 쓰기는 초등학교 3~4학년군과 5~6학년군 쓰기영역의 내용 성취 기준 (6)항에 제시되어 있다. 이때의 쓰기는 시각 자료를 자신의 생각과 느낌을 표현하는데 활용하는 것으로서의 글쓰기이다. 중학교에서 시각 자료와 관련된 쓰기는 중학교 1-3학년군 쓰기영역의 내용 성취 기준 (3)항에 있으며, 이때의 쓰기는 시각 자료를 활용하여 보고하는 글쓰기이다. 고등학교에서 시각 자료와 관련된 쓰기는 '국어 I · II' 과목에는 제시되어 있지 않으나, '화법과 작문' 과목의 '정보전달을 위한 작문' (13)항에 기술되어 있다. 이때의 쓰기는 적절한 도표나 사진 등을 사용하여 정보전달을 위한 글쓰기이다.

구, 곽명순, 김동준, 김현양, 신두원, 이정훈, 정지범(2010), 방민호, 황재문, 박광수, 안효경, 모현정, 김잔디, 엄성신, 정우상(2010), 박갑수, 김종욱, 이혁화, 구재진, 이지훈, 김준우, 이배용, 남궁민(2010), 한철우, 박영민, 박형우, 김명순, 선주원, 최숙기, 가은아, 이영진, 신승은, 김기열, 박종임, 최성아(2010), 조남현, 이은경, 조해숙, 윤대석, 신장우, 송원석, 이동혁, 정지은(2010)은 피정의항인 자료를 해석하는 글쓰기나 자료를 해석하는 글 그리고 해석하는 글에 대한 정의항에 모두 동일하게 '이해'와 '설명'을 사용하고 있다.

- 자료를 해석하는 글쓰기는 그림이나 도표 등을 이해하기 쉽게 글로 설명하는 것이다.(김종철 외 9인b, 2010 : 113)
- 해석하는 글은 그림이나 표 등의 자료를 이해하기 쉽게 설명한 글이다.(문영진 외 7인a, 2010 : 120)
- 자료를 해석하는 글은 (중략) 그림이나 표 등의 자료를 이해하기 쉽게 설명하는 글을 쓰는 것(방민호 외 7인b, 2010 : 244)
- 자료를 해석하는 글이란 다양한 자료를 이해하기 쉽게 설명한 글을 의미한다.(박갑수 외 7인b, 2010 : 70)
- '해석하는 글'은 그림이나 사진, 그래프, 도표 등의 자료를 독자가 이해하기 쉽게 설명한 글이다.(한철우 외 11인b, 2010 : 91)
- 해석하는 글이란, 그림이나 표 등의 자료를 이해하기 쉽게 설명한 글이다.(조남현 외 7인b, 2010 : 252)[5]

인용문에서 보는 바와 같이 자료를 해석하는 글(쓰기)은 시각 자료에 대한 해석이라는 점과 정의항에 모두 이해와 설명이라는 용어를 사용하고

---

5) a는 국어(상) 교과서를, b는 국어(하) 교과서 의미한다.

있다는 점에서 피정의항의 해석은 국립국어원에서 밝힌 해석(解釋)의 첫 번째 사전적 의미인 '문장이나 사물 따위로 표현된 내용을 이해하고 설명함. 또는 그 내용.'과 큰 차이가 없다. 이렇게 보면 시각 자료를 해석하는 글에서 해석은 사물 따위로 표현된 내용을 이해하고 설명하는 것으로 해석(解析)이 아닌 해석(解釋)의 사전적 의미를 갖는다.

이점을 염두에 두고, 국어교과서에서 밝힌 시각 자료 해석 방법과 유의점이나 시각 자료를 해석하는 글쓰기의 방법과 유의점에 서술된 내용을 사고와 관련하여 분석, 추론 순으로 살펴보도록 하자.

먼저, 분석이 기술된 내용을 보면 다음과 같다.

주어진 자료를 정확하게 해석하는 일은 복잡한 개념과 정보를 압축하고 요약해서 의사소통을 할 수 있는 능력과도 연관된다. 자료 해석은 자료를 읽고 분석하여 인과 관계나 상관관계를 인식하며, 이를 바탕으로 새로운 정보를 조직화하는 활동이기 때문이다.(김병권, 양왕용, 서상준, 유동석, 이병운, 임주탁, 성숙자, 임남순, 강여순, 허수준, 강정한, 박건호b, 2010 : 128)[6]

시각 자료 해석은 시각 자료를 읽고 분석하여 인과관계나 상관관계를 인식한다고 할 때, 해석의 개념에 분석이 포함되어 있다. 그런데 문제는 앞서 정의항에 제시된 '이해와 설명의 개념을 지닌 해석이 분석을 포함하는 의미인가?'에 있다.

---

6) 밑줄─인용자. 분석을 사용한 경우는 김병권 외 11인b(2010)에도 민혁식, 송하춘, 박진, 박재현, 신명선, 이대욱, 정경주, 홍근희, 김지영, 서명희, 김철회, 김영란b(2010 : 259), 윤희원, 최영환, 서혁, 공명철, 길호현, 김성해, 김지상, 김평원, 민송기, 신영산, 이선영, 정인숙a(2010 : 70), 이삼형, 김중신, 김성룡, 김창원, 정재찬, 최지현, 김현, 조형주b(2010 : 118), 조남현 외 7인b(2010 : 252) 등이 있다.

해석은 모르는 또는 이해할 수 없는 상태에서 출발하여 알게 되는 또는 이해하는 과정으로서의 사고 활동이지만, 분석은 이미 알고 있거나 이해할 수 있는 상태를 기반으로 하여 해체하는 과정으로서의 사고 활동이다. 따라서 해석과 분석은 그 의미하는 바가 다르다(김종률, 2011c : 187). 결국 해석은 이해의 이전 단계에서, 이해는 분석의 이전 단계에서 이루어지는 활동 과정이기에 해석의 개념에 분석을 사용할 수는 없을 것이다. 즉, 고등학교 교육과정 해설과 국어교과서에서 밝힌 해석하는 글의 정의항에 비추어보면 시각 자료 해석에 분석이 들어올 수 없다.[7]

다음으로, 추론이 서술된 내용은 다음과 같다.

① 막대그래프로 드러낸 대상의 차이가 유발된 원인은 무엇인지, 선그래프의 기울기나 오르내림 등의 변화가 지속되면 어떤 사태가 발생할지 등을 추론해서 내용을 해석해야 한다.(민현식 외 10인b, 2010 : 267)

② 사진이나 그림을 읽을 때에는 일단 두드러지게 표현되는 부분을 중점적으로 파악하도록 한다. 강조된 것은 대체로 크게 확대되거나 중앙에 표현되어 있는 경우가 많다. 두드러지게 표현된 부분을 파악한 다음에는 함축되어 있는 정보를 추론하고 해석하여야 한다.(우한용, 박인기, 정병헌, 최병우, 김혜숙, 이필영, 민병욱, 임칠성, 박윤우, 김혜영, 유성호, 임경순, 최인자, 한창훈, 김성진, 정래필, 안혁, 황희종, 박찬용, 이병관, 정진석b, 2010 : 253-254)[8]

---

7) 다만 해석이 해석(解析)을 의미하는 것이라면, 이때의 자료 해석(解析)에서는 분석을 사용할 수 있을 것이다. 그렇다면 국어과 교육과정이나 국어교과서에 밝힌 해석하는 글의 개념을 새로 설정할 필요가 있다.

8) 밑줄-인용자. 시각 자료 해석 방법과 유의점에 서술된 내용에서 '추론'을 사용한 경우는 민현식 외 10인b(2010)와 우한용 외 20인b(2010)에도 오세영, 유문선, 박상률, 조현설, 정승철, 진기춘, 강승원, 최지성, 곽노준a(2010 : 79), 방민호 외 7인b(2010 :

①에서 '추론해서 내용을 해석해야 한다.'라고 할 때, 추론은 내용 해석을 위한 과정적 기능을 가진 시고로 활용되고 있다. ②에서는 '함축되어 있는 정보를 추론하고 해석하여야 한다.'라고 할 때, 정보에 대한 추론과 해석이 이루어짐으로써 시각 자료 해석 방법은 '추론'과 상관된다. 따라서 ①과 ②는 시각 자료를 해석하는 글의 정의항에 제시된 개념, 즉 이해와 설명을 벗어난다.

고등학교 교육과정 해설에서 추론은 문장, 문단, 등의 소단위 독해에서 생략된 내용의 의미를 독자가 구성하거나 필자의 의도, 목적, 숨겨진 주제 등과 같은 내용을 파악할 수 있는 능력 등으로 밝히고 있다(교육과학기술부, 2008 : 218-220). 그런데 이것은 쉽게 그 의미를 파악할 수 없는 부분의 의미를 분명히 하거나, 각 단어나 구절, 혹은 말이나 글 전체의 의미를 해석자의 입장에서 파악하는 것을 뜻하는 해석(interpretation)(김정우, 2006 : 40)과 그 의미하는 바가 크게 다르지 않다.[9]

원래 추론은 이치를 좇아 어떤 일을 미루어 생각하고 논하는 것으로 주어진 사실로부터 출발한다. 그 사실에 대한 논리적 과정을 거쳐 결론을 이끌어내는 사고 능력이다(김종률, 2011a : 101).[10] 이러한 의미에서 추론은 이해와 설명의 개념을 지닌 해석하는 글에 포함될 수 있는 용어가 아니다. 물론 추론이 해석과 무관하다고 볼 수는 없겠지만, 글의 완결성을 추

---

237), 윤여탁, 김만수, 정충권, 최미숙, 구본관, 김미혜, 김진식, 최영환, 김수정, 윤성원, 박경희, 김기훈, 윤정한a(2010 : 198), 윤희원 외 11인a(2010 : 70), 문영진 외 7인a(2010 : 120), 박갑수 외 7인b(2010 : 69) 등이다.
9) 고등학교 교육과정 해설에서 밝힌 추론은 문학 텍스트에 대한 해석(解釋, interpretation)과 유사한 의미를 갖는 것으로 볼 수 있는데, 추론에 대한 우리의 언어 · 문화적 측면으로서의 국어학적 의미를 재정립할 필요가 있을 것이다.
10) 추론적 사고 과정을 보여주는 예로는 정약용의 원목(原牧)이 있다(김종률, 2011a : 143-145).

구하는 추론은 해석과는 또 다른 사고 과정의 의미를 지니고 있다. 사고 과정적인 측면에서 시각 자료에 대한 해석이 이루어지고 그것에 대한 이해가 선행된 후에 그 다음 과정으로서 막대그래프로 드러낸 대상의 차이가 유발된 원인은 무엇인지, 선 그래프의 기울기나 오르내림 등의 변화가 지속되면 어떤 사태가 발생할지 등과 같은 추론을 할 수 있을 것이다.[11]

지금까지 살펴본 시각 자료를 해석하는 글의 정의항에 제시된 사고와 시각 자료 해석의 방법과 유의점이나 시각 자료를 해석하는 글쓰기의 방법과 유의점에 기술된 사고를 정리해 보면 <표 1>과 같다.

〈표 1〉 자료를 해석하는 글에 설정된 사고

내용 \ 사고	정의항	방법과 유의점
이해	○	○
설명	○	○
분석		○
추론		○

---

11) 해석이 해석(解釋)이 아닌 해석(解析)이라 할지라도 추론은 자료 해석의 과정을 거친 후에 이를 토대로 사회 현상의 원인이나 사태의 결과를 말할 수 있는 사고 활동이다. 전통적인 글쓰기의 문체 양식으로 보면 추론은 원(原)에 해당한다. 이유원은 임하필기에서 "자서에 원이란 근본이라 하였으니, 그 본원을 추론하는 것을 말한다. 당나라 한유가 오원(五原)을 지은 것으로부터 후세 사람들이 이것을 따랐다. 비록 옛 문체는 아니나 시초까지 그 근원을 거슬러 올라가 지금에 적용한다면 진실로 부족하다고 여겨서는 안 되는 것이다. 그리고 그 곡절과 억양을 이루어 또한 논이나 설과 서로 표리가 되기에 심한 차이가 없다.(字書云 原者本也 謂推論其本源也 自唐韓愈作五原 而後人因之 雖非古體 然其遡原於本始 致用於當今 則誠有不可少者 至其曲折抑揚 亦與論說相爲表裏 無甚異也 其題或曰原某 或曰某原 亦他義)"라고 하였다. 그리고 陳必祥(1986/2001 : 181)에 의하면, '원'이란 사리의 본원을 추론한다는 뜻이다. … 한유의 '원'은 곡절과 억양이 있게 작문을 하여 사실상 '논'과 표리를 이룬다.

위에서 보는 바와 같이 시각 자료를 해석하는 글의 정의항에는 이해와 설명을, 시삭 사료 해석의 방법과 유익점이나 시각 자료를 해석하는 글쓰기의 방법과 유의점에는 정의항에 제시된 의미 범위를 벗어난 분석과 추론12)을 사용하고 있어 사고의 측면에서 일치하지 않고 있다. 따라서 시각 자료 해석하는 글에 대한 문제점을 해결하기 위해서는 국어교육학적 관점에서 먼저 해석의 인지적 의미를 설정하는 것이 무엇보다도 우선되어야 할 것이다. 즉, 해석이 해석(解釋)인지 해석(解析)인지를 명확하게 구분하여 그 의미를 설정하여야 한다.13)

3. 해석(解釋)과 해석(解析)의 인지적 의미

3.1. 해석(解釋)의 인지적 의미

김정우(2006 : 40-41)에 의하면, 해석(interpretation)은 쉽게 그 의미를 파악할 수 없는 부분의 의미를 해석자의 입장에서 파악하는 것을 뜻하면서 이해(understanding)14)에 도달하는 것이 읽기 과정의 목적이자 최종 결과라 할 때, 해석은 이해의 상태에 도달하는 과정, 혹은 방법으로서의 성격을 띤

---

12) 분석과 추론은 논리적 사고 유형의 한 범주에 해당하는 인지적 사고인데, 국어과 교육과정이나 국어 교과서에서 밝힌 시각 자료 해석하는 글의 정의항에는 이들 사고가 제시되어 있지 않다. 결국, 해석의 의미에 대한 기술을 다시 할 필요가 있을 것이다.
13) 이것이 설정되고 나면 해석하는 글이 해석(解釋)하는 글인지, 아니면 해석(解析)하는 글인지 밝혀질 것이며, 해석(解釋)하는 글과 해석(解析)하는 글의 의미(개념) 또한 자연스럽게 결정될 것이다.
14) 국어교육 미래 열기(2011)에 의하면, 이해는 글에서 얻은 새로운 정보와 독자가 가지고 있는 사전 지식을 조화시키고, 새로운 해석을 구성하여 필자가 전하고자 하는 바를 재구성하는 것이라고 한다.

다. 이해에 도달하기 위한 과정이나 방법으로서의 성격을 지닌 해석이 의미를 파악할 수 없는 부분의 의미를 파악하는 것이라고 할 때, 이는 시각 자료에 대한 해석에서도 동일하게 적용될 수 있을 것이다. 시각 자료가 하나의 의미를 가지기 위해서는 인지언어화 과정을 거쳐야 하고 그런 인지언어화 과정은 유기적인 의미화 과정이라고 할 수 있다.

> 명시적으로 드러난 정보에서 핵심 의미를 찾아 내용을 기술한다. 복잡한 숫자로 가득 찬 도표에서는 가장 핵심적인 정보에 주목하고, 그래프는 비교 대상의 차이나 시간에 따른 추이 등에 주목하여 내용을 해석한다.(민현식 외 10인b, 2010 : 267)

민현식 외 10인b(2010)는 시각 자료에서 명시적으로 드러난 정보에서 핵심적인 의미를 찾아 내용을 기술하는 것을 해석의 방법으로 제시하고 있다. 오세영 외 8인a(2010)에서도 시각 자료를 정확하게 해석하기 위해서는 먼저 자료에 나타난 핵심 의미를 찾는 것이 중요하다고 말하고 있다. 결국 시각 자료는 언어화되기 이전의 '쉽게 그 의미를 파악할 수 없는 부분'에 해당하며, 시각 자료를 언어화하여 핵심적인 의미를 찾아 내용을 기술하는 것은 '의미를 파악하는 것'에 해당한다.

그러므로 국어과 교육과정과 국어교과서에서 밝힌 시각 자료를 해석하는 글의 개념이 시각 자료를 이해하기 쉽게 설명하는 것이라면, 시각 자료 해석은 그 의미를 쉽게 파악할 수 없는 시각 자료에 대한 핵심적인 의미를 파악하여 이해하기 쉽게 설명하는 것이다.

그런데 여기서 한 가지 고려해야 할 것은 국립국어원에서 밝힌 해석의 두 번째 사전적 의미인 '사물이나 행위 따위의 내용을 판단하고 이해하는 일. 또는 그 내용.'이다. 김대행 외 5인(2008)에 의하면, 해석(解釋)이란 어떤 사실이나 행위 따위의 내용을 판단하고 이해하는 것이라고 한다. 시각 자료에 대한 이해와 설명에 앞서 필요한 것은 시각 자료에 대한 신뢰성에 대한 판단과 이해이다. 자료에서 찾은 정보를 해석하기 위해서는 시각 자료에 대한 판단이 적절하게 이루어져야 한다. 즉, 자료를 작성한 기관이나 단체가 믿을 만한 곳인지, 연구하거나 조사한 방법이 신뢰할 만한 것인지 점검하고, 최신 자료가 맞는지도 확인할 필요가 있다(윤희원 외 11인a, 2010 : 70). 따라서 시각 자료에 대한 해석의 인지적 의미는 '시각 자료의 신뢰성에 대한 판단이 선행되고, 그 이후에 시각 자료에 대한 핵심적인 의미를 파악하여 이해하기 쉽게 설명하는 것'이다.15)

3.2. 해석(解析)의 인지적 의미

해석의 사전적 의미는 사물을 자세히 풀어서 논리적으로 밝히는 것을 뜻한다. 여기에서 '논리적'이란 '논리에 맞는'이란 의미이긴 하지만, 매우 추상적일 수밖에 없다.16) 그래서 해석의 의미를 명확하게 설정하기란 쉽지 않다.

해석은 주로 한자 문화권에서 사용하는 용어인데, 일본어에서 解析[か いせき]는 '사물을 분석적으로 연구하는 것(事物を分析的に研究すること)'이라

---

15) 그렇다면 시각 자료에 대한 해석하는 글은 '시각 자료의 신뢰성에 대한 판단이 선행되고 그 이후에 시각 자료에 대한 핵심적인 의미를 파악하여 이해하기 쉽게 설명할 내용을 유기적으로 기술하는 글'이라고 할 수 있다. 이러한 의미에서 해석(解釋)하는 글은 주로 정보전달을 위한 글의 유형에 해당한다.

16) 김종률(2011a)에 의하면, '논리'는 세 가지 측면으로 나누어지는데, 내용적 측면에서 논리는 말이나 글에서 사물의 이치로, 사고 과정적 측면에서 논리는 말이나 글에서 사고의 이치를 맞게 이끌어가는 과정으로, 구성적 측면에서 논리는 말이나 글에서 체계가 서는 갈피 또는 짜임새로 그 개념을 설정하고 있다.

하며, 중국어에서 解析[jiěxī]는 '상세히 분석하다.'라는 의미를 가진 '剖析[pōuxī]'를 뜻한다. 한자 문화권을 중심으로 놓고 보면 해석의 개념에서 '논리적'이란 의미는 '분석'과 무관하지 않다. 해석을 분석으로 인지하는 경우는 우리나라의 학술논문을 통해서 살펴볼 수 있는데, 먼저 해석을 사용한 학술논문의 분야별 사용 빈도와 비율부터 보도록 하자.17)

〈표 2〉 학술논문 분야별 해석(解析) 사용 빈도와 비율

	공학	인문과학	의약학	자연과학	정보통신	문화예술	사회과학	경영경제	전체
빈도	768	422	125	122	118	59	43	39	1,696
비율	45.3	24.9	7.4	7.2	7.0	3.5	2.5	2.3	100

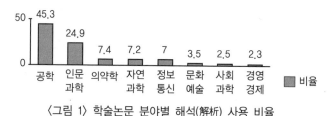

〈그림 1〉 학술논문 분야별 해석(解析) 사용 비율

학술논문 제목에 해석 용어 사용은 공학 분야와 인문과학 분야에서 많이 나타나는데, 전체 1,696건 중 공학 분야가 768건(45.3%)이고 인문과학 분야가 422건(24.9%)이다. 그 다음으로 의약학 분야, 자연과학 분야, 정보통신 분야, 문화예술 분야, 사회과학 분야, 경영경제 분야 순이다. 이를 연도별로 보면 <표 3>과 같다.

---

17) 논문은 학술자료 중 1960년대부터 2000년대까지의 학술논문만을 대상으로 하였다. 이하 해석(解釋)과 분석, 해석적 분석(解釋的 分析)도 동일하다.

〈표 3〉 학술논문 연도별 해석(解析) 사용 빈도와 비율

		공학	인문과학	의약학	자연과학	정보통신	문화예술	사회과학	경영경제	전체
2000년대	빈도	17	19	2	5	8	14	7	5	77
	비율	1.0	1.1	0.1	0.3	0.5	0.8	0.4	0.3	4.5
1990년대	빈도	225	134	36	39	37	25	16	9	521
	비율	13.2	7.9	2.1	2.3	2.2	1.5	0.9	0.5	30.6
1980년대	빈도	387	214	83	62	62	16	12	22	858
	비율	22.8	12.6	4.9	3.6	3.6	0.9	0.7	1.3	50.4
1970년대	빈도	122	47	4	16	11	3	6	1	210
	비율	7.2	2.8	0.2	0.9	0.6	0.2	0.4	0.1	12.4
1960년대	빈도	17	8				1	2	2	30
	비율	1.0	0.5				0.1	0.1	0.1	1.8

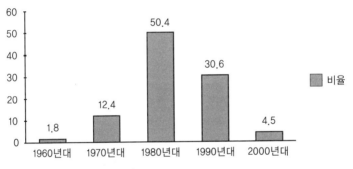

〈그림 2〉 학술논문 연도별 해석(解析) 사용 비율

1960년대에 30건(1.8%), 1970년대에 210건(12.4%), 1980년대에 858건 (50.4%), 1990년대 521건(30.6%), 2000년대에 77건(4.5%)이다. 위의 막대그래 프에서 보듯이 1980년대에 해석 용어를 가장 많이 사용하였으나 그 이후 로 가면서 점점 용어의 사용이 줄어드는 것을 확인할 수 있다.18)

---

18) 해석(解析)은 주로 이공계열에서 사용되는 용어로 인식하는 경우가 있으나, 〈표 3〉 에서 보는 바와 같이 공학과 인문과학뿐만 아니라 여러 분야에 걸쳐 다양하게 학술 적으로 사용되는 용어라는 것을 확인할 수 있다. 다만 해석(解析)이 한자문화권에서 만 사용되는 용어라는 점을 감안한다면 이 용어를 학술적 의미에서 외국어로 번역 할 때 상당한 고충이 따른다. 2000년대 들어와서 그 사용 빈도와 비율이 갑자기 줄

다음으로, 해석을 연구자들은 어떤 의미로 인식하는가가 중요한데, 영문초록을 참고로 볼 필요가 있다. 해석은 영어문화권에서 사용하지 않는 단어인데, 이를 제목으로 옮길 때 영어의 어떤 단어로 번역되는가는 곧 해석에 대한 개념의 인지를 밝히는 데 필요하기 때문이다.

〈표 4〉 해석(解析)에 대한 영문초록 제목의 번역어 분석

분야	번역어	Analysis	Interpretation	Simulation	Computation[19]	Solution	Development	Explanation	기타[20]	없음	전체
공학	빈도	255	3	5	5	1	2	1		36	308
	비율	60.0	0.7	1.2	1.2	0.2	0.5	0.2		8.5	72.5
인문과학	빈도	3	3							2	8
	비율	0.7	0.7							0.5	1.9
의약학	빈도	3	1						1	1	6
	비율	0.7	0.2						0.2	0.2	1.4
자연과학	빈도	61	7	2		3			1	8	82
	비율	14.4	1.6	0.5		0.7			0.2	1.9	19.3
정보통신	빈도							1			1
	비율							0.2			0.2
문화예술	빈도	4	4								8
	비율	0.9	0.9								1.9
사회과학	빈도	2	2						1		5
	비율	0.5	0.5						0.2		1.2
경영경제	빈도	6			1						7
	비율	1.4			0.2						1.6
빈도총합		334	20	7	6	4	2	2	3	47	425
비율총합		78.6	4.7	1.6	1.4	0.9	0.5	0.5	0.7	11.1	100

어든 것은 아마도 이 같은 어려움이 반영되었을 가능성이 있는 것으로 보인다. 그렇다면 이를 학술적 측면뿐만 아니라 사회문화적 측면에서 좀 더 명확한 사고의 개념을 담을 수 있는 인지적 의미로 규정할 필요성이 있을 것으로 본다.

해석 용어에 대한 영문초록 제목이 있는 경우는 학술논문에 해석 용어 사용 1,696건 중 425건이다. 이 중에서 해석을 Analysis로 번역한 경우는 334건(78.6%)으로 가장 많은데, 그 중 공학 분야에서 255건(60.0%), 자연과학 분야에서 61건(14.4%)을 사용하고 있다. 해석을 Interpretation으로 번역한 경우는 20건(4.7%)으로 극히 미미하다. 그 외에도 Simulation, Computation, Solution, Development, Explanation 등이 있다. 이렇게 보면 대체로 연구자들은 해석을 분석(Analysis)으로 인지하는 것으로 나타난다.

그러나 해석을 분석으로 인지할 뿐, 이것이 해석의 개념과 일치한다고 볼 수 없다. 이는 '논리적'이라는 말에 가장 가깝게 분석을 인지한다는 것이지, 분석 자체가 해석과 동일한 의미를 갖는 것은 아니다. 왜냐하면 해석에는 '사물을 자세히 풀어서'라는 의미가 들어 있는데, 분석에는 이러한 의미가 없기 때문이다. 따라서 사물을 자세히 푼다는 것을 어떤 단어로 인식하는지도 밝힐 필요가 있다.

<그림 2>를 참고로 해서 볼 때, 1980년대를 기준으로 그 이후에 해석의 사용 비율이 급격하게 줄어드는 것은 해석이 가진 본래 의미를 분석으로 번역하기에 미흡하다는 인식이 연구자들 사이에 생겨났을 가능성이 높다.21) 따라서 분석과 해석(解釋) 사용에 대한 분야별·연도별 빈도와 비율을 해석(解析) 사용 빈도나 비율과 비교해 보아야 할 것이다.

---

19) Determination(1), Calculation(1) 포함(괄호 안의 숫자는 사용 건수임).
20) Concept(1), Assessment(1), Impression(1) 포함(괄호 안의 숫자는 사용 건수임).
21) 물론 연구에서 해석 용어의 사용은 해석의 대상 또는 해석할 만한 연구 대상이 점차 줄어든 것으로 볼 수도 있지만, <표 10>을 참고하면 꼭 그렇지만도 않다. 해석의 개념이 명확하게 인식되지 않는다는 점이나 해석을 하나의 단어로써 외국어(영어)로 번역하기에 미흡하다는 점 그리고 동음이의어인 해석(解釋)과 해석(解析)에 대한 개념적 혼란 등으로 인하여 해석의 개념을 좀 더 구체적으로 표현하거나 해석에 가까운 개념을 표현할 수 있는 개념적 대용어가 필요했을 것이다.

우선, 분석 사용에 대한 분야별·연도별 빈도와 비율을 <표 5>를 통해서 보도록 하자.

〈표 5〉 학술논문 분야별 분석(分析) 사용 빈도와 비율

	사회과학	인문과학	경영경제	공학	자연과학	의약학	문화예술	정보통신	전체
빈도	2,444	1,942	1,445	1,359	524	517	347	151	8,729
비율	28.0	22.2	16.6	15.6	6.0	5.9	4.0	1.7	100

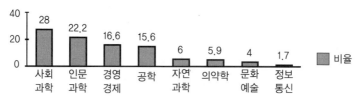

〈그림 3〉 학술논문 분야별 분석(分析) 사용 비율

해석(解析) 사용 전체 빈도(1,696건)에 비해 분석 사용 전체 빈도(8,729건)는 대단히 높다. 분야별로 보면 사회과학 분야가 2,444건(28.0%), 인문과학 분야가 1,942건(22.2%), 경영경제 분야가 1,445건(16.6%), 공학 분야가 1,359건(15.6%)이다. 그 외에 자연과학 분야, 의약학 분야, 문화예술 분야, 정보통신 분야 순이다. 해석 사용 비율은 대체로 공학 분야에서 주도적으로 높았으나, 분석 사용 비율은 사회과학 분야와 인문과학 분야가 다른 분야에 비해 높긴 하지만 해석 사용 비율과 상대적으로 비교할 때 사회과학 분야와 인문과학 분야는 경영경제 분야나 공학 분야와 크게 차이나지는 않는다.

해석 사용 빈도가 연도별로 급격하게 줄어든 것은 해석의 본래 의미를 표현하기에 적절하지 않은 것으로 연구자들이 인식하고 해석 사용 대신

분석 사용으로 대체했을 것이라 추측할 수도 있다. 그러나 연도별 분석
사용에 대한 빈도와 비율을 보면 꼭 그렇지도 않다.

〈표 6〉 학술논문 연도별 분석(分析) 사용 빈도와 비율

		사회과학	인문과학	경영경제	공학	자연과학	의약학	문화예술	정보통신	전체
2000년대	빈도	441	393	197	182	97	80	52	10	1,452
	비율	5.1	4.5	2.3	2.1	1.1	0.9	0.6	0.1	16.7
1990년대	빈도	862	565	516	486	157	143	130	49	2,908
	비율	9.9	6.5	5.9	5.6	1.8	1.6	1.5	0.6	33.4
1980년대	빈도	683	682	451	447	208	184	80	68	2,803
	비율	7.8	7.8	5.2	5.1	2.4	2.1	0.9	0.8	32.1
1970년대	빈도	339	239	172	180	87	82	36	12	1,147
	비율	3.9	2.7	2.0	2.1	1.0	0.9	0.4	0.1	13.1
1960년대	빈도	119	63	109	64	34	14	4	12	419
	비율	1.4	0.7	1.2	0.7	0.4	0.2	0.0	0.1	4.7

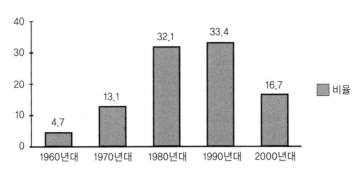

〈그림 4〉 학술논문 연도별 분석(分析) 사용 비율

1980년대 들어서 분석 사용은 2,803건(32.1%)으로 그 이전 연대에 비해

갑자기 빈도와 비율이 높아진다. 1990년대에는 조금 더 늘어나 2,908건
(33.4%)이었으나, 2000년대 들어와서는 1990년대에 비해 절반 수준인
1,452건(16.7%)으로 대폭 줄어든다. 해석 사용 빈도가 줄어드는 대신 분석
사용 빈도가 늘어나야겠지만, 분석 사용 빈도도 줄어드는 것을 보면 해석
사용의 대용어로 분석이 사용되었다고 말할 수는 없을 것이다. 이는 해석
의 개념을 분석만으로는 인식할 수 없다는 것을 간접적으로 보여주는 결
과이다.

그렇다면 해석 사용 대신 그 뜻이 좀 더 명확한 해석(解釋)을 대용어로
사용했을 가능성을 배제할 수는 없는데, 해석(解釋) 사용에 대한 분야별
빈도와 비율을 보면 <표 7>과 같다.

〈표 7〉 학술논문 분야별 해석(解釋) 사용 빈도와 비율

	인문과학	사회과학	경영경제	공학	의약학	문화예술	자연과학	정보통신	전체
빈도	388	278	59	54	38	30	26	22	895
비율	43.4	31.1	6.6	6.0	4.2	3.4	2.9	2.5	100

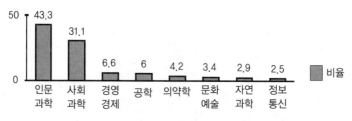

〈그림 5〉 학술논문 분야별 해석(解釋) 사용 비율

해석(解釋) 사용 전체 빈도(895건) 중, 인문과학 분야와 사회과학 분야가
가장 높은데, 각각 388건(43.3%)과 278건(31.1%)이다. 그 외에 경영경제, 공
학, 의약학, 문화예술, 자연과학, 정보통신 순이다. 그런데 해석(解釋) 사용

의 전체 빈도는 해석(解析) 사용의 전체 빈도(1,696건)의 1/2 정도밖에 되지 않는다. 이렇게 보면 해석(解析) 사용의 대응어로 해석(解釋)이 쓰였다고 단정할 수는 없을 것이다. 물론 연도별 사용 빈도와 비율이 조금씩 높아지는 것을 볼 수는 있는데, <표 8>을 참고할 수 있다.

〈표 8〉학술논문 연도별 해석(解釋) 사용 빈도와 비율

		인문과학	사회과학	경영경제	공학	의약학	문화예술	자연과학	정보통신	전체
2000년대	빈도	158	70	9	5	12	11	4	7	276
	비율	17.7	7.8	1.0	0.6	1.3	1.2	0.4	0.8	30.8
1990년대	빈도	84	81	18	25	17	12	10	8	255
	비율	9.4	9.1	2.0	2.8	1.9	1.3	1.1	0.9	28.5
1980년대	빈도	90	61	6	18	6	4	8	7	200
	비율	10.1	6.8	0.7	2.0	0.7	0.4	0.9	0.8	22.4
1970년대	빈도	43	33	15	6		2	4		103
	비율	4.8	3.7	1.7	0.7		0.2	0.4		11.5
1960년대	빈도	13	33	11		3	1			61
	비율	1.5	3.7	1.2		0.3	0.1			6.8

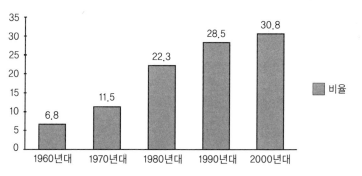

〈그림 6〉학술논문 연도별 해석(解釋) 사용 비율

1960년대는 61건(6.8%), 1970년대는 103건(11.5%), 1980년대는 200건(22.3%), 1990년대는 255건(28.5%), 2000년대는 276건(30.8%)이다. 연대별로 그 빈도와 비율이 조금씩 증가하고는 있으나, 이것이 해석(解析)을 대신해서 사용된 결과로 볼 수는 없을 것이다. 즉, 해석(解釋)의 전체 빈도를 감안할 때, 해석(解釋)은 그 자체의 개념으로서 사용되었을 뿐 해석(解析)의 개념적 대용어로 사용되었다고 단정을 내리기는 어렵다. 왜냐하면 해석(解析)의 대용어로 해석(解釋)이 사용되었다면, 해석(解析) 사용 빈도가 급격하게 줄어든 만큼이나 아니면 그 만큼은 아니더라도 1990년대보다 2000년대 해석(解釋) 사용의 빈도가 어느 정도 증가해야 하지만 실제 증가한 빈도는 21건(2.3%)에 불과하기 때문이다.

따라서 해석(解析)의 의미를 설정하기 위해서는 그 의미를 담아낼 수 있는 용어를 모색하는 것이 필요하다. 즉, 연구자들의 해석에 대한 인지 의미는 앞서 살펴본 바와 같이 분석이나 해석(解釋)이 아니었다. 그렇다면 해석(解析)은 한 단어로 나타낼 수 있는 의미가 아닌 두 단어의 합성어가 될 가능성이 있다. 왜냐하면 해석의 개념은 두 개의 문장이 연결되어 있는데, 하나는 '사물을 자세히 풀어서'이고 또 하나는 '논리적으로 밝히는 것'이다. 해석을 분석으로 번역한 경우는 후자를 염두에 둔 것이라 할 수 있다. 따라서 해석의 두 가지 의미를 모두 담아낼 수 있는 개념 설정이 필요하다.

'사물을 자세히 풀어서'에서 '풀어서'를 한자어로 옮기면 풀이 해[解] 또는 풀이 석[釋]이 되는데, 그렇다면 해석(解析)의 개념에 해석(解釋)이 들어올 수 있는 가능성을 지니고 있는 것이다. 그리고 앞서 살펴본 바와 같이 '논리적으로 밝히는 것'에 대해 연구자들은 분석으로 인지하고 있음을 볼 때, 해석(解析)의 개념을 '해석적 분석(解釋的 分析)'으로 풀이할 수 있을 것이다. 이를 위해 <표 9>를 살펴보자.

〈표 9〉 학술논문 분야별 해석적 분석(解釋的 分析) 사용 빈도와 비율

	공학	자연과학	사회과학	정보통신	인문과학	문화예술	의약학	경영경제	전체
빈도	366	185	149	73	60	19	15	14	881
비율	41.5	21.0	16.9	8.3	6.8	2.2	1.7	1.6	100

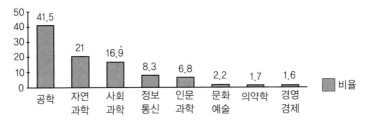

〈그림 7〉 학술논문 분야별 해석적 분석(解釋的 分析) 사용 비율

<표 9>에서 보는 바와 같이, 해석을 해석적 분석으로 풀이한 전체 빈도는 881건이다. 이 중에서 공학 분야는 336건(41.5%), 자연과학 분야는 185건(21.0%), 사회과학 분야는 149건(16.9%)이다. 그 외에 정보통신 분야, 인문과학 분야, 문화예술 분야, 의약학 분야, 경영경제 분야 순이다. 이를 연도별로 보면 <표 10>과 같다.

〈표 10〉 학술논문 연도별 해석적 분석(解釋的 分析) 사용 빈도와 비율

		공학	자연과학	사회과학	정보통신	인문과학	문화예술	의약학	경영경제	전체
2000년대	빈도	311	95	128	44	41	16	10	8	653
	비율	35.3	10.8	14.5	5.0	4.7	1.8	1.1	0.9	74.1
1990년대	빈도	41	80	19	29	12	3	4	6	194
	비율	4.7	9.1	2.2	3.3	1.4	0.3	0.5	0.7	22.2

1980년대	빈도	12	8	2		7		1		30
	비율	1.4	0.9	0.2		0.8		0.1		3.4
1970년대	빈도	2	2							4
	비율	0.2	0.2							0.4
1960년대	빈도									0
	비율									0

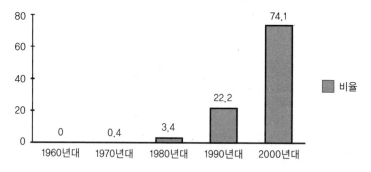

〈그림 8〉 학술논문 연도별 해석적 분석(解釋的 分析) 사용 비율

1980년대까지 해석을 해석적 분석으로 사용한 경우는 극히 미미하지만, 1990년대 들어 194건(22.2%)의 빈도를 보이다가 2000년대 들어 갑자기 653건(74.1%)으로 그 빈도가 늘어난다.22) 이렇게 보면 해석을 해석적 분석으로 인지하려는 연구자들의 경향이 강하게 나타났음을 알 수 있다. 따라서 해석의 인지적 의미는 '해석(解釋)'과 '분석'으로 설정할 수 있을 것이다.

그렇다면 국어과 교육과정과 국어교과서에서 자료를 해석하는 글(쓰기)

---

22) 외국의 학술논문에서도 이와 유사한 경향을 보이는데, 논문 제목이나 초록에 'Interpretive Analysis'를 사용한 경우는 총 1,599건 중, 1960년대는 2건(0.1%), 1970년대는 5건(0.5%), 1980년대는 20건(1.3%), 1990년대는 248건(15.5%), 2000년대는 1,324건(82.8%)이다.

의 정의항에 설정된 해석(解釋)의 의미와 시각 자료 해석 방법과 유의점이나 시각 자료를 해석하는 글쓰기의 방법과 유의점에서 밝힌 해석(解析)의 의미를 포괄할 수 있는 해석의 의미는 해석(解釋)이 아니라 해석(解析)이 되어야 한다.[23] 결국 시각 자료에 대한 해석의 인지적 의미는 '시각 자료를 해석(解釋)해서 분석하는 것'이다.[24]

따라서 국어과 교육과정과 국어교육과서에서 밝힌 해석하는 글의 개념에 제시된 이해와 설명 그리고 자료 해석의 방법과 유의점이나 자료 해석하는 글의 방법과 유의점에 제시된 추론과 분석을 재조정해야 할 것이다. 즉, 국어과 교육과정 쓰기영역의 성취 기준에 제시한 해석하는 글쓰기에서 해석은 해석(解釋)을 포함하면서 분석을 취하는 해석(解析)이 되어야 한다.

4. 맺음말

지금까지 이 연구에서는 국어과 교육과정과 그에 따른 국어교과서에서 밝힌 시각 자료에 대한 해석과 관련된 내용의 문제점을 살펴보고, 그 문제해결을 위해 해석의 인지적 의미를 살펴보았다.

국어과 교육과정이나 국어교과서에서 시각 자료를 해석하는 글의 정의

---

23) 고등학교 국어교과서 15종 중에서 해석을 한자와 병기하여 '해석(解析)'으로 기술한 것은 조남현 외 7인b(2010)이나, 그 의미 규정은 '해석하는 글이란, 그림이나 표 등의 자료를 이해하기 쉽게 설명한 글이다.'라고 하여 해석(解釋)의 의미로 되어 있다.

24) 결국 자료를 해석하는 글은 해석(解釋)해서 분석한 내용을 유기적으로 기술하는 글이 된다. 이러한 의미에서 시각 자료를 해석하는 글은 정보전달을 위한 글의 유형도 될 수 있겠지만, 그것보다는 설득을 위한 글의 유형을 지향하려는 경향이 강하다. 따라서 정보를 전달하기 위한 글쓰기와 더불어 설득을 위한 글쓰기도 함께 이루어져야 한다.

항에는 이해와 설명을, 시각 자료 해석의 방법과 유의점이나 시각 자료를 해석하는 글쓰기의 방법과 유의점에는 추론과 분석을 사용하고 있다. 그래서 해석과 관련된 내용들이 사고의 측면에서 일치하지 않고 있다. 따라서 시각 자료 해석하는 글에 대한 문제점을 해결하기 위해서는 국어교육학적 관점에서 먼저 해석의 의미를 재설정하는 것이 무엇보다도 우선되어야 한다.

국어과 교육과정과 국어교과서에서 밝힌 자료를 해석하는 글의 개념이 시각 자료를 이해하기 쉽게 설명하는 것이라면, 시각 자료 해석은 해석(解釋)을 의미하는 것이다. 해석은 그 의미를 쉽게 파악할 수 없는 시각 자료에 대한 핵심적인 의미를 파악하여 이해하고 설명하는 것이나, 해석에 앞서 자료의 신뢰성에 대한 판단이 선행되고, 그 이후에 자료에 대한 해석이 이루어져야 할 것이다.

그런데 국어과 교육과정과 국어교과서에서 시각 자료 해석 방법과 유의점이나 시각 자료를 해석하는 글쓰기의 방법과 유의점에서 밝힌 해석 중, 추론 관련을 제외한 대부분의 기술 내용은 해석(解析)에 해당하는 것이다. 이때의 시각 자료에 대한 해석은 시각 자료를 해석(解釋)해서 분석하는 것이다. 국어교육학적 측면에서 보면 해석의 인지적 의미에는 해석(解釋)과 분석이 들어온다. 따라서 국어과 교육과정과 국어교과서의 시각 자료에 대한 해석하는 글쓰기에서 해석의 인지적 의미는 해석(解析)으로 규정되어야 할 것이다.

제3장

사고 중심의 읽기와 쓰기 통합 방법

– 설득을 위한 텍스트를 중심으로

1. 머리말

읽기와 쓰기는 상보적 관계이면서 통합이 이루어져야 하는 언어활동이다. 읽기는 잠재적 쓰기이며, 쓰기는 잠재적 읽기라는 측면에서 접근한다면 읽기와 쓰기는 수용과 생산에서 분절되지 않고 서로 연계되거나 통합될 수 있다.

이러한 점을 감안할 때, 오늘날 융합, 통합, 통섭이라는 사회·문화적 맥락에서 읽기와 쓰기의 통합을 이끌어낼 수도 있으며, 국어교과의 외적인 측면에서 제기된 필요성에 의해 그 통합을 이룰 수도 있다.[1] 그러나

---

[1] 국어 교과의 과목 구조와 관련하여 또 하나 주목해야 할 사항은 국어과 내의 불균형한 선택 과목 이수 비율이다. 예를 들어 화법이 6.0%, 독서가 26.9%, 작문이 20.3%, 문법이 6.2%, 문학이 40.6%의 선택률을 보이고 있다. 이는 대학수학능력시험과 일정한 상관관계를 맺고 있다고 볼 수 있는데, 문학이나 독서가 대학수학능력시험 읽기 영역과 일정한 관련을 가지고 있고 쓰기 영역과 관련하여 작문이 관련을 맺고 있을 뿐, 다른 과목은 특별한 연관성이 없다는 교사와 학생들의 판단이 선택 과목 이수 비율에 큰 영향을 미친 것으로 판단된다(이인제·정구향·송현정·유영희·문영진·조용기·이재기·민병곤, 2004 : 100). 이러한 점을 감안하여 국어과 교육과정(고시

그보다 더욱 중요한 것은 국어교과의 내적인 측면에서 통합의 원리를 찾아야 한다는 것이다.[2] 논어(論語) 위정편에서 '배우되 생각하지 않으면 어둡고, 생각하되 배우지 않으면 위태롭다(學而不思則罔 思而不學則殆).'라고 한 공자의 말은 사고의 가치를 내포하고 있으며, 문심조룡에서 논은 '모든 사고의 과정이며, 모든 일의 경중을 재는 척도이다(百慮之筌蹄 萬事之權衡也).'라고 한 유협의 말은 사고의 중요성을 일깨우고 있다. 진사도의 후산시화(後山詩話)에 전하는, '많이 보고 많이 짓고 많이 생각한다(看多做多想量多).'라고 한 구양수의 말 또한 그렇다. 우리가 흔히 '많이 읽고 많이 생각하고 많이 쓰라(多讀多商量多作).'라는 말은 글쓰기로 가는 직선적인 과정을 보여주는 것이기는 하지만, 이 말 또한 생각의 단계를 거쳐야 한다는 점에서 사고의 중요성을 보여준다. 그런데 여기서 주목해야 할 점은 '상량'이 읽기와 쓰기의 연결 고리를 형성한다는 것이다. 이는 읽기와 쓰기에 대한 통합의 연결 고리로 '사고'를 들 수 있다는 것을 시사한다.

교육과학기술부(2011)에 의하면, 읽기는 의미를 구성하는 고등 사고 과정이라고 하며, 쓰기는 의미를 구성하는 사고 과정으로서 일련의 과정을 거쳐 이루어진다고 한다. 이를 보면 국어교육에서 '사고 과정'은 읽기와 쓰기에 공통적인 성분 요소로 작용한다. 과거나 지금이나 사고는 언어활

제2009-41호, 고시 제2011-361호, 고시 제2012-14호)에서 화법과 작문을 한 교과로 묶어 '화법과 작문'으로, 독서와 문법을 한 교과로 묶어 '독서와 문법'으로 만들었다. 이것은 국어교과 외적인 측면에서 선택의 불균형을 해소하고 균형 있는 교과 학습을 주도할 수 있다는 장점이 있으나, 문제는 통합교과를 선택한다 하더라도 대학수학능력시험과 관련성이 적은 화법과 문법에 대한 학습은 여전히 학교 현장에서 소극적으로 다루어질 가능성을 지니고 있다는 것이다.
2) '연계'는 영역 간, 내용 간의 관련성을 통틀어 수직적이고 수평적인 연결 모두를 지시하는 용어로 느슨하게 사용하는 측면이 강하다면, '통합'은 수평적인 영역 간, 내용 간의 유기적인 관련성을 염두에 두면서 문맥에 따라 연계의 대체 용어로 사용하고 있다(노은희, 2009 : 79).

동에서 그만큼 중요하다는 것을 알 수 있다. 그 중요도만큼 국어과 교육 과정에서도 그 성격이나 목표에 이를 반영하고 있으며, 그 평가 또한 사고력에 초점을 맞추어 실시되고 있다.3) 그러나 문제는 교육과정에서 보여주는 읽기 사고와 쓰기 사고가 달라 읽기와 쓰기가 통합되지 못하고 분절된다는 점에 있다. 여기에서 '통합되지 못하고 분절된다는 점'은 국어과 교육과정에 대한 국어교육 외적인 통합에 대한 문제제기라기보다는, 읽기와 쓰기에 대한 통합의 가능성을 어렵게 하는 읽기와 쓰기에 대한 내적인 측면, 즉 교육과정의 내용적 측면을 말한다.

따라서 이 연구에서는 국어과 교육과정에서 제시한 논리적·비판적· 창의적 사고를 중심으로 읽기 사고와 쓰기 사고의 연관성에 대한 문제점 을 살펴본 후, 읽기와 쓰기의 통합 방법을 모색하고자 한다.

2. 읽기와 쓰기의 연관성 문제

2.1. 읽기 사고

2009 국어과 교육과정 선택 과목인 '독서와 문법 I'에서 밝힌 성격에 읽기와 관련된 사고는 구체적으로 어떤 사고와 관련된 읽기인지 알 수가 없다. 교육과학기술부(2009)에 의하면, 독서는 글을 읽고 의미를 구성하는 능동적 사고 행위라고 한다. 그런데 여기에서 능동적인 사고 행위가 무엇

---

3) 평가의 가장 큰 단위는 대학수학능력시험의 국어영역이라고 볼 수 있다. 이 영역의 평가 내용에는 사실적 사고 능력, 추론적 사고 능력, 비판적 사고 능력, 논리적 사고 능력 등이 있다. 그리고 각 대학에서 치르는 논술고사에서도 대학마다 부분적으로 약간의 차이는 있지만, 논술 평가의 목적을 논리적·비판적·창의적 사고력에 두고 있음을 밝히고 있다.

인지 알 수 없는 모호한 진술 형태를 취하고 있다. 따라서 이 사고 행위를 알기 위해서는 독서에서 밝힌 세부 내용을 참고할 필요가 있는데, 이에 대한 내용을 정리하면 <표 1>과 같다(교육과학기술부, 2009 : 30-31).

〈표 1〉 교육과정에 제시된 읽기 사고

논리적 사고	비판적 사고	창의적 사고
②-㉮ 생략된 내용 추론 ②-㉯ 필자의 의도 등 추론 ②-㉰ 글의 내용 분석·종합 ⑤-㉮ 자기의 생각 논리적 구성	③-㉮ 내용의 타당성, 자료의 정확성 등 판단 ③-㉯ 필자의 생각 비판 ③-㉰ 사회·문화적 이념을 비판 ③-㉱ 글의 구성 및 효과의 적절성 비판	⑤-㉯ 자신과 사회에 대한 문제 해결 방법 찾기 ⑤-㉰ 필자의 생각을 대체할 수 있는 방안 찾기

'독서의 수행'에서 사고를 제시한 항목은 ② 추론적 독해, ③ 비판적 독해, ⑤ 창조적 독해[4]이다. 이들 하위 항목에서 ②-㉮, ㉯, ㉰항에 기술된 추론, 분석, 종합은 논리적 사고이고, ③-㉮, ㉯, ㉰, ㉱항에 기술된 판단, 비판은 비판적 사고이다. 그리고 ⑤-㉮항의 논리적 구성은 논리적 사고이며, ㉯, ㉰항에 기술된 문제해결 방법 찾기, 대체 방안 찾기는 창의적 사고이다. 따라서 국어과 교육과정에서는 논리적·비판적·창의적 사고를 제시하고 있다.

2012 국어과 교육과정 선택 과목인 '독서와 문법'에서 밝힌 목표에 독서는 글을 읽고 의미를 재구성하고 비판하는 능동적이고 창의적인 사고 과정이라고 기술하고 있다(교육과학기술부, 2012 : 117). 이전 국어과 교육과정

---

4) ⑤ 창조적 독해의 하위 항목 ㉮, ㉯, ㉰를 참고로 할 때, 이는 창의적 독해인데, 2011 국어과 교육과정에서는 '창조적 독해' 대신에 '창의적 독해'라고 쓰고 있다(교육과학기술부, 2011 : 132).

의 능동적인 사고 행위에 비하면, 비판과 능동적·창의적 사고 과정이라고 함으로써 2009 국어과 교육과정보다 그 진술이 좀 더 구체화되었다고 볼 수 있지만, 그 세부 내용의 주요 항목만을 간추려 보면 이전 국어과 교육과정의 연장선에 있다.

(18) 필자의 의도나 목적, 숨겨진 주제, 생략된 내용을 추론하며 읽는다.
(19) 글의 내용이나 자료, 관점 등에 나타난 필자의 생각을 비판하며 읽는다.
(21) 글의 화제나 주제, 필자의 관점 등에 대한 자기의 견해를 논리적으로 구성하여 창의적으로 문제를 해결하는 방법을 발견한다(교육과학기술부, 2012 : 123-124).

인용문의 각 항목에 대한 해설을 참고로 할 때, (18)항은 교육과정에서 밝힌 추론적 독해로서 논리적 사고, (19)항은 비판적 독해로서 비판적 사고, (21)항은 창의적 독해로서 창의적 사고이다. 따라서 이전 국어과 교육과정에서 보여준 3개 항목과 동일한 사고를 보여준다.

2.2. 쓰기 사고

2009 국어과 교육과정 선택 과목인 '화법과 작문 I '에서 밝힌 성격에 작문 과정에 참여하는 필자는 제시된 문제를 창의적 방식으로 분석·해석·비판하고, 새로운 시각에서 해결 방안을 찾아냄으로써, 자신의 의미 구성 능력을 신장할 수 있고, 나아가 사회 공동체의 발전에 기여할 수 있다고 기술하고 있다(교육과학기술부, 2009 : 1). 논리적·비판적·창의적 사고가 모두 제시되어 있는데, 이에 대한 세부 내용을 정리하면 <표 2>와 같

다(교육과학기술부, 2009 : 7-8).

<표 2> 교육과정에 제시된 작문 사고

논리적 사고	비판적 사고	창의적 사고
(가)-① 작문 상황 분석 (나)-② 해결해야 할 문제를 　　찾고 분석		(다)-① 창의적인 사고 활동 　　전개

　작문의 '기능'에서 사고를 제시한 항목은 (가) 작문 맥락의 파악, (나) 작문에 대한 계획, (다) 작문 내용의 생성이다. 이들 하위 항목에서 (가)-①항의 분석, (나)-①항의 분석은 논리적 사고이고, (다)-①항의 창의적인 사고 활동은 창의적 사고이다. 나머지 항목에서는 구체적으로 어떤 사고에 의한 쓰기 과정인지 알 수가 없다. (바) 작문 과정의 재고와 조정 ①항의 '초고의 적절성 평가'와 ③항의 '각 과정에서 활용한 전략의 적절성 및 효율성 평가'는 고쳐 쓰기 과정에서 자신이 쓴 글에 대한 '자기반성'으로서의 평가이다. 작문에서 비판적 사고인 평가는 쓸 내용의 생성, 조직과 전개 과정, 표현 과정에서 나타나야 할 것이다. 즉, 자기반성으로서의 평가가 아닌 문제 상황이나 현상에 대한 비판적 사고가 생성되어야 한다. 따라서 2009 국어과 교육과정에서는 논리적 사고와 창의적 사고만을 제시하고 있다.

　2012 국어과 교육과정 선택 과목인 '화법과 작문'에서 밝힌 목표에 작문의 과정에서 현상에 대해 분석, 비판, 종합하는 과정이 요구되는데 이 과정에서 새로운 의미가 생성된다. 이 의미 생성 과정에서 분석적, 비판적, 창의적 사고가 길러지며, 문제 해결 능력이나 자기 성찰적 태도가 증진된다고 기술하고 있다(교육과학기술부, 2012 : 100). 2009 국어과 교육과정의

목표에서 밝힌 논리적·비판적·창의적 사고와 맥을 같이하는데, 이에 대한 세부 내용이 어떻게 기술되어 있는지 살펴보자.

(22) 주장하는 내용과 관점이 명료하게 글을 쓰며 글의 영향과 사회적 책임을 인식한다.

(23) 언어 공동체의 쓰기 관습을 고려하여 적합하고 타당한 논거를 들어 글을 쓴다.

(24) 독자나 글의 유형에 적합하고 설득력 있는 표현 전략을 활용하여 주장하는 글을 쓴다.

(25) 논거의 타당성, 조직의 효과성, 표현의 적절성을 점검하여 고쳐 쓴다(교육과학기술부, 2012 : 107-108).

(22)항의 "주장하는 내용과 관점이 명료하게 글을 쓰며"에서 내용과 관점의 명료화5)가 어떤 사고와 관련되는지 알 수가 없다. 그 해설에서도 이에 대한 개념을 구체적으로 설명하고 있지 않다. (23)항과 (24)항의 타당한 논거 들기나 설득력 있는 표현 전략을 활용한 주장하기는 주로 논리적 사고에 초점을 맞춘 진술 내용으로 볼 수 있다. (25)항에 대한 해설에는 설득을 위한 글은 내용 면에서 논거의 타당성과 풍부성이 중요하고 조직 면에서는 일관성, 내용 조직의 체계성 등이 중요하며, 표현 면에서는 논리성, 명확성 등이 중요하다고 기술하고 있다(교육과학기술부, 2012 : 108). 이러한 진술 내용은 대체로 논리적 사고를 발현하기 위한 글쓰기의 한 방식이다. 따라서 2012 국어과 교육과정에서 작문은 비판적·창의적 사고가 제외된 상태에서 논리적 사고만을 강조하는 글쓰기 과정을 제시

---

5) 이삼형 외 7인(2007)에 의하면, '명료화하기'는 '텍스트(말이나 글) 속에 담겨 있거나 담아야 할 의미를 명확히 하기 위한 활동'이라고 한다.

하고 있다.

지금까지 살펴본 2009 국어과 교육과정과 2012 국어과 교육과정에 제
시된 읽기와 쓰기의 사고 관계 양상을 정리하면 <표 3>과 같다.

<표 3> 교육과정에 제시된 읽기와 쓰기의 사고 관계 양상

언어 활동 교육과정	읽기		쓰기	
	성격/목표[6]	세부 내용	성격/목표	세부 내용
2009 국어과 교육과정		논리적 사고 비판적 사고 창의적 사고	논리적 사고 비판적 사고 창의적 사고	논리적 사고 창의적 사고
2011 국어과 교육과정	비판적 사고 창의적 사고	논리적 사고 비판적 사고 창의적 사고	논리적 사고 비판적 사고 창의적 사고	논리적 사고

위에서 보는 바와 같이, 읽기에 대한 성격/목표와 그 세부 내용에서 사
고가 일치하지 않으며, 쓰기 또한 마찬가지이다. 그리고 읽기와 쓰기도
동일한 사고를 제시해 주지 못함으로써 두 영역간의 연관성이 부족함을
알 수 있다. 즉, 읽기에 대한 성격/목표와 쓰기에 대한 성격/목표가 동일
한 사고를 지니지 못하고, 읽기에 대한 세부 내용과 쓰기에 대한 세부 내
용이 같은 사고를 갖추지 못함으로써 읽기와 쓰기가 자연스럽게 연결될
수 없는 모습을 보여준다. 읽기 성격/목표에서 세 가지 사고가 모두 제시
되었으니, 그로 족한 것이라고 생각할 수도 있다. 물론 성격이나 목표도
매우 중요하긴 하지만, 그 세부 내용 또한 대단히 중요하다. 왜냐하면 세
부 내용은 각 영역의 활동 과정과 밀접한 관련을 맺고 있으며, 그 활동

---

6) '성격'은 2009 국어과 교육과정이며, '목표'는 2012 국어과 교육과정이다. 2009 국어
과 교육과정에 있던 '성격'과 '목표'는 201 국어과 교육과정에서 '목표'로 통합되어
있다.

과정에서 사고가 발현되기 때문이다. 국어과 교육과정은 읽기와 쓰기가 사고 측면에서 연관성 부족으로 인하여 읽기에서 갖춘 사고가 쓰기로 이어지지 못하고, 쓰기에서 갖춘 사고가 읽기로 연계되지 못하는 문제점을 지니고 있다.

3. 읽기와 쓰기 통합 방법

국어활동으로서 읽기 사고와 쓰기 사고가 상이하게 나타남으로 인하여 읽기와 쓰기는 서로 통합되기가 쉽지 않다. 읽기 사고는 쓰기 사고로, 쓰기 사고는 읽기 사고로 이어짐으로써 보다 원만한 국어활동이 이루어 질 수 있어야 하는데, 국어과 교육과정은 그렇지 못하다.

국어과 교육과정의 구성 체제는 크게 세 가지로 나누어 볼 수 있다. 첫째는 의사소통 중심의 교육과정 구성이고, 둘째는 사고 활동 중심의 교육과정 구성이며, 셋째는 문화 중심의 교육과정 구성이다.[7] 이 중 사고 활동 중심의 교육과정 구성은 인지언어학과 철학, 심리학의 발달에 힘입은 바 크다. 이 체제에서는 개념화·추론·비판·창의·심미 등의 사고 유형을 구분하고 각각의 사고별로 하위 범주를 나누어 접근하는 방식을 취한다. 이 관점에 서면 여러 언어활동은 사고의 측면에서 통합되며, 궁극

---

7) 세 가지 교육과정의 구성 방식 중 어느 하나가 우위에 선다고 말할 수 없다. 즉, 의사소통은 사고 활동과 결부되어 이루어지며, 사고 활동 없이는 의사소통은 불가능하다. 그러면서 인간은 의사소통을 끊임없이 하면서 사고를 발전시키기도 한다. 그리고 문화는 인간의 사고 활동이 축적된 결과물이라 할 수 있으며, 축적된 문화는 사고를 향상시킬 수 있는 밑거름이 된다. 다만, 의사소통이나 문화는 인간의 사고 활동이 없는 상태에서 이루어질 수 없다는 점을 감안한다면, 사고 활동 중심 교육과정은 그만큼 중요하다고 할 수 있다.

적으로는 언어-사고의 일치를 꾀한다(이삼형 외 7인, 2007 : 319).

Vygotsky(1972)에 의하면, 사고와 언어의 관계는 어떤 실체가 아니라 과정으로서 사고에서 언어로 언어에서 사고로 이어지며 끊임없이 주고받는 계속적인 움직임이라고 한다. 이는 언어와 사고의 상호의존적 관계를 강조한 것으로 볼 수 있는데, 그러한 관계를 <그림 1>로 나타내면 다음과 같다.

〈그림 1〉 언어와 사고의 상호의존성

①은 일상적인 언어생활에서 사고가 없는 언어가 있음을 의미한다. 꿈을 꾸면서 무슨 말을 하는 '잠꼬대'가 여기에 해당할 것이다. ③은 언어 없는 사고가 일상생활에 존재하고 있음을 의미한다. 그림이나 영화, 그리고 음악 등을 감상하면서 머릿속에서 일어나는 사고 작용이 여기에 해당될 것이다. ②는 언어와 사고가 만나는 부분으로, 모든 형태의 언어와 사고를 단순 조합하는 곳이 아니라 의미를 구성하는 과정이 일어나는 곳인 언어적 사고(verbal thought)이다. 이는 언어적 사고의 속성을 성분 요소인 언어와 사고로 분할하여 설명할 수 없음을 의미한다(이삼형 외 7인, 2007 : 67-68).

이러한 관점에서 국어교육으로서의 읽기와 쓰기도 사고와 상호의존적이자 유기적인 관계를 지니며, 읽기 사고와 쓰기 사고가 상이할 수는 없을 것이다. 필자가 텍스트를 생산하는 과정에서 작동하는 사고나 독자가 그 생산된 텍스트를 수용하는 과정에서 작동되는 사고는 기본적으로 유사하거나 동일하다고 보아야 할 것이나. 그렇디면 국어과 교육과정에서 읽기 사고와 쓰기 사고는 학습자의 사고력 신장을 위해 동일한 사고를 지향해야 한다. 그러한 지향점으로 인해 읽기는 잠재적 쓰기로 쓰기는 잠재적 읽기로 나아갈 수 있을 것이다. 물론 텍스트의 유형에 따라 주된 사고는 달라질 수 있다. <표 4>는 텍스트 유형8)에 따른 주된 사고를 나타낸다.

〈표 4〉 텍스트의 유형에 따른 주된 사고

텍스트의 유형	텍스트의 종류	주된 사고
설득을 위한 텍스트	논설문, 비평문, 칼럼 등	논리적 · 비판적 · 창의적 사고
정보전달을 위한 텍스트	설명문, 기사문, 안내문 등	이해적 사고
자기표현과 사회적 상호작용을 위한 텍스트	감상문, 수필, 회고문, 식사문, 서간문 등	사실적 · 성찰적 · 관계적 사고9)

'텍스트의 유형'과 '텍스트의 종류' 축은 언어와 문화의 요소를 고려한 것이며, '주된 사고'는 사고의 유형을 반영한다. 텍스트의 유형 중, 설득을 위한 텍스트의 주된 사고는 논리적 · 비판적 · 창의적 사고이다. 물론 이 사고가 다른 유형의 텍스트에 전혀 나타나지 않거나 아예 없다는 것을 의미하는 것은 아니다. 설득을 위한 텍스트 이외의 유형에서도 부분적

---

8) 텍스트 유형은 2012 국어과 교육과정 '화법과 작문'의 내용 체계를 따른 것이다.
9) 이도영(1998)에 의하면, 관계적 사고는 개인 상호간의 관계가 중요한 사교적 언어사용과 관련된다고 한다. 한편 박인기(2000)에 의하면, 정보화 사회에 기능적으로 적응하기 위해서 관계적 사고는 필요하며, 정보화 사회를 의식 있게 살기 위해서는 더더욱 관계적 사고 능력을 길러야 한다는 것이다. 이러한 점에서 관계적 사고는 이른바 '삶의 총체적 이해'에 대응되는 것이고, 교육 이념으로 바꾸어 대입하면 '전인성(全人性)'에 해당하는 것이라고 한다.

으로 논리적·비판적·창의적 사고는 나타날 수 있다. 다만, 그 사고의 유형이 다른 사고의 유형에 비해 설득을 위한 텍스트에서 상대적으로 강하게 요구된다. 여기에는 다른 텍스트의 유형도 마찬가지일 것이다. 즉, 정보전달을 위한 텍스트, 자기표현과 사회적 상호작용을 위한 텍스트는 각각의 주된 사고가 중심이 되지만, 각 텍스트의 유형에는 다른 유형의 주된 사고가 부분적으로 나타날 수 있다. 이는 읽기를 할 때에도, 쓰기를 할 때에도 동일하게 적용될 것이다. 국어활동의 영역이 다르다고 해서 보편적인 언어적 사고가 달라질 수는 없다.

읽기에서 쓰기로 쓰기에서 읽기로 이어지는 통합적 국어활동이 되려면 적어도 두 영역의 활동에 대한 공통 기제가 필요할 것이다. 그러한 공통 기제가 바로 주된 사고라고 할 수 있다. 이를 <그림 2>로 나타내면 다음과 같다.

〈그림 2〉 읽기와 쓰기의 공통 기제로서의 사고

①은 읽기를 할 때의 주된 사고로 읽기 사고라 할 수 있으며, ②는 쓰기를 할 때의 주된 사고로 쓰기 사고라 할 수 있다. ③은 텍스트의 유형에 따른 각각의 주된 사고이다. ④는 텍스트의 유형에 따른 읽기를, ⑤는 텍스트의 유형에 따른 쓰기를 의미한다. 따라서 텍스트의 유형에 따라 읽기를 할 때, 그 읽기는 각 텍스트의 유형에 적절한 주된 사고로 이루어진다. 마찬가지로 텍스트의 유형에 알맞은 쓰기를 할 때, 그 쓰기는 각 텍

스트의 유형에 맞는 주된 사고로 활동하게 된다. 여기에서 읽기와 쓰기에서 이루어지는 각 텍스트의 유형에 따른 공통 기제가 주된 사고인 것이다. 이러한 공통 기제를 공유함으로써 읽기에서 쓰기로 쓰기에서 읽기로 이어지는, 즉 공통 기제인 주된 사고가 읽기와 쓰기를 이어주는 연결고리가 되어 '읽기-사고-쓰기'의 통합교육이 가능할 것이다.10)

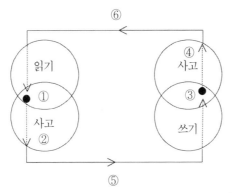

〈그림 3〉 읽기 사고와 쓰기 사고의 순환적 과정

그런데 '읽기-사고-쓰기'의 연결체는 단순히 수평적 연결에 의한 통

---

10) 최근의 교수법 동향으로서 프랑스 고교에서 몇 년 전부터 이미 의무적으로 실시하고 있는 '통합 학습'을 2000년도부터 중학교에도 적용하여 중3년생부터 시작했다. 통합 학습은 여러 학과목 교사들이 공통의 학습 주제나 학습 방법을 설정하여 연간 교수 계획을 세워 학과별로 수업을 하되 과목 간의 학습 연계성을 살려 학습자들이 단편·지엽적인 지식 쌓기가 아닌 통시적이고 범교과적인 학습 능력을 키울 수 있도록 하는데 목적을 두고 있다.(우리말교육연구소, 2006 : 246) 이러한 프랑스의 통합 학습은 한 번쯤 생각해 볼만하지만, 이를 그대로 우리 교육과정에 수용할 수 없을 것이다. 다만, 통합의 측면에서 우리의 국어과에 해당하는 언어활동적인 측면의 통합에 대해서 연구할 필요는 있다.
말하기·듣기(화법), 읽기(독서), 쓰기(작문)는 모두 유사하거나 동일한 사고가 작동되면서 이루어지는 언어활동이다. 물론 텍스트의 유형에 따라 각각 주된 사고를 갖지만, 그 사고는 상호 유기적인 관계를 지니고 있다. 따라서 통합은 이러한 관점에서 이루어져야 할 것이다.

합교육을 의미하는 것은 아니다. 읽기 사고와 쓰기 사고는 순환적 과정에 의한 읽기와 쓰기의 통합교육이 이루어져야 한다. <그림 3>은 그러한 순환적 과정을 보여준다.

①은 텍스트의 유형에 따른 읽기를 할 때 작동되는 주된 사고로 읽기 사고에 해당한다. 예를 들어 설득을 위한 텍스트에 대해 읽기를 하는 경우, 읽기 사고는 논리적·비판적·창의적 사고가 된다. 이것은 읽기를 할 때 읽기와 함께 동시에 작동되는 사고이다. ②는 읽기를 하지 않는 상태에 있는 주된 사고이다. 예를 들면 설득을 위한 텍스트에 대해 읽기를 한다면, 그 나머지 텍스트의 유형들에 해당하는 주된 사고를 말한다. ③은 텍스트의 유형에 따른 쓰기를 할 때 작동되는 주된 사고로 쓰기 사고에 해당한다. 설득을 위한 텍스트에 대해 쓰기를 하는 경우, 쓰기 사고는 논리적·비판적·창의적 사고가 된다. 이것은 쓰기를 할 때 쓰기와 함께 동시에 작동되는 사고이다. ④는 쓰기를 하지 않는 상태에 있는 주된 사고이다. 설득을 위한 텍스트에 대해 쓰기를 한다면, 그 나머지 텍스트의 유형들에 해당하는 주된 사고를 말한다. ⑤는 읽기 사고가 쓰기 사고로 이어지는 과정이고, ⑥은 쓰기 사고가 읽기 사고로 이어지는 과정이다.

그런데 이러한 과정에서 각 텍스트의 유형에 따른 주된 사고는 다른 텍스트의 주된 사고와 어느 정도 상호의존 관계(②, ④의 점선 화살표)를 맺으면서 순환 과정이 이루어지는데, 설득을 위한 텍스트의 주된 사고를 예로 들어 나타내면 <그림 4>와 같다.

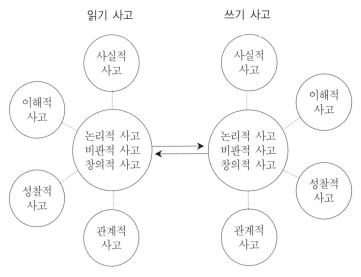

<그림 4> 주된 사고의 의존 관계에 따른 전이

　읽기 사고는 읽기의 출발점이 된다. 이것이 쓰기로 이어질 때 텍스트의 유형에 해당하는 각각의 주된 사고에 변화가 일어나는 것은 아니다. 가령, 설득을 위한 텍스트에 대한 읽기 사고는 그대로 쓰기 사고로 전이되는데, 이때 논리적·비판적·창의적 사고는 사실적 사고, 이해적 사고, 성찰적 사고, 관계적 사고와 함께 상호 의존적 관계를 형성하면서 쓰기 사고로 전이될 수 있다. 마찬가지로 쓰기 사고는 쓰기의 출발점이 된다. 이 또한 읽기로 이어질 때 텍스트 유형에 따른 주된 사고에는 큰 변화가 일어나지는 않는다. 즉, 읽기 사고가 쓰기 사고로 전이되는 것과 마찬가지로 설득을 위한 텍스트에 대한 쓰기 사고도 그대로 읽기 사고로 전이되는데, 이때에도 나머지 유형의 주된 사고가 어느 정도 동시에 작동되면서 함께 전이될 수 있다. 결국, 설득을 위한 텍스트의 주된 사고인 논리적·비판적·창의적 사고가 핵심적 역할을 수행하면서 작동되기는 하지

만, 그렇다고 해서 나머지 사고가 작동되지 않는 것은 아니다. 부분적으로 상호의존 관계를 맺으면서 함께 전이될 수 있다.

읽기 사고와 쓰기 사고의 순환적 과정에 의한 읽기와 쓰기의 통합은 읽기와 쓰기가 분리되어 이루어지는 것보다 국어사용 능력을 더욱더 효과적으로 신장시킬 수 있다. 국어교육에서 국어사용 능력에 대한 신장이 곧 사고력에 대한 신장을 의미한다면,[11] 통합은 그러한 순환적 과정을 기반으로 하면서 읽기와 쓰기의 공통 기제인 사고력을 질적 측면에서 신장시키기 위해서는 <그림 5>와 같은 순환적 위계가 필요하다.

고학년 : 논리적 · 비판적 · 창의적 사고
　　　　－질적 측면 높은 단계
중학년 : 논리적 · 비판적 · 창의적 사고
　　　　－질적 측면 중간 단계
저학년 : 논리적 · 비판적 · 창의적 사고
　　　　－질적 측면 낮은 단계

〈그림 5〉 읽기 사고와 쓰기 사고의 순환적 위계

읽기 사고 축과 쓰기 사고 축 사이에 놓이는 원의 형태(①)는 두 사고의 순환적 과정(<그림 4>)을 의미한다. 이러한 순환적 과정은 학년에 따라 위계를 갖는다. 즉, 논리적 · 비판적 · 창의적 사고에 대한 질적 측면의 단계를 저학년－중학년－고학년으로 갈수록 높여야 하며, 이들 사고는 그 외의 사고와 유기적으로 잘 관련될 수 있도록 사고력을 형성하고 신장하도

---

11) 국어교육에서 지향하는 국어사용 능력을 신장시킨다는 것은 궁극적으로 사고력을 신장시키는 것을 의미한다(이삼형 외 7인, 2007 : 149).

록 해야 한다. 다만, 저학년에서 고학년으로 갈수록 각 글의 유형에 따른 주된 사고, 즉 설득을 위한 텍스트에 대한 읽기와 쓰기의 수준을 높이는 방향으로 그 내용이 설계되어야 한다.12)

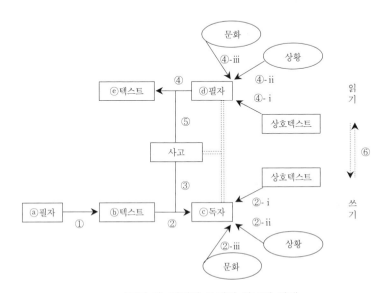

〈그림 6〉 읽기와 쓰기의 상보적 관계

모든 사고는 상보적 관계를 이루면서 모든 텍스트의 유형에 작동되어

---

12) 각 텍스트의 유형에 따른 주된 사고력을 균형 있게 계발하기 위해서 텍스트의 종류를 골고루 다루는 학습 형태가 잘못되었다는 것은 아니다. 다만, 2012 국어과 교육과정의 목표나 세부 내용에서 밝힌 것처럼 논리적·비판적·창의적 사고력을 신장하기 위해서는 학년에 따라 텍스트의 유형을 달리함으로써 국어교육의 궁극적 목표를 달성할 수 있을 것이다. 그리고 읽기 사고와 쓰기 사고의 순환적 위계는 정상적인 교육 활동만으로도 논술 평가를 대비할 수 있는 기반을 마련할 수 있을 것이다. 평가는 학교 수준의 평가(수행평가, 중간·기말고사 등), 국가 수준의 평가(전국연합학력평가, 대학수학능력시험 등), 대학 수준의 평가(면접, 논술고사 등)까지 모두를 포괄하는데, 이러한 평가에서 사고력을 측정하기 위한 문제 유형들을 볼 수 있다. 결국, 이는 국어교육의 목표가 평가까지 이어짐을 의미하는 것인데, 그 중 논술 평가는 주로 논리적·비판적·창의적 사고력을 측정하기 위해 실시하는 것이다.

발현된다. 인지적 사고는 인지적 사고와, 정의적 사고는 정의적 사고와, 그리고 인지적 사고는 정의적 사고와 상보적 관계를 이루면서 텍스트에 작동된다. 이러한 관점에서 사고의 순환적 위계는 읽기와 쓰기의 공통 기제를 작동시킬 수 있는 관계로 설정되어 이루어질 수 있을 것이다. 이는 읽기와 쓰기가 상보적 관계에 있다는 것을 의미한다. 이러한 관계를 도식화하면 <그림 6>과 같다.

텍스트ⓑ의 의미는 생산 과정에서 필자ⓐ 자신이 생각하고 의도한 바를 언어화하는, 즉 의미화 하는 과정①을 통해 생산된다. 그러나 텍스트가 글로 쓰인 담화로 고착되고 필자와 독자가 공존하는 상태를 벗어나면 필자의 의도에 따른 의미는 텍스트에 객관적으로 남아 있을 수도 있지만, 부분적으로 그 객관성을 상실하여 잠재적 상태에 놓일 수도 있다.13) 텍스트의 수용 과정에서 독자ⓒ, 학생독자는 이러한 텍스트의 언어 구조에 주목하면서 자신의 사고를 작동③시켜 텍스트의 의미를 이해하며 수용②하게 된다.14) 그리고 그 텍스트 이전의 텍스트나 자신의 독서 경험에 의한 다른 텍스트들과의 상호텍스트적 관련성에 의해 의미를 이해(②-ⅰ)하거나, 자신의 상황이나 정체성 등에 비추어 가면서 텍스트의 의미를 이해(②-ⅱ)하기도 하며, 문화적인 요소를 통해서 그 의미를 이해(②-ⅲ)하기도 하는데, 이때에도 자신의 사고를 작동시키면서 텍스트의 의미를 수용하게 된다.15)

---

13) 정보전달을 위한 텍스트의 경우는 필자의 의도에 따른 의미가 텍스트에 객관적으로 남을 수 있으나, 설득을 위한 텍스트의 경우는 필자의 의도에 따른 의미가 정보전달을 위한 텍스트의 경우보다 상대적으로 낮아 그 객관성이 떨어질 수도 있다. 특히, 자기 성찰을 위한 텍스트의 감상문의 경우는 필자의 의도에 따른 의미가 텍스트에 객관적으로 존재한다기보다는 다소 잠재적 상태에 놓일 수도 있다.
14) 이때의 사고는 정의적 사고보다는 주로 인지적 사고에 의해 텍스트의 의미를 수용하게 된다.

텍스트에 대한 독자의 수용은 읽기에서 기본적으로 갖추어야 할 활동이다. 이러한 활동 과정에서 작동되는 사고가 텍스트에 대한 생산 욕구와 맞물릴 때, 독자는 필자(ⓓ, 학생필자)의 입장으로 바뀌게 된다. 이때 텍스트(ⓔ)는 필자 자신의 의미화 과정을 통해 표현되고 생산(④)되는데, 그 생산 과정에서 필자의 사고(⑤), 즉 텍스트(ⓑ)의 의미를 이해하며 수용하는 과정에서 작동된 사고가 필자 자신의 의미화 과정을 위한 사고로 변환되어 발현된다. 이러한 사고는 그 텍스트 이전의 텍스트나 자신의 읽기 경험에 의한 다른 텍스트들과의 상호텍스트적 관련성에 의해 의미를 생산(④-ⅰ)하는 과정에서 발현되거나, 자신의 상황이나 정체성 등에 의해 의미를 생산(④-ⅱ)하는 과정에서 발현되기도 하며, 문화적 요소에 의해 의미를 생산하는 과정(④-ⅲ)에서 발현되기도 한다. 이러한 사고의 구체적인 발현은 텍스트의 생산 활동으로 이어지는데, 이것이 곧 쓰기에서 갖추어야 할 기본적인 활동이다. 읽기와 쓰기의 이러한 기본적인 활동에 의해 사고력에 대한 신장이 이루어질 것이다.

사고는 쓰기에서 뿐만 아니라 읽기에서도 연동되어 이루어진다는 점을 감안한다면, 텍스트에 대한 수용과 생산은 사고라는 공통 기제를 지님으로써 텍스트에 대한 수용은 잠재적 생산이 되고, 텍스트에 대한 생산은 잠재적 수용이 된다. 따라서 읽기와 쓰기는 상보적 관계(⑥)에 있다.

---

15) 김정우(2006 : 47)의 텍스트에 대한 '독자의 해석 활동 방향'의 모형에서 밝힌 해석 활동을 비문학적 관점에서 '사고'과 '문화'를 추가하여 재구성하였다.

4. 맺음말

지금까지 읽기·쓰기 통합을 위하여 국어과 교육과정에서 제시한 논리적·비판적·창의적 사고를 중심으로 읽기 사고와 쓰기 사고의 연관성에 대한 문제를 살펴보고 두 언어활동의 통합 방법을 모색하였다.

국어과 교육과정에서 읽기에 대한 성격/목표와 그 세부 내용에서 사고가 일치하지 않으며, 쓰기 또한 마찬가지이다. 그리고 읽기와 쓰기도 동일한 사고를 제시하지 못함으로써 두 영역간의 연관성이 부족하였다. 이러한 연관성 부족으로 인하여 읽기에서 갖춘 사고가 쓰기로 이어지지 못하고, 쓰기에서 갖춘 사고가 읽기로 연계되지 못하는 문제점을 지니고 있다.

따라서 읽기에서 쓰기로 쓰기에서 읽기로 이어지는 통합적 국어활동이 되려면 적어도 두 영역의 활동에 대한 공통 기제가 필요하다. 그러한 공통 기제가 바로 주된 사고이며, 그것이 읽기와 쓰기를 이어주는 연결고리가 되어 '읽기-사고-쓰기'의 통합이 가능하다.

그런데 '읽기-사고-쓰기'의 연결체는 단순히 수평적 연결에 의한 통합을 의미하는 것은 아니라, 읽기 사고와 쓰기 사고가 순환적 과정에 의해 이루어지는 통합을 뜻한다. 그리고 순환적 과정을 기반으로 하는 순환적 위계는 읽기와 쓰기의 공통 기제인 사고를 질적 측면에서 신장시킬 것이며, 사고력에 대한 신장은 읽기와 쓰기가 상보적 관계에 있다는 것을 염두에 두고 설계되어야 한다.

제4장

통합교육 개선 방안

−텍스트 수용·생산 과정을 중심으로

1. 머리말

2007 국어과 교육과정에서 화법, 작문, 독서, 문법은 선택 교육과정으로 각각 분리되어 있다가 2009 국어과 교육과정에서 '화법과 작문', '독서와 문법'으로 통합되었다. 이때의 통합(integration)[1]은 7차 국어과 교육과정에 의한 고교 선택 과목 중, 일부 과목의 이수 비율의 저하로 인하여 국어과 과목의 균형 있는 학습을 저해한다는 취지에서 이루어졌다.

이인제 외 7인(2004)에 의하면, 화법이 6.0%, 독서가 26.9%, 작문이 20.3%, 문법이 6.2%, 문학이 40.6%의 선택률을 보이고 있다고 한다. 따라서 이에 대한 개선 방향으로 2009 국어과 교육과정에서 선택 과목으로 '화법'과 '작문'이 그리고 '독서'와 '문법'이 통합되었다. 그래서 비율로만 본다면 '화법과 작문'은 26.3%, '독서와 문법'은 33.1%, '문학'은 40.6%

---

1) 민현식(2008)에 의하면, 통합의 개념은 총체적 언어교수법, 내용 중심 교육, 문법 강화를 위한 의사소통 중심교육에서 중요한 기제로 작용하고 있다고 한다.

로 어느 정도 불균형을 해소한 것으로 보인다. 그러나 이러한 통합은 외형적 통합에 의한 단순 조합 방식으로 이루어졌기 때문에 통합교육의 본질적인 측면을 부각시킬 수 없는 문제점을 안고 있다.

통합교육의 출발점이 국어사용 능력의 효율적 신장을 염두에 두고 이루어진 것도 아니며, 언어활동의 사고력 신장에 대한 공통의 요소를 탐구하고 그 원리를 밝혀 국어과 교육의 목표에 다가서기 위한 것도 아니었다. 따라서 2009 국어과 교육과정에서 '화법과 작문'은 2007 화법 교육과정과 작문 교육과정을 단순히 조합하여 듣기·말하기와 쓰기의 본질적인 측면에서 접근하지 못하였고, '독서와 문법' 또한 독서와 문법을 단순 조합하여 읽기와 문법의 본질적인 면을 밝히지 못함으로써 통합교육의 원리를 기술하지 못하였다.

이에 비해 2012 국어과 교육과정 '화법과 작문'의 내용 체계에서 화법과 작문의 본질, 즉 '화법과 작문의 사고 과정, 화법과 작문의 사회적 기능, 화법과 작문의 관습과 문화'를, '독서와 문법'의 내용 체계에서 독서와 문법의 본질, 즉 '독서의 본질, 언어의 본질'을 기술하여 이전 국어과 교육과정보다 다소 통합적 원리를 찾아내고자 하였다.[2] 그러면서 '화법과 작문'은 장르론적으로 접근하여 정보전달, 설득, 자기표현과 사회적 상호작용이라는 공통의 요소를 기술함으로써, '독서와 문법'은 국어의 구조를 담화의 차원에서 글의 구조와 독서의 방법, 독서의 실제와 국어 자료의 탐구를 기술함으로써 어느 정도 화법과 작문, 독서와 문법의 통합교육을 시도하고 있다.

그러나 화법과 작문, 독서와 문법의 통합은 유기적 관계를 형성하면서 이루어져야 함에도 불구하고 2012 국어과 교육과정에서 '화법과 작문',

---

2) 2011 국어과 교육과정도 이와 동일하다.

'독서와 문법'은 여전히 문제점을 안고 있다. 즉, 이들 과목은 텍스트의 수용·생산의 언어활동과 관련된 문제점, 텍스트의 유형과 언어적 사고의 유형 관계에 관한 문제점, 언어지식과 관련된 문제점을 드러내고 있다.

따라서 이 연구에서는 2012 국어과 교육과정에서 밝힌 '화법과 작문', '독서와 문법'의 교육과정 내용에 대한 문제점을 텍스트 수용·생산의 언어활동, 언어적 사고, 언어지식 측면에서 살펴보고, 그에 대한 문제를 해결할 수 있는 국어과 통합교육의 개선 방안을 모색하고자 한다.

2. 통합교육의 문제점

2.1. 언어활동의 문제

2.1.1. 화법과 작문

교육과학기술부(2012)에 의하면, '화법과 작문'의 목표에서 '화법과 작문'은 '국어' 과목 중에서 '듣기·말하기', '쓰기' 영역과 '국어Ⅰ', '국어Ⅱ'의 '화법', '작문' 영역을 전문적으로 심화·발전시킨 과목으로 다양한 학문과 직업 분야의 텍스트를 수용하고 생산하는 능력을 함양하기 위한 과목이라고 밝히고 있다. 여기에서 한 가지 주목할 점은 '화법과 작문'의 통합교과가 텍스트를 수용하고 생산하는 능력을 함양하는 데에 있다는 것이다. 그런데 화법은 듣기·말하기를 심화시킨 과목이라는 점에서 텍스트의 수용·생산을 이해할 수 있지만, 작문은 쓰기를 심화시킨 과목이라는 점에서 텍스트의 생산은 받아들일 수 있으나 그 수용에 대해서는 쉽게 이해할 수 없는 측면을 지니고 있다. 이를 <그림 1>과 <그림 2>

로 제시하면 다음과 같다.3)

〈그림 1〉 화법에서 텍스트의 수용·생산

〈그림 2〉 작문에서 텍스트의 (수용)-생산

<그림 1>에서 화자가 생산①한 텍스트를 학생청자는 나름대로의 재구성 과정을 거쳐 수용②하며, 학생청자는 학생화자가 되어 텍스트를 생산③한다. 따라서 화법은 수용·생산의 측면에서 그 능력을 함양할 수 있다. 그러나 작문은 화법과 달리 두 측면에서 그 능력을 함양하지 못한다. 즉, <그림 2>4)에서 화자가 생산①한 텍스트를 학생청자가 재구성하

---

3) <그림 1>과 <그림 2>는 텍스트의 수용과 생산 과정을 학생의 입장을 고려하여 단순하게 도식화한 것이다. 여기에는 전문적인 화자(교사 포함)나 필자의 텍스트 생산 과정에서 보여줄 수 있는 사회문화적 요소나 상황적 요소 및 상호텍스트적 요소는 제외하기로 한다. 마찬가지로 학생청자, 학생화자, 학생독자, 학생필자의 수용·생산 과정에서 보여주는 요소 또한 제외하기로 한다. 뿐만 아니라 텍스트 수용·생산 과정에서 작동되는 언어적 사고도 반영하지 않기로 한다.
4) 쓰기(작문)는 일반적으로 읽기(독서)와 연관하여 <그림 2>에서 화자 대신 필자를, 학생청자 대신 학생독자를 내세울 수도 있다. 다만, 화법과 작문의 통합이라는 점에서 텍스트 수용·생산의 과정을 <그림 2>와 같이 나타낸 것이다.

여 수용(②)하게 되는데, 이 과정이 생략된 채(점선 부분)로 학생필자는 텍스트를 생산(③)하게 된다. 그리고 학생청자가 학생필자로 전환될 수 없는 과정을 보여준다. 적어도 화법과 작문의 통합이라면 텍스트 수용·생산의 과정에서 '화자 → 텍스트 → 학생청자 → 학생청자가 학생필자로 전환 → 텍스트'로 이어져야 하지만, 교육과정에서는 이를 보여주지 못한다. 결국 화법에 비해 작문은 텍스트의 수용·생산의 측면을 동시에 보여주지 못한다. 이러한 점은 '내용의 영역과 기준'의 세부 내용에서도 드러난다.

먼저, 수용·생산에 관련된 핵심 내용만을 추려 정보전달, 설득, 자기표현과 사회적 상호작용의 원리부터 정리하여 <표 1>로 나타내면 다음과 같다.

〈표 1〉 화법과 작문 통합의 원리

정보전달의 원리	설득의 원리	자기표현과 사회적 상호작용의 원리
(4) 청자나 독자가 이해하기 쉽도록 재구성 (5) 목적과 대상에 적합한 내용 구성 (6) 간명한 언어 사용하는 태도	(15) 새로운 주장을 입증할 책임이 자신에게 있음 (16) 청자와 독자를 고려한 내용 구성 (17) 내용의 신뢰성·타당성·공정성 파악	(26) 진솔한 마음 드러나도록 표현 (27) 상호작용의 장애 요인 점검하여 원활한 의사소통

정보전달의 원리인 (4), (5), (6)항은 텍스트 생산의 측면에서, 설득의 원리인 (15), (16)항도 생산의 측면에서, (17)항은 해설을 참고할 때 수용의 측면에서, 자기표현과 사회적 상호작용의 원리인 (26)항은 생산의 측면에서, (27)항은 수용과 생산의 측면에서 말하고 있다.

다음으로, 텍스트의 통합 원리에 따른 화법과 작문의 세부 내용을 정보 전달, 설득, 자기표현과 사회적 상호작용 순으로 하여 <표 2>, <표 3>, <표 4>로 살펴보자.

〈표 2〉 정보전달을 위한 화법과 작문

정보전달을 위한 화법	정보전달을 위한 작문
(7) 청자의 이해를 돕도록 내용 구성 (8) 핵심 정보로 내용 구성 발표 (9) 언어적·반언어적·비언어적 표현 전략 사용 (10) 필요한 정보 능동적 수용	(11) 가치 있고 신뢰할 만한 정보 선별하여 글을 씀 (12) 정보의 속성에 적합한 내용 조직하여 글을 씀 (13) 다양한 표현 방법 활용하여 글을 씀 (14) 정보의 효용성, 조직의 체계성, 표현의 적절성, 쓰기 윤리 점검하여 고쳐 씀

정보전달을 위한 화법의 (7), (8), (9)항은 생산의 측면에서, (10)항은 수용의 측면에서, 정보전달을 위한 작문의 (11), (12), (13), (14)항은 생산의 측면에서 기술되어 있다. 다만, (11)항의 '가치 있고 신뢰할 만한 정보 선별'은 수용적 측면으로 다루어질 수 있을 것이다.

〈표 3〉 설득을 위한 화법과 작문

설득을 위한 화법	설득을 위한 작문
(18) 이성적·감성적 설득 전략 사용하여 효과적으로 연설 (19) 공동체의 문제에 대한 합리적 해결을 위해 토의 (20) 쟁점별로 논증 구성하여 토론 (21) 주장의 논리적 오류 파악하여 듣고 합리적 반박	(22) 주장하는 내용과 관점이 명료한 글을 씀 (23) 적합하고 타당한 논거 들어 글을 씀 (24) 설득력 있는 표현 전략 활용하여 주장하는 글을 씀 (25) 논거의 타당성, 조직의 효과성, 표현의 적절성 점검하여 고쳐 씀

설득을 위한 화법의 (18)항은 생산적 측면에서, (19), (20), (21)항은 수

용과 생산의 측면에서, 설득을 위한 작문의 (22), (23), (24), (25)항은 생산 외 측면에서 기술되었다.

〈표 4〉 자기표현과 사회적 상호작용을 위한 화법과 작문

자기표현과 사회적 상호작용을 위한 화법	자기표현과 사회적 상호작용을 위한 작문
(28) 관계 형성에 적절한 방식으로 자기표현 (29) 질문자의 의도 파악하며 듣고 효과적으로 답변	(30) 삶의 체험 기록하고 자신의 삶 성찰 (31) 창의적이고 품격 있는 표현으로 자기를 효과적으로 소개하는 글을 씀

자기표현과 사회적 상호작용을 위한 화법의 (28)항은 생산의 측면에서, (29)항은 수용과 생산의 측면에서, 자기표현과 사회적 상호작용을 위한 작문의 (30), (31)항은 생산의 측면에서 말하고 있다.

지금까지 논의한 화법과 작문의 통합에서 제시한 수용·생산 양상을 정리하면 <표 5>와 같다.

〈표 5〉 화법과 작문 통합의 수용·생산 양상

	정보전달			설득			자기표현과 사회적 상호작용		
	원리	화법	작문	원리	화법	작문	원리	화법	작문
수용		○	○	○	○		○	○	
생산	○	○	○	○	○	○	○	○	○

위에서 보는 바와 같이 정보전달의 원리는 수용적 측면을 기술하지 못하였으며, 설득, 자기표현과 사회적 상호작용의 작문 또한 생산적 측면만을 제시하고 수용적 측면에서는 기술되지 않았다. 적어도 화법과 작문의 통합이라면 텍스트를 수용하고 생산하는 능력 함양이라는 교육 목표에

부합할 수 있어야 하지만, '내용의 영역과 기준'의 세부 내용은 작문의 수용적 측면을 지향하지 못하는 문제점을 안고 있다.

2.1.2 독서와 문법

교육과학기술부(2012)에 의하면, '독서와 문법'의 목표에서 '독서와 문법'은 '국어' 과목 중에서 '읽기', '문법' 영역과 '국어 I ', '국어 II'의 '독서', '문법' 영역을 전문적으로 심화·발전시킨 과목으로 다양한 학문과 직업 분야의 텍스트를 읽고 국어를 탐구하는 능력을 함양하기 위한 과목이라고 설명하고 있다. 독서와 문법의 통합에 '국어 탐구 능력 함양'이 그 본질로 들어와 있다. 물론 이러한 통합의 본질이 잘못되었다고 말할 수 없으나, 문제는 텍스트 수용·생산의 언어활동에서 독서는 그 의미가 축소될 수밖에 없다. 이를 <그림 3>으로 나타내면 다음과 같다.

〈그림 3〉 독서에서 텍스트의 수용-(생산)

위에서 필자가 생산(①)한 텍스트를 학생독자가 재구성하여 수용(②)하게 된다. 그런데 여기서 한 가지 생각해 볼 점은 학생독자는 잠재적 학생필자이며, 학생필자는 잠재적 학생독자라는 것이다. 그러나 <그림 3>은 이에 대한 의식을 드러내지 못한다. 즉, 학생독자의 입장에서 수용만 있을 뿐 이를 생산할 수 있는 학생필자로의 전환을 꾀하지 못한다. 뿐만 아니라 '독서와 문법'의 목표에는 '화법과 작문'의 목표에서 보여준 텍스트 수용·생산의 언어활동에 대한 기술이 마련되어 있지 않다.

2.2. 언어적 사고의 문제

텍스트 수용·생산의 언어활동에 대한 이러한 문제점과 더불어 그 수용·생산의 언어활동에 밀접하게 관련되는 것이 언어적 사고(verbal thought)의 문제이다. 언어적 사고는 텍스트 수용·생산의 언어활동에 영향을 미치며, 텍스트 수용·생산의 언어활동은 언어적 사고 없이는 불가능하다. 텍스트는 인간의 사고가 언어화되어 담화나 글로 나타난다고 보면 텍스트와 언어적 사고는 불가분의 관계에 있음을 알 수 있다. 따라서 텍스트 수용·생산의 언어활동 문제는 언어적 사고와 직결되기에 텍스트 유형에 따른 언어적 사고 유형의 관계 양상을 살펴보아야 한다.

교육과학기술부(2012)에 의하면, 고등학교 교육 목표에 "학습과 생활에서 새로운 이해와 가치를 창출할 수 있는 비판적, 창의적 사고력과 태도를 익힌다."(p.71)로, '화법과 작문'의 목표에 "화법은 말을 통해 사고와 정서를 공유하는 행위"(p.100)로, "작문은 문자를 통해 자신의 사고와 정서를 표현하는 행위"(p.100)로, '독서와 문법'의 목표에 "독서는 글을 읽고 의미를 재구성하고 비판하는, 능동적이고 창의적인 사고 과정"(p.117)으로 기술되어 있다. 이는 국어교육에서 사고가 그만큼 중요하다는 것을 말해 주는 것이다. 이 점을 염두에 두면서 화법, 작문, 독서의 텍스트 유형을 크게세 가지, 즉 정보전달 텍스트, 설득 텍스트, 자기표현과 사회적 상호작용 텍스트로 나누어 국어과 교육과정에서 밝힌 세부 내용을 사고와 관련하여 정리하고자 한다.1) 이는 국어과 교육과정에 기술된 문제점을 밝히기

---

1) 텍스트 유형은 2012 국어과 교육과정 '화법과 작문'에서 분류한 정보전달을 위한 화

위함이다.

먼저, 화법과 관련된 사고 유형을 살펴보도록 하자(교육과학기술부, 2012 : 103-109).

(7) 다양한 매체 자료를 효과적으로 활용하여 청자의 이해를 돕도록 내용을 구성한다.

(8) 시각 자료를 해석하여 핵심 정보로 내용을 구성하여 발표한다.

(9) 청자의 이해를 돕기 위해 언어적·반언어적·비언어적 표현 전략을 사용한다.

(10) 핵심 정보를 파악하며 듣고 효과적으로 질문하여 필요한 정보를 능동적으로 수용한다.

(18) 화자의 공신력을 이해하고 이성적·감성적 설득 전략을 사용하여 효과적으로 연설한다.

(19) 공동의 의사결정 단계를 이해하여 공동체의 문제를 합리적으로 해결하기 위해 토의한다.

(20) 논제의 필수 쟁점을 분석하여 쟁점별로 논증을 구성하여 토론한다.

(21) 주장의 논리적 오류를 파악하여 듣고 합리적으로 반박한다.

(28) 대화 방식에 영향을 미치는 자아를 인식하고 관계 형성에 적절한 방식으로 자기를 표현한다.

(29) 면접 답변 전략을 이해하고 질문자의 의도를 파악하며 듣고 효과적으로 답변한다.

(7)항에서 (10)항까지는 세부 내용 중 정보전달을 위한 화법이고, (18)

법, 정보전달을 위한 작문, 설득을 위한 화법, 설득을 위한 작문, 자기표현과 사회적 상호작용을 위한 화법, 자기표현과 사회적 상호작용을 위한 작문을 정보전달 텍스트, 설득 텍스트, 자기표현과 사회적 상호작용 텍스트로 나누고자 한다.

항에서 (21)항까지는 세부 내용 중 설득을 위한 화법이며, (28)항에서 (29)항까지는 세부 내용 중 자기표현과 사회적 상호작용을 위한 화법이다.

정보전달을 위한 화법의 (7)항 '청자의 이해를 돕도록 구성'에서 이해, (9)항의 '청자의 이해를 돕기 위해', (10)항 '핵심 정보를 파악하며'는 이해적 사고와 관련된다. (8)항 '시각 자료 해석'과 그에 대한 해설 부분의 '추론을 통한 정보의 논리적 연계와 자료에 담긴 중요 내용 해석'은 논리적 사고와 관련된다.

설득을 위한 화법의 (18)항에 대한 해설 부분 '논리에 의한 이성적 설득', (19)항에 대한 해설 부분의 '대안의 장단점 분석', (20)항의 '논제의 필수 쟁점 분석과 쟁점별 논증 구성'은 논리적 사고와 관련된다. (19)항에 대한 해설 부분 '대안 선택에 필요한 판단 준거', (21)항에 대한 해설 부분 '비판적 듣기'는 비판적 사고와 관련된다. (19)항의 '문제의 합리적 해결'과 그에 대한 해설 부분 '대안 도출'은 창의적 사고와 관련된다.

자기표현과 사회적 상호작용을 위한 화법의 (28)항의 '자아 인식'은 성찰적 사고와 관련되며, '관계 형성에 적절한 자기표현'은 관계적 사고와 관련된다. 이를 <표 6>으로 나타내면 다음과 같다.

〈표 6〉 화법 텍스트 유형과 사고 유형의 관계

사고 유형 \ 화법 유형	정보전달 텍스트(A)	설득 텍스트(B)	자기표현과 사회적 상호작용 텍스트(C)
사실적 사고			
이해적 사고	○		
논리적 사고	○	○	
비판적 사고		○	
창의적 사고		○	

성찰적 사고			○
관계적 사고			○

다음으로, 작문과 관련된 사고 유형을 살펴보도록 하자(교육과학기술부, 2012 : 104-110).

(11) 다양한 방법으로 자료를 수집하고 가치 있고 신뢰할 만한 정보를 선별하여 글을 쓴다.

(12) 정보의 속성을 적합하게 내용을 조직하여 글을 쓴다.

(13) 정보를 효과적으로 전달하기 위해 다양한 표현 방법을 활용하여 글을 쓴다.

(14) 정보의 효용성, 조직의 체계성, 표현의 적절성, 정보 윤리를 점검하여 고쳐 쓴다.

(22) 주장하는 내용과 관점이 명료하게 글을 쓰며 글의 영향과 사회적 책임을 인식한다.

(23) 언어 공동체의 쓰기 관습을 고려하여 적합하고 타당한 논거를 들어 글을 쓴다.

(24) 독자나 글의 유형에 적합하고 설득력 있는 표현 전략을 활용하여 주장하는 글을 쓴다.

(25) 논거의 타당성, 조직의 효과성, 표현의 적절성을 점검하여 고쳐 쓴다.

(30) 생활 속의 체험이나 깨달음을 글로 씀으로써 삶의 체험을 기록하고 자신의 삶을 성찰하는 습관을 기른다.

(31) 맥락을 고려하여 창의적이고 품격 있는 표현으로 자기를 효과적으로 소개하는 글을 쓴다.

(11)항에서 (14)항까지는 세부 내용 중 정보전달을 위한 작문이고, (22)항에서 (25)항까지는 세부 내용 중 설득을 위한 작문이며, (30)항에서 (31)항까지는 세부 내용 중 자기표현과 사회적 상호작용을 위한 작문이다.

정보전달을 위한 작문의 (11)항 '신뢰할 만한 정보 선별'은 이해적 사고와 관련되며, (13)항의 '정보전달을 위한 표현 방법'과 이에 대한 해설 부분 '독자가 쉽게 이해하고 기억할 수 있도록'은 이해적 사고 및 사실적 사고와 관련된다.

설득을 위한 작문의 (22)항 '주장하는 내용과 관점의 명료화하기'에서 명료화하기는 '텍스트(말이나 글) 속에 담겨 있거나 담아야 할 의미를 명확히 하기 위한 활동'(서혁, 2007 : 171)이란 의미인데, 이는 구체적으로 어떤 사고와 관련되는지 알 수 없다. 다만, (22), (23), (24)항의 '주장하기와 논거 제시'는 논리적 글쓰기에 따른 논리적 사고와 관련된다.

자기표현과 사회적 상호작용을 위한 작문의 (30)항 '자신의 삶 성찰'은 성찰적 사고와 관련되며, 이에 대한 해설 부분 '일상의 삶을 섬세하게 관찰함으로써'는 사실적 사고와 관련된다. (31)항 '창의적이고 품격 있는 표현'과 그에 대한 해설 부분의 '창의적 내용 구성'은 창의적 사고와 관련된다. 이를 <표 7>로 나타내면 다음과 같다.

〈표 7〉 작문 텍스트 유형과 사고 유형의 관계

작문 유형 사고 유형	정보전달 텍스트(A)	설득 텍스트(B)[2]	자기표현과 사회적 상호작용 텍스트(C)
사실적 사고	○		○
이해적 사고	○		
논리적 사고		○	
비판적 사고			

창의적 사고			○
성찰적 사고			○
관계적 사고			

마지막으로, 독서와 관련된 사고 유형을 살펴보도록 하자(교육과학기술부, 2012 : 123-127).

(17) 글의 구성단위들 간의 관계를 이해하고 글의 중심 내용을 파악하며 읽는다.

(18) 필자의 의도나 목적, 숨겨진 주제, 생략된 내용 등을 추론하며 읽는다.

(19) 글의 내용이나 자료, 관점 등에 나타난 필자의 생각을 비판하며 읽는다.

(20) 글에서 공감하거나 감동적인 부분을 찾아 그 내용을 감상하며 읽는다.

(21) 글의 화제나 주제, 필자의 관점 등에 대한 자기의 견해를 논리적으로 구성하여 창의적으로 문제를 해결하는 방법을 발견한다.

(30) 사회적 공동체의 독서 활동을 통하여 다른 사람과 교감하며 글을 읽고 삶을 성찰한다.

(31) 다매체 사회에서 인터넷 등 다양한 경로를 통해 독서에 관한 정보를 얻고 활용한다.

(32) 자신의 독서 이력을 성찰하고 독서 계획을 세워 실천한다.

---

2) 7차 국어과 교육과정, 2007 국어과 교육과정, 2009 국어과 교육과정에서는 논리적 사고와 창의적 사고를 제시하였으나, 2011 국어과 교육과정과 2012 국어과 교육과정에서는 논리적 사고만을 제시하고 있다.

(17)항에서 (21)항까지는 세부 내용 중 독서의 방법이고, (30)항에서
(32)항까지는 세부 내용 중 독서의 가치와 성찰이다.

독서의 방법 (17)항 '구성단위들 간의 관계 이해'와 '중심 내용 파악'은
이해적 사고와, 그에 대한 해설 부분의 '글에 나타난 정보의 확인'은 사
실적 사고와, (18)항 '추론하며 읽는다.'는 논리적 사고와, (19)항 '비판적
으로 읽는다.'는 비판적 사고와, (21)항은 '견해를 논리적으로 구성하여'
는 논리적 사고와, '창의적으로 문제를 해결하는'은 창의적 사고와 관련
된다. 독서의 가치와 성찰 (30)항의 '다른 사람과의 교감'은 관계적 사고
와, (30)항의 '삶의 성찰'과 (31)항의 해설 부분에 '정보원을 통해서 신속
하게 파악할 수 있는 능력'은 이해적 사고와, (32)항의 '자신의 독서 이력 성
찰'은 성찰적 사고와 관련된다. 이를 <표 8>으로 나타내면 다음과 같다.

<표 8> 독서 텍스트 유형과 사고 유형의 관계

작문 유형 / 사고 유형	정보전달 텍스트(A)	설득 텍스트(B)	자기표현과 사회적 상호작용 텍스트(C)
사실적 사고	○		
이해적 사고	○		○
논리적 사고		○	
비판적 사고		○	
창의적 사고		○	
성찰적 사고			○
관계적 사고			○

지금까지 국어과 교육과정에 제시된 화법·작문·독서의 세부 내용을
사고의 측면에서 살펴보았는데, 이들 영역은 '결속성(coherence)'[3]의 부족으
로 인하여 통합교육을 이루기에는 쉽지 않다. 이를 <표 9>로 정리하면

다음과 같다.

〈표 9〉 화법·작문·독서에 제시된 언어적 사고의 유형 관계

사고 유형 ＼ 영역·유형	화법			작문			독서		
	(A)	(B)	(C)	(A)	(B)	(C)	(A)	(B)	(C)
사실적 사고				○		○	○		
이해적 사고	○			○			○		○
논리적 사고	○	○			○			○	
비판적 사고		○						○	
창의적 사고		○						○	○
성찰적 사고			○			○			○
관계적 사고			○						○

* (A)는 정보전달 텍스트, (B)는 설득 텍스트, (C)는 자기표현과 사회적 상호작용 텍스트
이다.

위에서 보는 바와 같이, 화법의 정보전달 텍스트(A)에는 이해적·논리
적 사고를 제시하였지만, 작문과 독서의 정보전달 텍스트(A)에는 사실적
·이해적 사고를 제시하였다. 화법과 독서의 설득 텍스트(B)에는 논리
적·비판적·창의적 사고가 나타나고 있지만, 작문의 설득 텍스트(B)에는
논리적 사고만이 나타나고 있다. 그리고 화법의 자기표현과 사회적 상호
작용 텍스트(C)에는 성찰적·관계적 사고가, 작문의 자기표현과 사회적

---

3) Beaugrande와 Dresser(1981)에 의하면, 결속성은 의미적으로 긴밀하게 연결된 개념적
연결 관계로 파악되고 있다. 이를 언어활동적인 측면에서 보면 말하기, 듣기, 읽기,
쓰기가 유기적으로 결합되며, 언어활동 과정에서 발현되는 사고 또한 언어활동과 유
기적인 결합 관계에 놓인다. 뿐만 아니라 사고의 유형들 즉, 사실적 사고, 논리적 사
고, 비판적 사고, 창의적 사고, 성찰적·관계적 사고도 이들끼리 유기적 관계에 놓인
다. 따라서 언어활동에서 결속성이란 말하기, 듣기, 읽기, 쓰기가 사고의 유형들과 단
순히 수평 관계가 아닌 유기적 결합 관계를 맺고 있는 것을 의미한다.

상호작용 텍스트(C)에는 사실적·창의적·성찰적 사고가, 독서의 자기표현과 시회적 상호작용 텍스트(C)에는 이해적·성찰적·관계적 사고가 나타난다.

화법·독서 영역의 텍스트 유형에 따른 사고의 유형 제시가 유사하기는 하지만, 이들 영역과 작문 영역은 그렇지 못하다. 이처럼 우리의 국어과 교육과정은 화법·작문·독서가 사고의 측면에서 볼 때, 분리주의적 관점을 지향하고 있어 각 영역이 제대로 결속되지 못한다. 따라서 화법에서 갖춘 사고가 작문이나 독서로 이어지지 못하고, 작문에서 갖춘 사고가 독서나 화법으로 이어지지 못하며, 독서에서 갖춘 사고가 화법이나 작문으로 이어지지 못한다.

그렇다면 '화법과 작문'의 교수·학습 운용에서 제시한 "화법과 작문의 연계성뿐만 아니라 필요한 부분에서는 '독서와 문법', '문학', '고전' 과목과의 통합적 지도를 강조"(교육과학기술부, 2012 : 111-112)한다거나 '독서와 문법'의 교수·학습 운용에서 밝힌 "독서와 문법의 연계성뿐만 아니라 필요한 부분에서는 '화법과 작문', '문학', '고전' 과목과의 통합적 지도를 강조"(교육과학기술부, 2012 : 129)한다는 것은 그리 쉬운 일은 아니다. 특히 화법, 작문, 독서의 통합은 언어적 사고의 유사성이나 동일성에서 고등학교 교육 목표에 효과적으로 접근할 수 있는 기반을 조성하는 것임에도 불구하고 2012 국어과 교육과정 세부 내용에서는 언어적 사고와 관련된 통합의 원리를 제시하지 못하고 있다.

2.3. 언어지식의 문제

텍스트 수용·생산의 언어활동과 밀접한 관련성을 지니는 문제는 언어지식, 즉 교과목으로서의 문법이다. 교육과학기술부(2012)에 의하면, '독서와 문법'의 목표에서 문법은 언어활동에서 국어를 정확하고 효율적이며 창의적으로 사용하는 데 필요한 기저 지식 체계라고 한다. 이를 <그림 4>로 나타내면 다음과 같다.

〈그림 4〉 언어활동에서 기저 지식 체계로서의 문법

위와 같이 문법을 언어활동의 기저 지식 체계로 보는 관점으로 받아들일 수도 있다. 그러나 문법을 '기저'의 의미에만 국한하여 생각할 필요는 없을 것이다. 일반적으로 문법을 기저의 의미로만 강조할 때, 문법을 사고와 무관한 교과영역으로 설정하여 학습자의 사고를 계발할 수 없거나 미흡한 교과로 인식하기 쉽다.

김명순(2009)에 의하면, '국어과 내용 영역 중 통합의 대상 판단에 대한 학교급별 교차분석 결과'에서 고등학교의 경우, 통합하기 좋은 영역은 쓰기(33.3%) > 읽기(32.8%) > 말하기(13.6%) > 듣기(3.1%) > 문법(1.2%) 순이라고 한다. 여기에서 통합의 대상으로 문법은 그 비율이 가장 낮다. 이러한 결과는 국가수준의 성취도 평가와 무관하지 않겠지만, 이는 사고력 계발과도 무관하지 않다. '국어과 통합교육의 필요 이유에 대한 학교급별 교

차분석 결과'에서 고등학교의 경우, 그 이유는 언어 사용의 총체성(46.9%)
> 사고력(33.3%) > 학습 효율성(21.0%) > 학습 흥미와 태도(6.2%) 순으로 나
타난다. 특히, 사고력 계발과 관련하여 초등학교(10.0%) < 중학교(21.7%) <
고등학교(33.3%)로 갈수록 증가하는 경향을 보여준다. 이러한 결과를 참고
할 때, 고등학교 교사들은 문법을 사고력 계발과 무관하거나 아니면 사고
력을 계발하기에 적합하지 않은 교과로 인식한다고 볼 수도 있다. 여기에
서 Chomsky의 언어지식에 대한 입장을 염두에 둘 필요가 있다.

Noam Chomsky(1986/2000)에 의하면, 언어지식에서 언어는 정신/두뇌의
특성과는 독립적으로 이해되는 구조물을 지칭하는 외재적 언어가 아니라,
학습자에 의해 습득되고 화자와 청자에 의해 사용되는 말을 아는 사람의
정신의 어떤 요소인 내재적 언어를 뜻한다고 한다. 그리고 지식은 모국어
를 안다고 할 때의 안다의 뜻이며, 안다는 인지하다로 쓸 수 있다고 한다.

Chomsky가 말한 정신/두뇌는 곧 사고일 수 있는데, 문법을 사고의 요
소인 내재적 언어의 관점에서 언어활동과의 상호작용 아니라 사고와 독
립적 구조물인 외재적 관점에서 언어활동의 기저 지식 체계로만 본다면,
언어지식의 기본적인 체계를 갖춘 교과목으로서의 문법은 다른 교과와
달리 논리적·비판적·창의적 사고력 신장이나 계발과는 무관한 교과로
인식되어 단순히 기억 차원의 과목으로 여겨질 가능성이 높다.

3. 통합교육의 개선 방안

텍스트 수용·생산의 언어활동은 화법과 작문의 원리를 제시하였지만,
텍스트의 유형에 따른 세부 내용은 화법과 작문이 분리되어 수용·생산

의 측면에서 통합을 이룬 것은 아니다. 또한 독서와 문법에서 독서는 텍스트의 수용과 관련됨에도 불구하고 문법과만 통합됨으로써 텍스트의 수용에 대한 고려와 더불어 텍스트 생산과 유기적으로 연결되지 못한다. 뿐만 아니라 언어활동과 밀접하게 연관되는 언어적 사고의 유형 관계에 있어서는 텍스트의 유형과 언어적 사고의 유형이 각각 달리 제시됨으로써 언어와 사고가 불가분의 관계에서 상호작용을 한다는 원리에 접근하지 못하고 있다. 그리고 문법을 언어활동의 기저 지식 체계로만 설정함으로써 빚어질 수 있는, 즉 기억 차원의 사실적 사고 교육 정도의 수준으로 인식될 가능성이 높다.

　이러한 문제점을 해결하기 위해서는 먼저, 언어활동과 언어적 사고의 관계를 조망해볼 필요가 있다. <그림 5> 언어활동과 언어적 사고의 관계 양상을 보도록 하자.

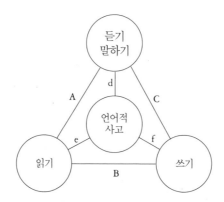

〈그림 5〉 언어활동과 언어적 사고의 관계 양상

　듣기·말하기(화법), 쓰기(작문), 읽기(독서)는 모두 언어적 사고를 공통분모로 하면서 이들 각 영역은 결속성을 지니게 된다. 즉, 듣기·말하기가 읽기와 연계(A)될 때, 듣기·말하기에서 이루어지는 언어적 사고(d)가 읽기로 이어지고, 읽기와 쓰기가 연계(B)될 때, 읽기에서 형성된 언어적 사고(e)가 쓰기로 이어지며, 쓰기가 듣기·말하기와 연계(C)될 때, 쓰기에서 작동되는 언어적 사고(f)가 듣기·말하기로 이어진다. 이처럼 듣기·말하기, 읽기, 쓰기가 연계될 때 단순히 각 영역이 수평적 관계에 의한 연결체를 형성하는 것이 아니라, 언어적 사고라는 동일한 사고 작용에 의해 연결됨으로써 각 영역은 유기적 관계를 맺는다고 할 수 있다.

다음으로, 언어활동과 언어적 사고 및 언어지식의 관계 양상을 살펴보도록 하자.

문법적 지식은 문법적 사고(활동)와 문법적 인식(태도)과도 관련된다고 보아야 한다. 남가영(2011)에 의하면, 문법교육용 텍스트의 핵심 범주에서 그 표상 내용은 문법적 지식, 문법적 사고(활동), 문법적 인식(태도)으로 설정된다고 한다. 이러한 표상 내용은 문법교육에서 문법적 지식은 사고와 인식이 동반되는 지식이어야 함과 동시에 문법교육은 문법지식, 문법적 사고, 문법적 인식의 상호작용에 의해 이루어진다는 사실을 간접적으로 보여준다. 특히, 문법교육에서 문법지식을 언어에 대한 단순 지식을 기억하는 차원으로 교육하기보다는 인간의 사고 활동이 축적되어 체계화된 결과물로 인식함과 동시에 문법지식 체계를 문법탐구 과정과 결속시켜 교육해야 할 것이다. 즉, 문법교육은 문법지식 체계(사고의 결과)와 문법탐구 과정(사고 과정)을 유기적 통합 관계로 설정하고 이루어져야 할 것이다.

고춘화(2009)는 문법의 교육내용과 교육과정을 일관성 있게 설명하면서 통합적으로 구성할 수 있는 발전적 대안을 모색할 필요성을 제기하고, 문법지식과 문법적 사고의 과정이 교육의 장에서 연속적으로 이루어지므로 그 구성 과정과 내용을 통합적으로 살펴야 하는 것으로 보고 있다. 그녀가 대안으로 제시한 '명사 교육 방안'에 따르면, '고유명사 → 보통명사 → 추상명사 → 의존명사'의 순서에 따른 사고 작용은 '개념화 → 개념화, 범주화 → 추상화, 관계성 → 판단과 해석' 순으로 나타난다. 마지막 단계에서 문법교육은 기억 차원의 사실적 사고를 넘어 판단과 해석 차원의 비판적·이해적 사고를 함양할 수 있음을 보여준다.

한편 김규훈(2010)에 의하면, 문법적 의미는 텍스트와 학습자의 소통 과정에서 획득되는데, 이 소통 과정에서 단순히 문법적 의미만이 교류되는 것이 아니라, 국어활동이 통합적으로 이루어진다고 한다. 즉, 텍스트를 '듣고 말하며 읽고 쓰는' 과정에서 문법적 의미가 획득되는 것이라고 한다.4)

따라서 남가영(2011), 고춘화(2009), 김규훈(2010)의 관점에 서면, 문법은 언어활동의 기저 지식 체계(일방향의 관계)로만 간주되기보다 언어활동과의 상호관련성(쌍방향의 관계)을 지닌 것으로 설정되어야 할 것이다.

이러한 설정 관계를 토대로 할 때, 언어활동, 언어적 사고, 언어지식5)

───────────

4) 김규훈은 이를 다음과 같은 <그림 6>으로 나타낸다.

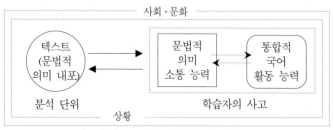

〈그림 6〉 문법적 의미의 통합적 소통

위에서 보는 바와 같이, 문법적 의미는 사회·문화와 상황과 같은 맥락 아래에서 학습자와 텍스트 간의 통합적 국어활동을 통하여 소통된다.

5) Noam Chomsky(1986/2000)가 말한 언어지식은 주로 문법적 지식을 정신 작용에 의한 언어활동과 관련하여 지칭한 것이다. 그리고 문법적 사고는 언어적 사고 중, 문법교과

은 유기적인 연결고리를 형성하게 된다. 즉, 텍스트 수용·생산에서 언어활동은 언어적 사고에 의해 이루어지며, 인이적 사고는 언어지식을 활용하면서 작동되고, 언어지식은 언어활동으로 더욱 체계화될 수 있다. 따라서 언어활동, 언어적 사고, 언어지식은 하나의 유기적 구조체로 볼 수 있는데, 이를 <그림 7>로 나타내면 다음과 같다.

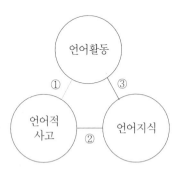

〈그림 7〉 언어활동, 언어적 사고, 언어지식의 관계 양상

위에서 보는 바와 같이, 언어활동은 언어적 사고의 결과이며, 언어적 사고는 언어활동을 가능하게 한다. 즉, 언어활동 없이 언어적 사고는 발현되지 않으며, 언어적 사고 없이 언어활동은 불가능하다(①). 그러면서 언어적 사고는 언어지식을 근간으로 활성화되며, 언어지식은 언어적 사고를 강화시킨다. 즉, 언어적 사고는 언어지식 없이 체계적으로 발현될 수 없으며, 언어지식은 언어적 사고 없이 형성될 수 없다(②). 이러한 언어지식은 언어활동을 토대로 체계화되면서 발전될 수 있고, 언어활동은 언어지

와 관련된 사고이기는 하나 언어적 사고의 큰 틀 속에 있다. 일반적으로 과학교과와 관련하여 과학적 사고라고 하는 것과 같이 문법에서도 문법교과의 독자적 측면에서 문법적 사고를 쓸 수 있다. 다만, 이 연구에서는 문법지식과 문법적 사고를 사용하기보다 언어활동과의 상호관련성에 중심을 두고 언어지식과 언어적 사고로 사용하고자한다.

식을 기반으로 활발하게 이루어진다. 즉, 언어지식은 언어활동 없이는 축적될 수 없고, 언어활동은 언어지식 없이는 의사소통에 어려움이 따른다 (③).

이점을 염두에 두면서 마지막으로, 텍스트 수용·생산의 언어활동과 언어적 사고, 언어지식이 유기적으로 운용될 수 있는 국어과 통합교육의 개선 방안을 제시하면 <그림 8>과 같다.6)

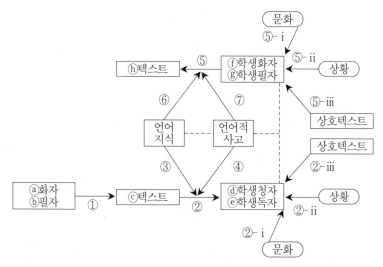

〈그림 8〉 언어활동, 언어지식, 언어적 사고의 통합교육 모델

텍스트 수용·생산의 통합적 언어활동 방향은 듣기(ⓓ학생청자)－말하기

---

6) 제3장에서 다룬 '읽기와 쓰기의 상보적 관계'를 화자와 학생청자 및 학생화자, 화자와 학생청자 및 학생필자, 필자와 학생독자 및 학생필자, 필자와 학생독자 및 학생화자의 언어지식 활용과 언어적 사고 작동에 의한 생산-수용·생산 과정으로 변용하여 재구조화하였다. 그리고 수용·생산 과정의 주체를 청자, 화자, 독자, 필자로 쓰지 않고 학생청자, 학생화자, 학생독자, 학생필자로 명시한 것은 고등학교 교육과정에서 학생 중심의 학습을 염두에 두었기 때문이다.

(ⓕ학생화자), 듣기(ⓓ학생청자)ー쓰기(ⓖ학생필자), 읽기(ⓔ학생독자)ー말하기(ⓕ학생화자), 읽기(ⓔ학생독자)ー쓰기(ⓖ학생필자)이다.

텍스트ⓒ의 의미는 생산 과정에서 화자나 필자 자신이 생각하고 의도한 바를 언어화하는, 즉 의미화 하는 과정(①)을 통해 생산된다.[7] 그런데 텍스트가 말로 이루어진 담화로서 화자와 학생청자가 공존하는 상태를 벗어나거나 아니면 공존 상태일지라도, 그리고 텍스트가 글로 쓰인 담화로 고착되어 필자와 학생독자가 공존하는 상태를 벗어나면, 화자나 필자의 의도에 따른 의미는 화자를 떠난 상태에서 객관적으로만 남아 있을 수는 없으며, 부분적으로 그 객관성을 상실하여 잠재적 상태에 놓일 수도 있다.[8] 텍스트의 수용 과정에서 학생청자나 학생독자는 이러한 텍스트의 언어 구조에 주목하면서 자신의 언어지식을 활용(③)함과 동시에 언어적 사고를 작동(④)시켜 텍스트의 의미를 이해하며 수용(②)하게 된다. 그리고 그 텍스트 이전의 텍스트나 자신의 언어활동 경험에 의한 다른 텍스트들과의 상호텍스트적 관련성에 의해 의미를 이해(②- i)하거나, 자신의 상황이나 정체성 등에 비추어 가면서 텍스트의 의미를 이해(②- ii)하기도 하며, 문화적인 요소를 통해서 그 의미를 이해(②-iii)하기도 하는데, 이때에도 자신의 언어지식을 활용함과 동시에 언어적 사고를 작동시키면서 텍스트의 의미를 수용하게 된다.

---

7) 이때에도 화자나 필자의 언어지식과 언어적 사고가 텍스트 생산 과정에서 표현된다. 그리고 언어지식과 언어적 사고는, 화자나 필자가 경험한 텍스트 이전의 상호텍스트적 관련성에 의해 표현되거나 화자나 필자 자신의 상황이나 정체성 등에 의하여 표현되기도 하며, 화자나 필자가 처한 문화적 요소에 의해 표현되기도 한다.

8) 텍스트의 유형에 따라 그 객관성은 상대적일 수 있는데, 정보전달의 텍스트가 다른 유형에 비해 객관성은 높을 수 있으며, 자기표현과 사회적 상호작용 텍스트는 상대적으로 다른 유형에 비해 그 객관성이 낮을 수도 있다. 그러나 이는 텍스트 유형에 따른 상대성일 뿐, 어떤 형태로든 화자의 의도에 따른 의미는 화자와 청자의 비공존 상태나 공존 상태에서, 필자와 독자의 비공존 상태에서 그 객관성을 유지하기란 힘들다.

텍스트에 대한 학생화자나 학생필자의 수용은 듣기나 읽기에서 기본적으로 갖추어야 할 활동이다. 이러한 활동 과정에서 활용되는 언어지식과 함께 작동되는 언어적 사고는 텍스트에 대한 생산 욕구와 맞물릴 때, 학생청자는 학생화자의 입장으로, 학생독자는 학생필자의 입장으로 바뀌게 된다. 이때 텍스트ⓗ는 학생화자나 학생필자 자신의 의미화 과정을 통해 표현되고 생산⑤되는데, 그 생산 과정에서 학생화자나 학생필자의 언어지식⑥과 언어적 사고⑦, 즉 텍스트ⓗ의 의미를 이해하며 수용하는 과정에서 활용된 언어지식과 함께 작동된 언어적 사고가 학생화자나 학생필자 자신의 의미화 과정을 위한 언어지식과 언어적 사고로 변환되어 발현된다. 이러한 언어지식과 언어적 사고는 그 텍스트 이전의 텍스트나 자신의 언어활동 경험에 의한 다른 텍스트들과의 상호텍스트적 관련성에 의해 의미를 생산⑤-ⅰ)하는 과정에서 발현되거나, 자신의 상황이나 정체성 등에 의해 의미를 생산⑤-ⅱ)하는 과정에서 발현되기도 하며, 문화적 요소에 의해 의미를 생산하는 과정⑤-ⅲ)에서 발현되기도 한다. 이러한 언어지식과 언어적 사고의 구체적인 발현은 텍스트의 생산 활동으로 이어지는데, 이것이 곧 말하기나 쓰기에서 갖추어야 할 기본적인 활동이다.

이와 같이 국어과 통합교육은 텍스트 수용·생산의 과정에서 듣기·말하기, 듣기·쓰기, 읽기·쓰기, 읽기·말하기의 언어활동에 언어지식과 언어적 사고가 유기적인 관계를 형성함으로써 이루어질 수 있다. 따라서 텍스트 수용·생산 과정에서 언어활동, 언어적 사고, 언어지식의 유기적 통합은 국어과 통합교육의 문제점을 개선할 수 있는 방안이 될 수 있을 것이다.

4. 맺음말

지금까지 2012 국어과 교육과정에서 밝힌 '화법과 작문', '독서와 문법'의 교육과정 내용에 대한 문제점을 텍스트 수용·생산의 언어활동, 언어적 사고, 언어지식 측면에서 살펴보고, 그에 대한 문제를 해결할 수 있는 국어과 통합교육의 개선 방안을 모색하고자 하였다.

'화법과 작문'에서 정보전달의 원리는 수용적 측면을 기술하지 못하였으며, 설득, 자기표현과 사회적 상호작용의 작문 또한 생산적 측면만을 제시하고 수용적 측면을 기술하지 못하였다. 그리고 '독서와 문법'에서 독서는 텍스트의 수용·생산의 언어활동에 따른 의미가 축소될 수밖에 없다. 텍스트 수용·생산의 언어활동에 대한 이러한 문제점과 더불어 그 수용·생산의 언어활동에 밀접하게 관련되는 것이 언어적 사고의 문제이다. 화법·작문·독서에 제시된 텍스트 유형과 언어적 사고의 유형 관계는 분리주의 관점을 지향하고 있어 두 유형이 제대로 결속되지 못하고 있다. 텍스트 수용·생산의 언어활동과 관련하여 한 가지 더 짚고 넘어가야 할 문제는 문법이다. 일반적으로 문법을 기저의 의미로만 강조할 때, 문법을 사고와 무관한 교과영역으로 설정하여 학습자의 사고를 계발할 수 없거나 미흡한 교과로 인식하기 쉽다.

따라서 이러한 문제점을 해결하기 위해서는 텍스트 수용·생산 과정에서 언어활동, 언어적 사고, 언어지식을 하나의 유기체로 설정해야 할 것이다. 언어활동은 언어적 사고의 결과이며, 언어적 사고는 언어활동을 가능하게 한다. 그러면서 언어적 사고는 언어지식을 근간으로 활성화되며, 언어지식은 언어적 사고를 더욱 강화시킨다. 이러한 언어지식은 언어활동을 토대로 체계화되면서 발전될 수 있고, 언어활동은 언어지식을 기반으로 활발하게 이루어진다. 이는 언어활동, 언어적 사고, 언어지식이 각각 분리되어 있는 것이 아니라 텍스트 수용·생산에 유기적인 구조를 형성한다는 사실이다. 이러한 관점에서 국어과 통합교육의 개선 방안은 언어활동, 언어지식, 언어적 사고의 통합교육 모델로 제시될 수 있다.

제5장

작문 텍스트 분류 방안

— 논술의 통시적 측면을 중심으로

1. 머리말

2009 국어과 교육과정에서 밝힌 텍스트의 유형은 2007 국어과 교육과 정의 연장선에 있다. 텍스트의 유형을 크게 다섯 가지로 나누어 정보전달을 위한 텍스트, 설득을 위한 텍스트, 사회적 상호작용을 위한 텍스트, 자기성찰을 위한 텍스트, 학습을 위한 텍스트로 제시하고 있다. 이에 대한 개별 텍스트를 구체적으로 밝혀 놓음으로써 텍스트 분류 체계를 세우고 있다.

그러나 텍스트의 유형과 그에 대한 개별 텍스트의 분류는 2007, 2009, 2011 국어과 교육과정에서 조금씩 상이하게 나타나고 있어 연구자들의 이견이 있음을 볼 수 있다. 특히 유형에 대한 분류에서 학습을 위한 텍스트가 다른 유형과 더불어 하나의 유형으로 설정될 수 있는가에 대한 의문과 그에 대한 개별 텍스트들이 학습을 위한 텍스트의 유형에 종속될 수 있는가에 대한 논란이다. 그러면서 논술문을 어떤 유형으로 잡아야 할 것인지도 명확하지 않다. 그래서인지 2011, 2012 국어과 교육과정에서는 텍스트의 유형을 크게 세 가지로 나누어 정보전달을 위한 텍스트, 설득을 위한 텍스트, 자기표현과 사회적 상호작용을 위한 텍스트로 제시하고 있다. 이는 논란거리를 해결했다고 보기에는 미흡하다. 즉, 논란을 잠시 덮어두고자 한 것일 뿐, 근본적으로 텍스트 분류 체계의 문제점을 해결했다고 볼 수는 없다.

텍스트의 분류 체계는 일반적으로 널리 인식될 수 있는 보편적인 체계를 띠어야 하면서 동시에 한 나라의 사회문화적 요인도 충분히 가미된 분류 체계이어야 할 것이다. 물론 텍스트 분류에 대한 이견이 있을 때에는 연구자들 간의 충분한 논의를 통해 그 합일점을 찾는 것도 중요하다. 그러나 그 합일점을 찾는 과정에서 텍스트 분류에 대한 공시적 측면뿐만 아니라 논란이 되는 개별 텍스트의 위상을 정립하기 위해서는 그 개별 텍스트가 갖는 통시적 측면을 살펴볼 필요가 있을 것이다. 특히 7차 국어과 교육과정에서 볼 수 없었던 학습을 위한 텍스트의 유형에 속해 있는 논술문과 설득을 위한 텍스트의 유형인 논설문, 비평문, 건의문 등의 관계를 규정하기 위해서 각 개별 텍스트 간의 통시적 측면을 고려할 필요가 있다.

따라서 이 연구에서는 2009 국어과 교육과정에 제시된 학습을 위한 텍스트 유형과 그 개별 텍스트에 대한 문제점을 살펴보고, 그 문제해결을 위해 논술의 통시적 측면을 중심으로 하여 텍스트 분류 체계의 한 방안을 제시하고자 한다. 이는 2012 국어과 교육과정 '화법과 작문'의 작문 텍스트 분류의 잠재적 문제점을 단순히 보완하는 연구가 아니라 근본적인 문제해결로서의 대안적 성격을 지닌다.

2. 텍스트 분류의 문제점

7차 국어과 교육과정 '작문'에 제시된 텍스트 분류는 연구자들 간의 어느 정도 합일점에 도달한 것으로 볼 수 있으나, 2007 국어과 교육과정에 논술문이 들어오면서 논술문의 위상과 그에 따른 상위 유형에 대한 논의는 연구자들 사이에 원만한 합의에 도달했다고 볼 수는 없을 것이다. 그래서 2011, 2012 국어과 교육과정 '화법과 작문'의 작문 텍스트 분류 체계는 2009 국어과 교육과정에 있던 논술문 등이 속한 학습을 위한 글의 유형이 삭제되고 나머지 4개의 유형 중 일부 유형을 합쳐 3개의 유형으로 제시하였으나, 그 유형에 해당하는 개별 텍스트를 구체적으로 제시하지 않음으로써 이전의 텍스트 분류 체계보다 진일보하지 못한 면이 있다.

2007 국어과 교육과정에서 텍스트의 유형은 2009 국어과 교육과정의 텍스트 유형과 동일하다. 다만 두 교육과정에서 차이를 보이는 것은 그 유형에 따른 몇몇 개별 텍스트이다. 그리고 2009 국어과 교육과정과 2011, 2012 국어과 교육과정에서 작문의 텍스트 분류는 상당한 차이를 보여준다. 이를 <표 1>로 나타내면 다음과 같다.

〈표 1〉 국어과 교육과정 작문 텍스트 분류

교육과정 유형	2007 국어과 교육과정	2009 국어과 교육과정	2011, 2012 국어과 교육과정[1)
정보전달	설명문, 보고문, 기사문, 전기문, 안내문 등	설명문, 기사문, 안내문 등	○
설득	논설문, 비평문, 선언문, 연설문 등	논설문, 비평문, 건의문, 광고문, 칼럼 등	○
사회적 상호작용	축하문, 항의문, 편지, 식사문 등	식사문, 서간문, 자기소개문 등	자기소개서

자기 성찰	일기, 감상문, 수필, 단상, 회고문 등	감상문, 수필, 회고문 등	감상문, 수필, 회고문
학습	보고서, 요약문, 개요, 논술문 등	논술문, 논문, 요약문, 실험 또는 탐구 보고서 등	×

2007 국어과 교육과정에서 정보전달을 위한 텍스트의 개별 텍스트인 보고문과 전기문은 2009 국어과 교육과정에서 제외된다. 2007 국어과 교육과정 설득을 위한 텍스트의 개별 텍스트인 선언문과 연설문이 2009 국어과 교육과정에서 제외되는 대신에 2009 국어과 교육과정에는 건의문, 광고문, 칼럼이 들어온다. 마찬가지로 사회적 상호작용을 위한 텍스트의 개별 텍스트인 축하문과 항의문이 없어지고 자기소개문이 들어오며, 자기 성찰을 위한 텍스트의 개별 텍스트인 일기와 단상이 없어지며, 학습을 위한 텍스트에서 개요가 없어지고 논문이 들어온다.[2) 이는 사회문화적으로 그 개별 텍스트의 중요도를 인식하여 작문교육에 반영하고자 하는 경향이 강하게 나타난 것으로 볼 수 있다. 그러나 문제는 텍스트 유형 중 학습을 위한 텍스트가 나머지 유형과 동일선상에 놓일 수 있는가에 있다.

학습은 사물을 배워서 익히는 일이며, 교육학에서는 지식의 획득, 인식의 발전, 습관의 형성 따위를 목표로 하는 의식적 행동을 가리킨다(김종률,

---

1) 2011, 2012 국어과 교육과정에서는 텍스트의 유형을 크게 3가지로 정보전달, 설득, 자기표현과 사회적 상호작용으로 제시하였다. 그런데 텍스트의 유형에 해당하는 개별적인 텍스트에 대한 자세한 언급은 없다('○' 표시 부분). 다만, 자기표현과 사회적 상호작용을 위한 텍스트 (30)항에 감상문, 수필, 회고문이, (31)항에 자기소개서가 기술되어 있다(교육과학기술부, 2011 : 107-117).

2) 물론 개별 텍스트에 '- 등'이라는 말을 붙여 2007 국어과 교육과정에 있던, 텍스트의 유형에 해당하는 개별 텍스트가 아주 없어진 것이 아니라 어느 정도 개별 텍스트에 대한 수용이 잠재적으로 열려 있는 상태에 있다. 그러나 2009 국어과 교육과정에 의한 교과서를 보면 2007 국어과 교육과정에서 제시한 일부 개별 텍스트는 나타나지 않는다.

2010 : 147). 따라서 유형에 따른 모든 텍스트의 교육 목적이 학습에 있는 것으로 본다면, 포괄적 개념이며 상위석 개념인 '학습'을 나머지 유형인 정보전달, 설득, 사회적 상호작용,3) 자기 성찰과 대등한 관계로 설정하는 것은 올바르지 못하다. 이러한 점을 감안했을 때 2011, 2012 국어과 교육과정에서 텍스트의 유형으로 학습을 위한 텍스트를 설정하지 않은 것은 타당하다고 보인다. 하지만 문제는 여전히 남아 있다. 왜냐하면 학습을 위한 텍스트의 유형이 설정되지 않았다고 해서 그 개별 텍스트가 사라지는 것은 아니기 때문이다. 따라서 그 개별 텍스트를 어떻게 처리할 것인가의 문제는 여전히 잠재되어 있다.

그 첫 번째 문제는 2009 국어과 교육과정에 제시된 학습을 위한 텍스트의 개별 텍스트인 '논문'이다. 논문은 1차 고등학교 교육과정 쓰기영역에 제시된 바 있는데,4) 이것이 2009 국어과 교육과정에 다시 나타나 있다.

논문은 연구자가 관심이 있는 문제에 대해 연구한 결과를 체계적이고 논리적으로 고찰하여 그에 대한 견해나 주장을 나타낸 글이다. 따라서 연구를 성공적으로 수행하여 목적을 달성하려면, 체계적이고 조직적인 계획에 따라 연구에 착수해야 한다. 더불어 연구하는 주제에 대한 자신의 지식과 관점이 명료하게 드러나는 글을 써야 한다(박영목, 이재승, 박재현, 이규

---

3) 텍스트의 목적(기능)에 따른 분류라는 점을 감안한다면, '사회적 상호작용'은 적절한 용어법은 아니다. 경우에 따라서는 모든 텍스트가 사회적 상호작용을 지향할 수 있기 때문에 더욱 그러하다(이도영, 2007 : 265-266). 따라서 이 용어보다는 개별 텍스트의 목적을 좀 더 명확하게 제시할 수 있는 다른 용어 정립이 필요하다. 다만 이 연구의 목적에 크게 벗어나지 않는다고 보고 이를 그대로 사용하고자 한다.

4) 1차 고등학교 교육과정에서 논문 쓰기는 명석한 사고방식으로 논지 전개를 뚜렷하게 하기 위한 것이다. 그리고 논문 쓰기는 논문을 쓰는데 필요한 기초 지식을 읽히도록 하는데 그 목적을 두고 있다. 이는 대학 교육에서 필요한 논문 쓰기의 기초 교육으로서의 성격이 강하다.

철, 오택환, 2011 : 244).

그런데 이러한 논문 쓰기는 고등학교 교육과정에서 필요·충분한 조건을 갖추고 있는가에 답할 수 있어야 할 것이다. 굳이 논문이 아니라 하더라도 '논(論)'의 성격이 강한 텍스트가 있으며, 이들 텍스트가 국어 교과서에서 읽기영역과 쓰기영역에서 다루어지고 있다. 그리고 이들 텍스트는 작문 교육과정에 연계되어 있다. 그러나 논문은 10학년 국어교과서에서 다루어지지 않는, 즉 학년 간의 연계성이 부족한 개별 텍스트이다. 논문이 갖는 텍스트의 성격상 국어과 교육과정에서 필수적으로 다루어야만 할 이유가 있는지 반문할 필요가 있을 것이다. 물론 개별적인 텍스트를 다양하게 학습하는 교육과정이 필요할 것이다. 그러나 고등학교 국어과 교육과정의 쓰기영역이나 작문 교육과정에서 논문에 대한 쓰기보다는 고등학교 수준의 보편적이고 일반화된 텍스트 쓰기, 즉 설득을 위한 유형의 개별 텍스트인 논설문, 비평문, 건의문, 시평 등에 초점을 맞출 필요가 있다.[5]

그 두 번째 문제는 요약문이다. 요약문은 텍스트의 유형에 따른 개별 텍스트에 대한 요약이 이루어질 수 있는데, 이를 별도로 요약문이라 해서 학습을 위한 텍스트에 담아낼 필요는 없을 것이다. 적어도 문(text)은 필자의 완결된 사상이나 생각의 표현 단위로 생산되고 그것이 독자에게 수용

---

[5] 물론 고등학교 국어과 교육과정에서 논문 쓰기가 절대적으로 불필요하다는 것을 말하는 것은 아니다. 다만, 논문 쓰기가 작문 교육과정(11학년 또는 12학년)에서 어느 정도 필요성을 가지기 위해서는 10학년에서 다루어지는 교육과정과 연계되어야 할 것이다. 그리고 논문 쓰기가 제대로 이루어지기 위해서는 그 이전 교육과정에서 논문 읽기가 이루어져야만 할 것이다. 예를 들어 고등학교 문학 작품 비평문 쓰기(10학년)는 중학교 비평문 읽기(9학년)와 유기적으로 연계되어 있음으로 해서 충분히 그 쓰기 활동을 할 수 있다. 이와 같이 논문 쓰기도 학년 간의 유기적 연계 속에 이루어져야 할 것이다.

될 수 있는 것이어야 한다. 그러나 요약은 개별 텍스트의 핵심적인 내용만을 가려 뽑아내어 서술함으로써 개별 텍스트의 내용 파악과 관련된 이해 수준 정도의 측정에 불과하다. 물론 요약이 작문교육에서 불필요한 것은 아니지만, 굳이 그 개별 텍스트와 대등한 입장에서 다룰 필요는 없을 것이다. 즉, 각각의 개별 텍스트에 대한 교수·학습 과정에서 그 일부로 요약에 대한 지도가 이루어져야 할 것이다.6)

그 세 번째 문제는 실험 또는 탐구 보고서이다. 실험 보고서는 과학에서 이론이나 현상을 관찰하고 측정하여 보고하는 글이다. 글쓰기라는 점에서 작문교육과 무관하지는 않지만, 직접적으로 과학교육과 관련된다. 탐구 보고서는 필요한 것을 조사하여 찾아내거나 얻어낸 결과를 보고하는 글이다. 이 또한 과학교육과 밀접한 관련을 맺고 있다. 탐구교육과 관련하여 1979년 여름방학 때 처음으로 탐구생활이 발간되어 당시 국민학생들에게 배포되었으며, 과학과 관련된 내용을 절반 이상 배정하여 동식물 탐구와 자기주도적 학습을 유도하고 있다. 이후 탐구생활은 1998년까지 근 20년 동안 방학과제물로 이루어져 왔다. 이처럼 탐구와 관련할 때 그 보고서는 주로 과학과 관련된 글로 인식하게 된다. 물론 탐구 보고서가 과학뿐만 아니라 작문교육에서 불필요한 것은 아니다. 과학 세계에 대한 탐구만이 아니라 국어와 관련된 탐구도 충분히 이루어질 수 있기 때

---

6) 대학별 논술고사에서 요약을 하라는 문제를 볼 수 있다. 수험생들의 요약에 대한 학습이 고등학교 국어과 교육과정에 의한 현장의 교수·학습이 충분하지 않다고 볼 수도 있다. 물론 대학별 논술고사가 아니라 하더라도 개별 텍스트에 대한 요약하기가 미흡하다는 인식을 할 수도 있다. 그러나 문제는 요약이 필자의 사상이나 생각을 담으면서 완결성을 갖춘 문(text)으로서의 성격을 가질 수 있는 것인지에 대한 의문이다. 만약 그렇지 못하다면, 요약은 다른 개별 텍스트와 대등한 입장에 놓일 수 없을 것이며, 또한 다른 개별 텍스트처럼 보편적인 특성을 가지는 것도 아니다. 따라서 요약문이 아닌 학습 방법으로서의 요약 또는 요약하기 정도로 그 의미를 부여해야 할 것이다. 이에 대해서는 제9장에서 논의할 것이다.

문에 그 보고서 작성은 작문교육에서 필요한 것이다. 그러나 보고서라는 개별적인 텍스트가 논술문, 논문, 요약문 등과 함께 유사하거나 동일한 속성을 지닌 것이라 보기는 어렵다. 특히, 보고서는 논술문이나 논문에 비하면 특정 독자(보고를 받는 자)에 국한될 가능성을 지니고 있다. 즉, 다수의 일반적 독자를 끌어들일 수 없는 경우에 머무를 수 있는 가능성이 높다.[7]

그 네 번째 문제는 논술문이다. 논술문은 일반적으로 대학별 논술고사와 관련시켜 생각하게 된다. 1986년에 실시된 논술시험은 당시 수험생들에게 많은 혼란을 야기하면서 논술이 무엇인지 그 개념도 제대로 정립되지 못한 상태에서 대학별로 논술시험을 치르게 된다. 1987년 논술시험이 한 차례 더 치러지고 난 후 폐지되었다가, 1994년 본고사가 부활되면서 국어시험에 일부 논술이 들어오게 된다. 1995년, 1996년 본고사가 치르진 후 본고사는 없어지고 1997년에 대학별 논술고사가 본격적으로 이루어지면서 지금까지 실시되고 있다. 이런 연유로 해서 논술문은 논술고사에서 이루어지는 평가의 한 측정 도구로서의 성격이 강한 텍스트로 자리잡게 된다. 그러나 논술은 단순히 평가의 측정 도구 정도로만 인식할 수는 없을 것이다.[8]

---

7) 일반적으로 초·중·고에서 의미하는 탐구는 탐구(探求)이다. 그러나 탐구(探求)가 아닌 탐구(探究)를 의미하는 탐구라면, 이는 초·중·고 교육과정에서 다루기는 쉽지 않다. 물론 실험 또는 탐구 보고서는 과학과 작문의 연계적 쓰기란 새로운 영역의 확장을 가져온다는 점에서는 의미가 있다. 다만, 보고서는 문류(文類)가 아닌 서류(書類)라는 점에서 문류와 동일시하여 텍스트를 분류하기보다는 문류와 서류를 구분하여 텍스트를 분류한 후 쓰기 영역의 확장을 시도해야 할 것이다.

8) 논술은 시험이라는 관문을 통과하기 위해 필요한 기술이 아니라 지적으로 향상되는 삶을 추구하는 데 필수적인 사고력을 기르는 과정이다. 따라서 논술은 일상생활 속에서 꼭 필요하고 중요한 글쓰기이다(김대행 외 5인, 2008 : 15). 한편, 프랑스는 자국어 교육과정에서 가장 중요한 표현 양식으로 논술을 중학교 교육과정에 기술하고

논술이 처음부터 평가의 측정 도구가 된 것은 아니다. 일반적으로 널리 사용된, 즉 일상생활에서 보편적으로 이루어지던 담화가 문자로 고착되어 논술문이 된 것이라고 보아야 할 것이다.[9] 이러한 점에서 보면 논술문을 단순히 학습을 위한 텍스트의 한 갈래로 정하는 것은 논술문의 의미를 제한적으로만 보려는 경향에 지나지 않는다. 또한 그것은 논술문을 설득을 위한 텍스트의 개별 텍스트인 논설문, 건의문, 비평문 등과 어떤 관계로 설정해야 할 것인가에 대한 논의가 충분히 이루어지지 않은 데에 따른 결과일 수도 있다.

2009 국어과 교육과정의 텍스트 분류에서 가장 큰 문제점은 학습을 위한 텍스트의 유형이 그 외의 다른 텍스트의 유형과 대등한 입장에서 다루어질 수 없다는 점이었으나, 2011 국어과 교육과정에서 학습을 위한 텍스트를 하나의 유형으로 자리매김하지 않았다는 것은 타당하다고 볼 수 있다. 그러나 그 유형에 속한 논술문은 현재 고등학교 국어과 교육에서 매우 중요한 개별 텍스트로 자리 잡고 있다는 사실 또한 부인할 수는 없다.[10] 이는 대학 수준의 평가와 관련하여 그 비중이 낮지 않음을 볼

있다. 특히 중1년과 중2년에서는 입말로 한 견해나 관점을 변론할 수 있게 한다(우리말교육연구소, 2006 : 249).

9) 고려시대에 쌍기에 의해 도입된 과거시험 과목 중 시무책(時務策)은 논술의 한 문체인 책문으로 당시 국가 정치 현안에 대한 논술이었다. 그래서 책문을 오늘날 논술고사에서 보여주는 논술문과 비교하여 평가의 측정 도구로 말하는 경향이 있다. 물론 이것이 잘못된 것은 아니지만, 책문은 이미 그 이전 시대에 정치 현안에 대한 일상적인 담화의 형태로 이루어지고 있었다. 삼국사기 권45에 전하는 명림답부(明臨荅夫)의 텍스트가 그 전형이라 할 수 있다(김종률, 2011b : 162-163).

10) 뿐만 아니라 사범대학의 국어교육과나 교육대학(원)의 국어교육전공에서 논술교육학 또는 논술교육론 강좌를 최근 몇 년 동안 새로 개설하는 추세에 있는 점에 비추어 볼 때, 논술은 교육적, 사회문화적 측면에서 그 필요성에 부응하고 있다. 특히 논술은 언어활동적인 측면에서 종합적이고 통합적인 활동이 될 수 있는데, 이러한 인식의 폭은 점점 넓혀지고 있는 것으로 보인다.

때, 논술문에 대한 성격이나 개념 규정을 공시적인 측면에서 하나의 유형에 설정할 필요성은 있을 것이다. 그래서 논술문을 평가의 측정 도구로 인식하여 기존의 유형과 차별화하는 것 또한 잘못된 것이 아닐 수 있다. 그런데 이러한 인식의 폭은 논술문의 개념을 협소하게 잡아 기존의 논설문이나 건의문, 비평문, 시평 등과의 관계를 명확히 설정할 수 없다는 한계를 지닌다.

통합 교과 논술의 등장으로 논술의 개념조차 모호해진 이 상황에서 저는 논술은 논술로 남아 그 본연의 기능을 감당할 수 있어야 한다고 믿습니다. 논술은 본질적으로 글쓰기를 통한 문제해결이고, 글쓰기를 통한 설득입니다. 논술 개념은 '어떤 문제나 쟁점에 대한 자신의 생각이나 주장을 다른 독자에게 설득시키기 위해 합리적 논증 과정을 통해 해결하고 그 결과를 언어로 서술하는 글쓰기 방식'으로 존재해야 하며, 논술 평가 역시 문제해결 과정으로서의 글쓰기 교육 차원에서 문제를 발견하고 이를 합리적인 논증 과정을 통해 해결해 나갈 수 있는 능력, 의사소통적 차원에서 자신과 생각이 다른 독자에게 영향을 미칠 수 있도록 하는 설득 능력, 논술 주체의 개성적인 목소리를 갖게 하는 사고력을 평가하는 방향에서 이루어져야 한다고 믿습니다(원진숙a, 2007).

원진숙은 논술을 문제해결로서의 글쓰기, 설득을 위한 글쓰기라고 하면서, 어떤 문제나 쟁점에 대한 자신의 생각이나 주장을 다른 독자에게 설득시키기 위해 합리적 논증 과정을 통해 해결하고 그 결과를 언어로 서술하는 글쓰기 방식으로 그 개념을 규정하고 있다. 따라서 문제해결 및 설득을 위한 텍스트로 유형을 설정하게 되면, 논설문, 건의문, 비평문, 시평 등과 논술문은 동일하거나 유사한 목적을 갖게 되는데, 이때 이들 개별 텍스트를 분리하여 논술문을 다른 유형에 속한 텍스트로 다룰 수는 없을 것이다.

한편 박영목 외 4인(2011)에 의하면, 논술문은 어떤 문제에 대한 자신의 생각이나 주장을 객관적으로 증명하고 논리적으로 표현하여 상대방을 설득하기 위해 쓰는 글로써, 제시된 주제나 주어진 제시문에 대한 이해와 분석을 바탕으로 비판적·논리적 사고를 통해 문제에 대해 서술한 글이라고 한다. 논술문이 상대방을 설득하기 위한 글이라면 분명 설득을 위한 텍스트 유형에 해당한다. 그리고 논술문이 주어진 제시문에 대한 이해와 분석을 바탕으로 문제에 대해 서술한 글이라면 대학별 논술고사와 연관된 협소한 의미를 지닌다. 이처럼 논술문은 전자와 후자의 개념을 동시에 갖고 있음에도 불구하고 작문 교육과정에서 명확히 자리매김 되지 않고 있다.[11] 따라서 논술에 대한 공시적인 측면도 중요하겠지만, 통시적인 측면을 함께 고려해 볼 필요가 있을 것이다.

3. 텍스트 분류 방안

3.1. 논술의 통시성과 논술 문체

논술에 대한 용어는 고려시대나 조선시대의 개인 문집에 널리 사용되었는데,[12] 이중에서 문체[13)와 관련하여 몇 편의 텍스트를 보도록 하자.

---

11) 일반적으로 논술문이라고 할 때, 논술문은 논설문과 마찬가지로 하나의 개별 텍스트로서의 의미와 성격을 갖게 된다. 물론 논술문이라고 명명하더라도 크게 잘못된 것은 아니지만, 논술문과 논설문의 유사한 개념이나 성격으로 인하여 텍스트 분류의 어려움이 따른다. 따라서 논술에 대한 인식의 변화나 전환이 필요할 것으로 보인다.
12) 이규보의 동국이상국집, 정도전의 삼봉집, 원천석의 운곡행록, 강혼의 목계일고, 김

이규보(1168~1241)의 기오동각세문론조수서(寄吳東閣世文論潮水書)는 이규
보가 오세문에게 보낸 편지글이다. 오세문이 이규보를 찾아왔을 때, 그는
이규보에게 내가 일찍이 조수론(潮水論)을 지었으나 아직 남에게 보이지
않았는데 그대가 학문을 좋아하는 사람이니, 이다음 나에게 들르면 내가
마땅히 보여 주겠노라고 한다. 그래서 이규보는 며칠 후 그를 찾아가 보
여주기를 청했으나, 그는 나의 논(論)은 보잘 것 없으니 그대가 또한 논이
나 설(說)을 지어 조수(潮水)의 유래를 속속들이 풀어 놓은 다음에, 나도 또
한 보여 주겠다고 한다. 그래서 이규보는 다음과 같은 대목을 남긴다.

> 그 나머지 옛사람들이 "땅이 움직여 바다에 응하고 사람들이 호흡하
> 니 양후(陽侯)·영서(靈胥)가 노여움을 드러내어 일어난다."라고 말하는
> 바는 더욱 취할 것이 못됩니다. 선생의 광대한 지식과 넓은 학문으로 마
> 땅히 따로 <u>논술</u>한 것이 있어 이를 사림에 전파하여, 청중을 움직이게 함
> 으로써 세상의 온갖 사물을 두루 아는 군자가 있음을 알리는 것이 마땅
> 합니다. 그런데 어찌하여 한사코 거부하는 것이 이렇게 심하십니까.14)

이규보는 오세문에게 선생의 많은 지식과 넓은 학문으로 마땅히 따로
논술한 것이 있어 사림에 전파하여, 청중을 움직이게 함으로써 세상에 박
물군자가 있음을 알게 함이 마땅하다고 한다. 여기에서 논술한 것이란 오

안국의 모재집, 조광조의 정암집, 김정의 충암집, 서경덕의 화담집, 송순의 면앙집,
이황의 퇴계집, 이수광의 지봉집, 허균의 성소부부고 등 200여 편 정도의 문집과 조
선왕조실록에서 논술의 용례를 찾아볼 수 있다.

13) 문체의 개념은 여러 가지로 쓰이고 있으나, 이 연구에서 문체는 '한문의 형식'이란
뜻으로 사용하고자 한다(서울대학교 국어교육연구소, 2007 : 280).

14) 其餘古人所云地游應海 介人呼吸 陽侯靈胥 鼓怒所作 則尤無所可取也 以先生之宏識博
學 當別有所論述 傳播士林 有以聳動衆聽 知世有博物君子宜矣 而何深閉固拒若是之甚
耶 이규보, 기오동각세문론조수서, 동국이상국집 권26.(밑줄-인용자.)

세문의 조수론을 뜻한다. 논술이 고전 문체의 하나인 논문(論文)과 관련되어 사용되었음을 알 수 있다. 그런네 논술이 논문에만 한하여 사용된 것은 아니다.

택당 이식(1584~1647)의 지봉집발(芝峯集跋)에는 지봉 이수광(1563~1628)이 평소에 갖가지 목적으로 찾아오는 방문객들을 일체 끊고 지내었으므로, 빈객들 또한 예물을 들고 찾아와 명함을 내미는 경우가 드물었다고 한다. 그리고 택당 자신 또한 처지가 외롭고 자질이 비루한 몸으로 늦게 나아갔다가 다행히 한두 번 등용하는 영광을 입긴 하였으나, 감히 의문점을 여쭈어 가르침을 받으면서 문장에 대한 묘한 비결을 탐구해 보지는 못했다고 하면서 다음과 같은 대목을 남긴다.

> 무진년에 도성에 들어가서 다행히 다시 승당(升堂)하여 질의하니, 비로소 선생이 논술한 유설(類說) 10책(冊)을 보여 주시면서 그 뒤에 제발(題跋)을 짓도록 명하셨다.[15]

지봉이 논술한 유설을 보여 주면서 택당에게 책 뒤에 발문을 지어보도록 했다고 한다. 유설에 논술이라는 말을 사용함으로써 논술은 논문에만 사용할 수 있는 용어는 아니며, 설문(說文)과도 관련하여서 쓰고 있음을 알 수 있다.

한편 그는 추록(追錄)에서, 율곡이 퇴계에 대하여 의양(依樣)의 기미가 많이 보인다고 논하고, 또 한 곳에 매여 있으면서 혹시라도 거기에서 벗어날까 조심하고만 있다고 평한 적이 있다면서, 그런 까닭에 오늘날 세상의

---

15) 戊辰入都 幸復升堂質疑 始蒙先生示以所論述類說十冊 且命植題跋其後 이식, 지봉집발, 택당집 권9.(밑줄―인용자.)

학자들이 이 말을 근거로 해서 퇴계를 얕잡아 보는가 하면, 영남의 유자들은 또 이 말을 트집 잡아서 율곡을 비난하고 있다고 한다. 그러나 택당 자신의 입장에서 보면 율곡이 말한 '의양'의 뜻은 양웅(揚雄)이 태현경(太玄經)과 법언(法言)을 지을 때처럼 표절하거나 흉내를 냈다는 그런 의미는 아니었다고 여기면서 다음과 같이 말한다.

주자는 백가를 절충하여 만세에 정론하고, 퇴계는 그 말을 따라 학습하면서 심신(心神)으로 융회(融會)하여 자기의 말처럼 드러내었다. 그 논술한 것은 모두 여온(餘蘊)을 능히 계발하여 우익(羽翼)이 되었으니, 이에 주자를 제대로 배운 것이다.16)

택당은, 주자가 백가의 주장을 절충하여 세운 정론을 퇴계는 학습하면서 융회하여 자기의 말처럼 드러냈다고 한다. 자기의 말처럼 드러냈다는 것은 단순히 주자의 정론을 이해하여 말한다는 것을 의미하는 것이 아니라 주자의 정론에다 자기의 생각과 견해를 펼친다는 뜻으로 받아들 수 있다. 그래서 주자가 미처 드러내지 못한 것을 계발하여 주자의 연구에 우익이 되었다고 한다. 그래서 택당은, 퇴계가 주자의 미흡하거나 부족한 정론에 대한 자신의 의견이나 견해를 드러냈다는 점에서 논술이라는 말을 사용한 것이다.

이러한 의미에서 논술은 전통적인 문체인, 어떤 사물에 대하여 하나의 이치를 아주 정교하게 속속들이 파고들어 깊게 연구하며 논의하는 논문이나 어떤 사물에 대한 뜻과 그것의 이치를 풀어서 자기의 견해를 서술

---

16) 朱子折衷百家 定論萬世 退溪依其言學習 心融神會 如出己言 其所論述 皆能發其餘蘊 爲之羽翼 此乃善學朱子也 이식, 추록, 택당별집 권15.(밑줄-인용자.)

하는 설문 이외에도 원문(原文), 변문(辯文), 평문(評文), 의문(議文), 해문(解文), 상소문(上疏文), 책문(策文) 등과도 연관된다. 원무은 어떤 사물의 이치에 대한 근원을 추론하는 글로 논문이나 설문과 표리 관계에 있다. 변문은 언행의 시비와 진위를 단정하는 글이며, 평문은 군신의 언행에 대한 시비를 평가하는 글이다. 이렇게 보면 평문은 언행의 시비를 가린다는 점에서 변문과 유사하다. 의문은 사실이 적의한지 그렇지 않은지를 고찰하는 글로 이치를 알맞게 한다는 점에서 논문, 설문, 원문과 연관되며, 문장이 변론적이라는 점에서 변문이나 평문과 관련되기도 한다. 해문은 사람들이 의심하는 것을 풀이하는 것이다. 풀이한다는 점에서만 보면 설문과 유사하고, 의혹을 변론한다는 점에서는 변문, 평문, 의문과 연관되며, 분석한다는 점에서는 의문과 관련된다. 주소(상소문)는 군신이 올리는 논간(論諫)의 총명이다. 그리고 책문은 책문(策問)과 대책(對策)으로 나뉘는데, 전자는 어지러운 문제를 어떻게 해결할 것인가를 묻는 글이며, 후자는 이에 대한 문제해결을 제시하는 글이다. 대책은 앞의 의문이나 상소문과 함께 왕에게 글을 올려 정사를 논술한 문체이다(김종률, 2010 : 3-6). 이를 <그림 1>로 나타내면 다음과 같다.

〈그림 1〉 전통적인 논술 문체

이들 문체는 모두 전통적인 논술에 해당하는데, 대체로 사물이나 현상을 논하여 서술한 것이다. 여기에서 '논'은 크게 두 가지 의미로 나뉜다.

첫째는 의견이나 이론을 조리 있게 말하는 것이며, 둘째는 옳고 그름을 따져 말하는 것이다. 그리고 '서술'은 사건이나 생각을 차례대로 말하거나 적는 것을 의미한다.[17] 논술은 이러한 의미의 논과 서술을 합친 합성어로서의 개념이기는 하나, 논의 개념이 강하게 작용하는 것이라 할 수 있다.

한편, 전통적인 논술 문체는 1921년에 간행한 왕성순(1868~1923)의 여한십가문초(麗韓十家文抄)에서도 볼 수 있다. 여기에는 장유의 변문, 논문, 이식의 상소문(차자), 김창협의 상소문, 박지원의 의문, 논문, 설문, 홍석주의 변문, 김매순의 논문, 김택영의 설문 등이 실려 있다. 그러나 근대 서구 문화의 유입과 더불어 이러한 문체의 명칭은 일부분 사용되지 않거나 문체와 문체의 결합을 통한 변화를 겪게 되지만, 문체가 갖는 특성이 완전히 사라졌다고 단정할 수는 없다.[18] 왜냐하면 논술은 전통적인 문체의 명칭만 일부분 사용되지 않았을 뿐 당시 신문이나 잡지를 통해 끊임없이 논술 텍스트를 생산했기 때문이다.

신문의 경우는 일자보(日字報)의 논술(論述)(공립신보, 1908년 5월 8일자 3면), 의회전(議會前)에는 단불사직(斷不辭職), 와카쓰키 레이지로수상(若槻首相)의

---

17) 이러한 의미에서 논술은 말하는 방식에 의해 논의된 글이건, 쓰기 방식에 의해 논의된 글이건, 이 모두를 포함하는 포괄적 개념이다(김종률, 2010 : 3). 이러한 의미에서 우리나라의 논술문은 삼국시대에 형성되는데, 삼국사기에 실려 전하는 명림답부, 창조리, 김후직의 텍스트가 여기에 해당한다(김종률, 2011b : 162-172).

18) 원문은 문체명을 잃어버리기는 했지만, 오늘날 추론이란 말로 쓰이며, 변문은 논문과 결합하여 변론이나 논변으로 사용된다. 해문은 해문과 동일한 문체로 여겼던 석문(釋文)과 결합하여 해석(解釋)으로 사용되면서 그 의미의 잔영이 남아 있다. 책문에서 대책은 오늘날도 그대로 사용되기도 한다. 즉, 사회 현상이나 문제점을 해결하기 위한 방안을 제시하라는 의미로 대책을 강구하라는 등의 말로 쓰이기도 한다. 따라서 이들 전통적인 논술 문체는 사라졌다기보다는 오늘날 여러 글쓰기 방식에 전해되어 그 명맥이 유지되고 있다. 나머지 문체에 대해서는 다음 면에서 좀 더 자세하게 논의하고자 한다.

논술(論述)(동아일보, 1926년 10월 15일자 1면), 중국노동자방지안(中國勞働者防止案) 질문(質問), 사회사업진력(社會事業盡力)도 논술(論述)(동아일보, 1929년 3월 11일자 4면), 자본주의국가(資本主義國家)와 무산관계(無産關係)를 논술(論述)(조선일보, 1931년 9월 7일자 2면) 등이 그 예이며, 이외에도 경성신문, 중외일보, 조선중앙일보 등에서 논술 텍스트를 볼 수 있다. 잡지의 경우는 대한자강회월보, 대한협회회보, 서우, 서북학회월보, 기호흥학회월보, 대조선독립협회회보, 태극학보, 대한학회월보, 대한유학생회학보, 대한흥학보, 대동학회월보, 개벽, 동광, 별건곤, 삼천리 등에서 논술 텍스트를 생산한다. 결국 전통적인 논술의 문체는 사라진 것이 아니라 현대적 의미의 문체 결합을 통하여 그 맥을 이어가고 있는데, 설득을 위한 텍스트의 개별 텍스트가 그것이다.

어떤 사실이나 현상, 가치 등에 대해 자신의 견해나 주장을 세우는 논설문은 전통적인 논술의 문체인 논문과 설문이 합쳐져 오늘날 현대적 논술의 한 개별 텍스트로 자리매김 하고 있다. 김지영(2008 : 45)은, 우리가 흔히 결합해서 쓰는 '논설'이란 말은 '논'과 '설'이 결합한 것으로 이 두 가지가 하나의 양식으로 같이 쓰이게 되면 논리의 전개를 중시하면서도 설득적이고 유려한 화술로 당대의 시의적절한 문제를 다룬다는 의미를 간직하게 되는 것이라고 하면서, 개화기 때 사용된 논설 양식은 새로운 근대적 양식으로 등장한 것이기는 하지만 당시의 시대적 필요에 따라 기존에 쓰이던 두 가지 양식이 결합해서 생긴 것이라고 한다.[19]

작품이 지닌 두 가지 대립적 속성, 즉 옳음-그름, 아름다움-추함 등의 관점에서 분석적 평가(analytic test)를 하는 비평문(김종률, 2011b : 183-184)과 신

---

19) 다산의 논문인 악론 2(樂論二)와 설문인 성설(城說)을 보면 그 주장하는 방식이 지금의 논설문과 큰 차이가 없다(김종률, 2011a : 139-142).

문이나 잡지에 기고 형식으로 싣게 되는 글로, 주로 시사적인 문제나 사회현상에 대해 평하는 내용을 담는 시평(송기한, 정낙식, 박진호, 2011 : 163)은 전통적인 논술의 문체인 평문의 의미를 잃지 않고 있다.[20] 평문은 원래 군신의 언행에 대한 시비를 평가하는 글이었지만, 후대에 내려오면서 그 의미가 군신의 언행뿐만 아니라 작품 등에도 확장되어 사물의 대립적 속성에 대한 평가로까지 사용된다. 이러한 확장은 오늘날 시사적인 문제까지 다루게 됨으로써 시사 비평(시평)이라는 말을 할 수 있게 된다. 따라서 비평문과 시평은 전통적 문체인 평문과 그 맥이 닿아 있다.

어떤 문제에 대하여 개인이나 기관에 문제해결을 요구하거나 제안하고자 쓰는 건의문(박영목 외 4인, 2011 : 172)은 전통적인 논술의 문체인 의문과 상소문이 갖는 의미를 간직하고 있다. 특히 문제해결을 잘 보여주는 것이 의문인데, 다산 정약용의 환향의(還餉議)는 환상(還上) 제도를 폐지하는 것이 불가능하다면 하책이긴 하지만 변통하지 않을 수 없다고 밝히면서 환상 제도에 대한 문제해결을 제시하고 있다(김종률, 2011a : 152-161). 이러한 문제해결을 보여주는 것으로 상소문도 있다. 박영목 외 4인(2011)에 의하면, 상소문은 건의문의 전통적 글쓰기의 한 방식이라고 한다. 따라서 논설문, 비평문, 건의문, 시평 등은 전통적 논술의 문체 변화 과정에 의해 현대적 논술의 개별 텍스트로 자리 잡은 것이라 할 수 있다.

---

20) 다산의 신청천문견록평(申靑泉聞見錄評)에는 청천(靑泉) 신유한(1681~?)의 문견록에 대하여 태양의 원근에 따른 추위와 더위, 도와 각에 따른 지역의 대치를 들어서 문견록에 대해 조목조목 비평하고 있다(김종률, 2011a : 149-150).

3.2. 텍스트 분류 방안 및 효과

논술의 통시성을 고려할 때, 논술과 논설문, 비평문, 건의문, 시평 등과의 관계를 규정함과 동시에 이를 바탕으로 기존의 분류 체계를 참고하여 텍스트 분류에 대한 새로운 체계화를 시도할 수 있을 것이다.

국어과 교육과정에서 밝힌 기존의 분류는 주로 목적에 따른 유형화를 보여 준다. 물론 이것이 잘못된 것은 아니나, 여기에서 우리는 문학의 분류 체계를 한 번쯤 생각해 볼 필요가 있다. 문학은 크게 서정 양식, 서사 양식, 극 양식 등으로 나뉘는데, 작문교육에서 이와 같은 양식별 분류가 가능할 것이라 여긴다. 이는 기존의 분류 체계로서는 논술을 어디에 어떻게 위치시킬 것인가에 대한 물음에 답하기가 거의 불가능하기 때문이다. 따라서 기존의 목적에 따른 유형을 수용하면서 동시에 양식21)에 따른 분류를 시도해 볼만하다. 물론 양식별 차이점을 밝히는 것이 쉽지 않으나 앞서 논의한 논술의 통시적 측면을 고려하여 각 양식의 개념, 성격, 목적, 주된 사고, 담화 형식, 개별 텍스트와 결부시켜 텍스트 분류 체계(안)을 <표 3>으로 나타내면 다음과 같다.

〈표 3〉 텍스트 분류 체계(안)

양식	논술(論述)	기술(記述)	서술(敍述)
개념	논술은 사물, 사건, 사	기술은 사물, 사건, 사	서술은 사물, 사건, 사

---

21) 양식(樣式)은 문학이나 예술 등에서 시대 또는 어떤 부류를 따라 각기 독특하게 지니는 일정한 모양과 방식을 뜻한다. 특히 양식은 문학에서 기술, 서술 등을 전체적으로 특징짓는 표현상의 특성이라 할 수 있다. 양식은 고대에 글자를 쓸 때 사용한 뾰족한 붓이나 철필을 의미하였으며, 라틴어의 stilus, 그리스어의 stylos에서 유래하였다. 이것은 처음 서체로 사용되었다가 후대에 문체의 뜻이 되었고, 다시 의미가 변하여 모든 예술 분야에 걸친 각 작가, 장르, 시대 등의 고유의 특징적 표현 구조를 뜻하게 되었다.

	실, 현상, 대상, 과정 등(A)을 논하여 적는 양식이다. 즉, 논술은 A에 대한 의견이나 이론을 조리 있게 적어야 하며, A에 대한 옳고 그름을 따져 적어야 하고, A가 지닌 문제를 해결하거나 방안을 적는 양식이다.	실, 현상, 대상, 과정 등(A)의 내용과 특징을 있는 그대로 열거하고 밝혀 설명하는 양식이다. 즉, 기술은 A의 내용과 특징을 사의(私意)를 가하지 않고 있는 그대로 객관적·조직적·체계적·과학적으로 밝혀서 설명하는 양식이다.	실, 현상, 대상, 과정 등(A)에 대한 생각을 차례대로 적는 양식이다. 이 양식에는 '논'과 '설명'의 개념이 들어오지 않음으로써, A에 대한 생각을 주로 주관적·감각적으로 적는 경향이 강하다.
성격[22]	필자의 의지, 의견, 주장, 입장, 관점 등-주관의 객관화	필자의 진술, 설명, 보고, 기록 등-객관화	필자의 느낌, 감상, 깨달음 등-주관화
목적[23]	설득	정보전달	자기표현과 사회적 상호작용
개별 텍스트	논설문, 비평문, 건의문, 시평 등	설명문, 기사문, 안내문 등	회고문, 감상문, 수필, 식사문, 서간문 등
주된 사고	논리적 사고, 비판적 사고, 창의적 사고	이해적 사고	사실적 사고, 성찰적 사고, 관계적 사고
담화 형식	독자 지향	화제 지향	필자 지향

텍스트는 크게 논술 양식, 기술 양식, 서술 양식으로 나눌 수 있다. 먼저, 논술 양식은 사물, 사건, 사실, 현상, 대상, 과정 등을 논하여 적는 양식이다. 즉, 논술은 사물, 사건, 사실, 현상, 대상, 과정 등(A)에 대한 의견이나 이론을 조리 있게 적어야 하며, A에 대한 옳고 그름을 따져 적어야 하고, A가 지닌 문제를 해결하거나 방안을 적는 양식이다. 이러한 점에서

---

22) 김봉순(2010)의 텍스트 분류 체계 안에서 '내용 성격'의 일부를 참조하였다. 그는 문어 텍스트를 제1형 자아표면형, 제2형 세계설명형, 제3형 세계·자아상응형으로 나누었는데, 제1형은 필자의 의지, 의견, 주장, 입장, 관점 등, 제2형은 필자의 진술, 설명, 보고, 기록, 해석 등, 제3형은 필자의 느낌, 감상, 생각, 깨달음 등의 내용 성격을 지니는 것으로 규정하였다.
23) 목적의 경우는 2011, 2012 국어과 교육과정 '화법과 작문'의 '내용 체계'를 따르기로 한다.

논술 양식에는 필자의 의지, 의견, 주장, 입장, 관점 등이 나타난다. 다만, 논술 양식은 기술 양식에 비하어 필자의 주관적 경향이 강하지만, 이를 객관화하려는 노력이 필요함으로써 '주관의 객관화'[24]로서의 글쓰기를 보여준다.

다음으로, 기술 양식은 사물, 사건, 사실, 현상, 대상, 과정 등(A)의 내용과 특징을 있는 그대로 열거하고 밝혀 설명하는 양식이다. 즉, 기술은 A의 내용과 특징을 사의(私意)를 가하지 않고 있는 그대로 객관적·조직적·체계적·과학적으로 밝혀서 설명하는 양식이다. 그래서 기술 양식에는 필자의 진술, 설명, 보고, 기록 등이 드러난다. 이러한 기술 양식은 다른 양식에 비해 주관적인 견해나 생각보다 객관적인 사실 등을 전달하려는 경향이 강함으로써 객관화로서의 글쓰기를 보여준다.

서울대학교 교육연구소(1994)에 의하면, 기술은 넓은 의미로 사물 혹은 대상의 특징을 조직적으로 밝혀 나타내는 것이라고 한다. 그리고 철학사전편찬위원회(2009)에 의하면, 기술은 설명이 없을 경우 충분한 과학적 인식이 될 수 없는 것으로, 양자는 과학적 인식에 있어서 상호 밀접한 관련을 지닌다고 한다.

우리나라에서 '기술'이란 용어를 사용한 대표적 문헌으로는 이긍익의 연려실기술(練藜室記述)이 있다. 그는 400여 가지의 야사에서 자료를 수집하고 분류하면서 원문 그대로 기록한다. 즉, 자신의 개인적인 의견을 덧붙이지 않음으로써 문헌 제목에 자신의 호와 더불어 기술이란 용어를 사용한 것이다. 고운기, 김문식, 박종기, 박현모, 배병삼, 배우성, 신병주, 신

---

24) 논술 양식은 필자의 의지, 의견, 주장, 입장, 관점 등을 드러냄으로써 기술 양식에 비하면 상대적으로 주관성이 강하다. 이런 주관성을 논리적 설득력을 갖추어 객관화하려는 작업이 필요한데, 이를 '주관의 객관화'라 할 수 있다(김종률, 2011c : 183).

복룡, 안대회, 이성무, 이성혜, 이태원, 정구복, 정긍식, 정명현, 정호훈, 허경진(2006)에 의하면, 연려실기술에서 기본적으로 흐르고 있는 정신은 '술이부작(述而不作)'으로, 가능한 자료만을 나열하여 독자들의 이해를 돕게 하는 한편, 자신의 견해는 거의 밝히지 않았기 때문이라고 한다. 물론 인용된 서책을 취사선택했다는 점에서는 저자의 생각이 전혀 없다고 할 수는 없지만 최대한 객관적인 입장을 보였다고 한다.

한편, 기술의 전통적 문체에는 어떤 사건의 시말을 기록하는 기사문(記事文), 기지(記志)의 별명으로 시사(時事)를 기록하는 기사문(紀事文), 일을 기록하기 위해 지은 지문(志文, 誌文) 등이 있다. 오늘날 신문 기사문의 경우는 전통적 문체의 하나인 기사문(記事文)과 기사문(紀事文)에서 그 맥이 이어졌다고 볼 수 있다. 설명문의 경우는 김지영(2008)이 말한 것처럼 근대 이후 논설이 '주장하는 글쓰기'로서의 논설문과 '객관적인 글쓰기'로서의 설명문으로 분화한 것으로 볼 수 있다.

마지막으로, 서술 양식은 사물, 사건, 사실, 현상, 대상, 과정 등(A)에 대한 생각을 차례대로 적는 양식이다. 이 양식에는 '논'과 '설명'의 개념이 들어오지 않음으로써, A에 대한 생각을 주관적·감각적으로 적는 경향이 강하다. 그래서 서술 양식에는 필자의 느낌, 감상, 깨달음 등이 드러난다. 이러한 서술 양식은 필자의 주관적 경향이 강하여 상대적으로 다른 양식에 비해 주관화로써의 글쓰기를 보여준다.

그런데 서술은 행위나 사건의 의미 있는 연결을 글로 쓴 것이라는 점에서 신화·전설·민담·소설 등의 문학은 물론 역사를 기술하는 데에도 중요한 장치로 동원된다. 또한 신문이나 방송의 뉴스는 물론 인물의 전기를 쓰는 데도 사용된다(서울대학교 국어교육연구소, 2007 : 411). 이처럼 서술은 문학과 비문학 모두에 쓰일 수 있는 용어로서 적절하지만, 문제는 서술과 기술을 구분하지 않음으로써 용어 사용에 대한 의미 규정이 모호하다는 점이다. 따라서 국어교육학적 관점에서 이 둘의 이미를 좀 더 바람직한 방향에서 개념화할 필요성이 있을 것이다.

한편, 서술의 전통적 문체에는 전(傳)의 형식을 빌려 작가 자신의 행적을 적은 자전문(自傳文), 행로의 견문을 적은 유기문(遊記文), 만록(漫錄)이나 수필로 불리는 필기문(筆記文), 서신을 주고받은 서문(書文) 등이 있다. 오늘날 회고문은 자전문과 무관하지 않으며, 기행문과 수필은 각각 유기문과 필기문의 맥을 이은 것이라 볼 수 있다. 그리고 서간문은 전통적 문체인 서문을 그대로 이어받고 있다.

논술, 기술, 서술 양식에 대한 개념과 성격에 따라 갖게 되는 '목적'과 '개별 텍스트' 축은 언어와 문화의 요소를 고려한 것이며, '주된 사고'는 사고의 유형을 반영한 것이다. 텍스트 양식의 목적 중, 설득을 목적으로 하는 논술 양식의 주된 사고는 논리적·비판적·창의적 사고이다. 물론 이 사고가 다른 목적을 가진 기술 양식이나 서술 양식에 전혀 나타나지 않거나 아예 없다는 것을 의미하는 것은 아니다. 설득을 목적으로 논술 양식 이외의 기술 양식이나 서술 양식에서도 부분적으로 논리적·비판적·창의적 사고는 나타날 수 있다. 다만, 그 사고의 유형이 다른 사고의 유형에 비해 설득을 목적으로 하는 논술 양식에서 상대적으로 강하게 요구된다. 여기에는 다른 텍스트의 양식도 마찬가지일 것이다. 즉, 정보전달을 목적으로 하는 기술 양식, 자기표현과 사회적 상호작용을 목적으로 하는 서술 양식은 각각의 주된 사고가 중심이 되지만, 각 텍스트의 양식에는 다른 텍스트 양식의 주된 사고가 부분적으로 나타날 수 있다.

그리고 각 양식에 대한 담화 형식은 그 지향점이 다를 수 있다. 언어학자인 야콥슨(1989)은 발화 형식을 화자가 중심이 되고 화자를 지향하는 것,

청자가 중심이 되고 청자를 지향하는 것, 메시지가 중심이 되어 화제를 지향하는 것 등 세 가지로 규정하면서 화자지향은 감탄과 정조의 양상을 띠며, 청자지향은 명령, 권고, 애원, 질문 등의 양상을 띠며, 화제지향은 사실 명시, 정보전달, 보고의 양상을 띤다고 하였다(황재웅, 2008 : 321). 이러한 야콥슨의 발화 형식을 참조하여 재구성하면 논술 양식은 독자를 지향하고, 기술 양식은 화제를 지향하며, 서술 양식은 필자를 지향한다.

이제까지 텍스트를 양식에 따라 세 가지로 분류하면서 양식의 개념과 성격, 그에 따른 목적과 개별 텍스트, 양식이 갖는 주된 사고 및 담화 형식의 특징을 살펴보았지만, 이러한 텍스트 분류는 모든 텍스트를 다루지 못한 한계를 지닌다. 즉, 텍스트를 논설문, 설명문 등과 같은 문류(文類)와 자기소개서나 보고서 등과 같은 서류(書類)로 나눌 때 문류 중 일부 개별 텍스트와 서류 등이 생략되어 있어 제한된 텍스트 분류에 그치고 있다.25) 또한 작문 텍스트 분류에만 그치고 있어 화법이나 독서와의 연계 가능성에 제한될 수 있는 단점을 지니고 있다. 그러나 이 텍스트 분류는 오늘날 논술과 논설문, 비평문, 건의문, 시평 등의 관계를 설정하면서 기존의 분류 체계에서 논술(문)의 위치 선정에 따른 어려움을 해결하고, 논술, 기술, 서술의 개념에 따른 텍스트의 양식화를 시도함으로써 서정, 서사, 극 양식의 문학과 논술, 기술, 서술 양식의 비문학에 따른 텍스트의 구분과 접근이 용이할 수 있다는 장점을 갖게 된다.26) 만약 이러한 분류 방안이 하나의 출발점이 된다면, 양식별 텍스트 분류는 작문뿐만 아니라 독서와 화

---

25) 문류와 서류에 대한 분류는 그 특징에 대한 좀 더 세밀한 연구가 필요하나, 현재 필자의 노력 부족으로 차기 연구에서 논의의 대상으로 삼고자 한다.

26) 양식으로 분류한 문학의 경우를 비문학에서 받아들여 논술, 기술, 서술로 양식화함으로써 문학과 비문학의 구분을 명료하게 하면서, 동시에 '정의적 사고를 중심으로 하는 문학과 인지적 사고를 중심으로 하는 비문학 간의 상호 교섭적인 작용을 통한 국어활동'(이삼형 외 7인, 2007 : 54)에 용이하게 접근할 수 있을 것이다.

법 모두에 확대 적용될 수 있는, 즉 국어과 전반의 텍스트 분류에 대한 밑바탕을 마련하는 전환점이 될 수도 있을 것이다.

4. 맺음말

지금까지 2009 국어과 교육과정에 제시된 작문 텍스트 분류의 문제점을 살펴보고, 그 문제해결을 위해 논술의 통시적 측면을 중심으로 텍스트의 분류 체계를 설정하고자 하였다.

2007, 2009 국어과 교육과정 작문 텍스트 분류는 정보전달을 위한 텍스트, 설득올 위한 텍스트, 사회적 상호작용을 위한 텍스트, 자기 성찰을 위한 텍스트, 학습을 위한 텍스트로 나뉜다. 이중에서 학습을 위한 텍스트는 2011, 2012 국어과 교육과정에서 제외되었으며, 텍스트 분류는 크게 세 가지로 압축되었지만, 논술의 경우 설득을 위한 텍스트의 개별 텍스트인 논설문, 건의문, 비평문 등과 어떤 관계로 설정해야 할 것인가의 문제는 여전히 잠재되어 있다.

이 문제점을 해결하기 위해서는 논술에 대한 공시적인 측면도 중요하겠지만, 통시적인 측면을 고려해 볼 필요가 있었다. 논술에 대한 용어는 고려시대나 조선시대의 개인 문집에 널리 사용되었는데, 문체와 관련하여 보면 논술은 논문, 설문, 원문, 변문, 평문, 의문, 해문, 상소문, 책문 등과 연관된다.

그런데 이러한 전통적인 논술의 문체는 사라진 것이 아니라 현대적 의미의 문체 결합을 통하여 그 맥을 이어가고 있다. 즉, 논문과 설문이 논설문으로, 평문이 비평문과 시평으로, 의문과 상소문이 건의문으로 변화되어 현대적 논술의 개별 텍스트로 자리 잡은 것이다.

따라서 작문 텍스트 분류에서 설득을 목적으로 하는 텍스트를 논술이라는 하나의 양식으로 설정할 수 있다고 보고, 나머지 목적을 갖는 텍스트를 기술 양식과 서술 양식으로 나누어 새로운 텍스트 분류에 대한 하나의 안을 마련한 것이다.

제6장

논술 체계와 국어과 논술교육의 방향
－인지적 사고와 언어활동의 측면에서

1. 머리말

1980년대 중반 대학 선발고사의 하나로 논술시험이 등장했을 때, 논술의 개념조차 모호한 상태에서 2년 정도 실시되다가 폐지되고, 그 이후 1990년대 중반부터 본격적으로 논술시험이 대학 선발고사로 실시되어 논술에 대한 관심과 인식이 폭넓게 이루어진다. 하지만 20여 년이 지나는 동안에도 국어과 교육과정에서 논술에 대한 정립을 제대로 이루지 못하고 있는 실정이다. 2007 국어과 교육과정과 2009 국어과 교육과정에 학습을 위한 목적으로 논술문이 설정되기도 하나, 2011국어과 교육과정에서 논술문이란 용어는 사라진다.

이와 같은 상황에서 성균관대 입학처(2011)는 논술시험이 작문 능력만을 평가하는 '글짓기' 시험이 아니라고 밝히고 있다. 이는, 논술시험이 부분적으로 작문 능력을 평가하는 것이기도 하지만, 작문교육에서 다루지 않는 다른 차원의 무엇인가를 평가한다는 사실을 부각시킨 것으로 볼 수 있다. 즉, 기존의 작문교육에서 성취할 수 없는 고등 사고력을 논술시험에서 평가하겠다는 것이다. 이는 곧 논술을 작문과 다른 차원의 글쓰기와 평가 방식으로 인식하고 있다는 데에 문제가 있다.[1]

이러한 인식과 더불어 또 하나의 문제는 우리나라 논술을 대학 입학고사의 한 형태로만 인지하고 있는 것이다.

> 논술(論述, writing test)은 대한민국에서 대학 입학시험의 고사 형태의
> 하나로써, 주어진 글을 읽고 질문에 대한 답을 작성하는 '논리적 글쓰기'
> 를 기본적으로 의미한다.[2]

WIKIPEDIA에는 우리나라 논술을 이렇게 소개하고 있다. 논술이 논술시험과 동일한 의미로 규정된 것을 볼 수 있다. 이는 우리나라 논술을 입학 목적의 논리적 글쓰기 정도로 여기는 것이며, 논술의 출발점을 논술시험으로 보는 것이다. 이러한 입장은 조영돈(2006)에서도 볼 수 있는데, 그는 우리나라에서 논술이란 용어가 생기게 된 것은 대학 입시에서 사용하게 된 후부터이며, 논술은 학문적으로 독립된 장르가 아니라고 한다.

이와 같이 논술은 입시 논술이 지닌 현실적 영향으로 인해 이를 지칭하는 말로 쓰이는 경우가 흔하다. 논술이 논리적 과정을 통한 문제해결의 글쓰기란 규정을 고려하면 입시 논술이 논술이란 말을 대변하는 것은 왜

---

1) 입시 논술을 실시하는 대부분의 대학들이 밝힌 사고력은 논리적 사고력, 비판적 사고력, 창의적 사고력(또는 문제해결력)인데, 이는 국어과 교육과정의 교육 목표와 동일하다. 특히 2012 국어과 교육과정의 선택교육과정인 '화법과 작문' 교과에는 위의 세 가지 사고력과 관련된 사고 용어 사용의 횟수(111회 정도)가 7차 국어과 교육과정의 선택교육과정인 '화법'과 '작문' 교과에 사용된 횟수(31회 정도)보다 크게 증가하고 있음을 보인다. 이는 작문이 단순히 글짓기가 아닌 고등 사고력 신장으로서의 '글쓰기'임을 보여주는 것이다.
2) WIKIPEDIA(http://en.wikipedia.org)

곡된 현상에 해당한다. 입시 논술은 입시라는 특수한 상황을 바탕으로 하므로 논술 영역의 일부분에 불과하며, 논술시험에 대한 대비 또한 논술교육의 본령이 될 수는 없다(이영호, 2012 : 31).

따라서 이 연구에서는 먼저, 논술의 국어학적 의미와 선행 연구에서 밝힌 논술의 의미를 주된 인지적 사고 및 언어활동과 연관시켜 살펴본 후, 논술의 의미 내용 체계를 설정하고자 한다. 다음으로, 주된 인지적 사고의 관점에서 고전논술의 양식 체계를 세우고 이와 관련하여 현대논술의 양식 체계와 학문성을 밝히고자 한다. 이러한 논의를 토대로 마지막으로, 주된 인지적 사고와 언어활동을 중심으로 현대논술의 양식 내용 체계를 세워 국어과 논술교육의 방향을 모색할 것이다.

2. 논술의 의미 내용 체계

2.1. 논술의 국어학적 의미3) 내용 체계

논술(論述)은 '어떤 사물을 논(論)하여 서술(敍述)하는 것'으로 매우 포괄적인 의미를 가지며, 국어학적으로 논술은 '논(論)'과 '술(述)'의 합성어로 볼 수 있다. 여기에서 논은 하나의 의미만을 지니는 것이 아니라 여러 가지 의미망을 갖는데, 이를 논리적·비판적·창의적 사고와 관련하여 살펴볼 필요가 있다.

---

3) 논술의 국어학적 의미는 논술이라는 용어가 단순히 사전에 실려 있다는 현재적 시각의 의미보다는 그 용어가 오늘날 의미화 되기까지의 시대적 필요성에 따른 일반화된 의미의 고착화에 의해 정의된 것뿐만 아니라 사회·문화적으로 공유하게 되는 의미라고 할 수 있다.

① 견해 : 어떤 사물이나 현상에 대한 자기의 의견이나 생각.

② 논하다 : ⅰ 의견이나 이론을 조리 있게 말하다.

　　　　　 ⅱ 옳고 그름 따위를 따져 말하다.

③ 논의하다 : 어떤 문제에 대하여 서로 의견을 내어 토의하다.

④ 따지다 : 옳고 그른 것을 밝혀 가리다.

⑤ 평가하여 결정하다 : 사물의 가치나 수준 따위를 평하여 행동이나

　　　　　　　　　　 태도를 분명하게 정하다.

⑥ 문제시하다 : 논의하거나 해결해야 할 문제의 대상으로 삼다.[4]

　이러한 논의 의미망에서 견해(①)는 논술의 성격을 제시해 주는 것으로 논이 사실에 대한 정보를 전달하거나 개인적인 느낌이나 감상을 드러내는 것이 아니라는 점을 알 수 있게 한다. 그리고 논하다(②)의 첫 번째(ⅰ) 의미에서 '말에서 앞뒤가 들어맞고 체계가 서는 갈피'를 뜻하는 '조리'는 말을 논리적으로 구성하는 것이고, 두 번째(ⅱ) 의미에서 '옳고 그름'은 사물이나 대상의 대립적 속성이며 이를 따져 말한다는 것은 비판적인 관점에서 그 속성을 밝혀 가리는 것이다.

　논의하다(③)의 의미에서 '토의하다'는 어떤 문제에 대해 협의하여 그 해결 방안을 찾는 것으로 문제해결에 초점을 둔다. 따지다(④)는 논하다(②) 두 번째(ⅱ) 의미에 해당한다. 평가하여 결정하다(⑤)의 의미에서 '평'은 좋음―나쁨, 잘함―못함, 옳음―그름과 같은 대립적 속성을 비판적 관점에서 선택하여 그 가치를 부여하는 것이다. 문제시하다(⑥)에서 '논의하거나 해결해야 할 문제'는 논의하다(③)와 관련된다.

---

4) 논의 의미망인 견해, 논하다, 논의하다, 따지다, 평가하여 결정하다, 문제시하다는 네이버 한자사전(http://hanja.naver.com)을, 그 의미는 국립국어원 표준국어대사전(http://stdweb2.korean.go.kr)을 참조하였다. 이하 술의 경우도 마찬가지이다.

서술은 크게 세 가지 의미망을 갖는데 다음과 같다.

　　⑦ (글을) 짓다 / ⑧ 말하다 / ⑨ 서술하다

이러한 서술의 의미망에서 ⑦과 ⑧은 언어활동과 관련되는데, ⑨ 또한 '어떤 내용을 차례로 좇아 말하거나 적다'라는 의미로 보아 말하기와 쓰기를 모두 포괄한다. 따라서 논술의 국어학적 의미를 통해서 볼 때, 논술은 그 의미 자체에 주된 사고를 내포하고 있으며, 쓰기와 말하기로서의 언어활동이 모두 가능하다. 이러한 논술의 국어학적 의미망을 주된 사고 및 언어활동과 관련시켜 정리하면 <표 1>과 같다.

〈표 1〉 논술의 국어학적 의미망과 주된 사고 및 언어활동

	의미망	의미	주된 사고	언어활동
논	① 견해	어떤 사물이나 현상에 대한 자기의 의견이나 생각		(말하기) (쓰기)
	② 논하다	i 의견이나 이론을 조리 있게 말하다	논리적 사고	말하기
		ii 옳고 그름 따위를 따져 말하다	비판적 사고	
	③ 논의하다	어떤 문제에 대하여 서로 의견을 내어 토의하다	창의적 사고	말하기
	④ 따지다	옳고 그른 것을 밝혀 가리다	비판적 사고	(말하기) (쓰기)
	⑤ 평가하여 결정하다	사물의 가치나 수준 따위를 평하여 행동이나 태도를 분명하게 정하다	비판적 사고	(말하기) (쓰기)
	⑥ 문제시하다	논의하거나 해결해야 할 문제의 대상으로 삼다	창의적 사고	(말하기) (쓰기)
술	⑨ 서술하다	어떤 내용을 차례로 좇아 말하거나 적다	논리적 사고	말하기 쓰기

위에서 보듯이, 논술은 광의의 의미를 내포하면서 동시에 논리적 사고, 비판적 사고, 창의적 사고가 주된 사고로 들어온다. 특히, ②-ⅰ은 논리적 사고를, ②-ⅱ와 ④, ⑤는 비판적 사고를, ③과 ⑥은 창의적 사고를 주된 사고로 한다. ⑨의 차례를 좇아간다는 점은 텍스트의 구성적 측면에서 논리적 사고를 취한다고 볼 수 있다. 그리고 언어활동과 관련할 때, ②와 ③은 말하기이며, ①, ④, ⑤, ⑥은 말하기와 쓰기로 가능할 것이다. ⑨는 ①, ②, ③, ④, ⑤, ⑥에서 가능한 언어활동을 말하기와 쓰기 모두를 포괄하는 구실을 한다. 이를 내용별로 간략하게 재정리하여 논술의 국어학적 의미 내용 체계로 드러내면 <표 2>와 같다.

〈표 2〉 논술의 국어학적 의미 내용 체계

성격	주된 사고	언어활동
견해	논리적 사고 비판적 사고 창의적 사고	쓰기 말하기

2.2. 선행 연구에서의 논술의 의미 내용 체계

선행 연구에서 밝힌 논술의 의미를 간단하게 정리하면 다음과 같다.

① 필자가 보이지 않는 독자를 상정하여 자신의 신념이나 의견을 받아들이도록 독자를 설득시키는 글 / 의사소통적 행위들의 연속체인 문제-해결 구조(원진숙, 1995)

② 주어진 과제를 논리적 과정을 통해 해결하고 그 결과를 언어로 서술하는 글쓰기(서울대학교 국어교육연구소, 2007)

③ 자기 생각이나 주장을 적극적으로 남에게 밝히는 글(김슬옹, 2000)

④ 사리의 옳고 그름에 대한 자신의 생각이나 주장을 체계를 갖춰 이치에 맞게 객관적으로 증명하면서 차례를 좇아 풀어쓰는 글(박종덕, 2005)

⑤ 일정한 주제나 논제에 관해 자신의 생각이나 주장을 합당한 근거에 입각하여 말이나 글로써 진술하여 상대방을 합리적으로 설득시키는 언어(조영돈, 2006)

⑥ 어떤 문제나 쟁점에 대한 자신의 생각이나 주장을 다른 독자에게 설득시키기 위해 합리적 논증 과정을 통해서 해결하고 그 결과를 언어로 서술하는 글쓰기(원진숙b, 2007)

⑦ 문제를 해결하는 글쓰기 / 타당한 근거를 갖추어 자신의 주장을 내세우는 논리적인 글(김대행, 이남렬, 김중신, 김동환, 염은열, 조희정, 2008)

⑧ 교과 학습과 연관된 문제를 수용 가능한 논리의 제시를 통해 해결해 나가는 글쓰기(이영호, 2012)

선행 연구에서 밝힌 논술의 의미는 부분적으로 차이를 보여주기는 하나, 이는 연구자의 연구 목적과 상황에 알맞도록 구체화한 것으로 볼 수 있다. 그리고 2절 1항에서 밝힌 논술의 국어학적 의미와 크게 다르지 않다.

논술의 성격은 신념(①), 의견(①), 생각(③, ④, ⑤, ⑥), 주장(③, ④, ⑤, ⑥, ⑦)이며, 그 목적은 설득(①, ⑤, ⑥)이다. 논술의 의미에서 고등 사고력과 관련하여 보면 '논리적 과정'(①), '체계를 갖춰 이치에 맞게 객관적으로 증명'(④), '합당한 근거에 입각하여'(⑤), '합리적 논증 과정'(⑥), '타당한 근거를 갖추어'(⑦), '논리의 제시'(⑧)는 논리적 사고와, '사리의 옳고 그름에 대한 생각'(④)은 비판적 사고와 밀접하다. '문제-해결 구조'(①), '주어진 과제

해결'(②), '어떤 문제나 쟁점에 대한 해결'(⑥), '문제를 해결하는'(⑦), '교과 학습과 연관된 문제 해결'(⑧)은 창의적 사고와 관련된다.

선행 연구에서 밝힌 의미를 언어활동과 관련하여 볼 때, 대부분의 연구자들은 논술을 글쓰기에 국한(①, ②, ③, ④, ⑥, ⑦, ⑧)하였는데, 이는 글쓰기로만 이루지고 있는 입시 논술과 무관하지 않을 것이다. 다만, 연구자들 중에 쓰기와 말하기 모두를 설정(⑤)한 경우도 있다. 이를 정리하여 <표 3>으로 나타내면 다음과 같다.

〈표 3〉 선행 연구에서의 논술의 의미 내용 체계

성격	목적	주된 사고	언어활동
신념, 의견 생각, 주장	설득	논리적 사고 비판적 사고 창의적 사고	쓰기 말하기

이러한 체계는 논술의 국어학적 의미 내용 체계(<표 2>)와 큰 차이가 없다. 다만, 선행 연구에서 논술은 설득을 목적으로 한다는 사실이 첨가되어 있다.

2.3. 논술의 의미 내용 체계와 설득 텍스트의 내용 체계 비교

이도영(1998)은 내용 체계화를 위한 여러 준거들은 각기 독립적으로 작용하는 것이 아니고, 서로 유기적으로 관련을 맺는다고 하면서 이러한 관련성을 바탕으로 하여 언어사용 영역의 내용 체계화를 위한 기본 틀을 제시하고 있다. 그 틀에서 설득을 목적으로 하는 텍스트만을 <표 4>로 제시하면 다음과 같다.

〈표 4〉 설득 텍스트의 내용 체계

텍스트 기능	텍스트 유형	개별 텍스트	언어사용 과정	언어활동	주된 사고
설득적	설득적 텍스트	논설문, 광고, 선전, 충고, 토론, 토의 등	개별 텍스트의 이해와 생산을 위한 언어사용 과정	말하기, 듣기, 읽기, 쓰기	문제해결적/ 비판적 사고

설득 텍스트의 내용 체계는 앞 절에서 논의한 논술의 의미 내용 체계(〈표 2〉, 〈표 3〉)와 큰 차이가 없다. 논술의 목적과 언어활동은 설득 텍스트에서도 나타나며, 논술의 주된 사고는 설득 텍스트의 주된 사고와 거의 동일하다고 보아야 할 것이다. 왜냐하면 설득 텍스트의 주된 사고에 논리적 사고가 제시되어 있지는 않지만, 창의적 사고(문제해결적 사고)나 비판적 사고와 함께 논리적 사고도 설득 텍스트의 주된 사고로 작용할 수 있기 때문이다.

그럼에도 불구하고 논술을 설득 텍스트와 구분하여 선발 목적의 글쓰기로만 규정한다면, 논술은 특수한 상황에서 이루어지는 글쓰기 정도에 불과할 것이며, 작문과 또 다른 차원의 글쓰기이거나 아니면 학문성이 없는 텍스트에 불과할 것이다. 따라서 논술교육의 본질적 방향을 밝히기 위해서는 고전논술 양식 체계를 바탕으로 하는 현대논술 양식 체계의 설정이 필요하다.

3. 고전논술과 현대논술의 양식 체계

3.1. 고전논술의 양식 체계와 상호관련성

고전 양식 중 논술적 성격이 강한 것은 논(論), 설(說), 원(原), 변(辯), 평(評), 의(議), 소(疏), 책(策) 등의 양식인데,[5] 이를 2절 1항에서 밝힌 논술의 국어학적 의미망과 주된 사고 및 언어활동(<표 1>)과 관련하여 개별 양식에 대한 특성을 논의하고자 한다.

〈논〉

· 논문의 다양한 체계를 검토해 보면, 그것은 ㉠옳고 그름을 분명히 가리기 위하여 사용하는 것이다. 그래서 구체적인 현상에 철저하게 탐색하고 어떤 형상을 넘어선 추상적인 이론에 대해서도 추구하고자 하며, ㉡논리 전개상의 장애들을 극복하여 논리가 통할 수 있도록 하고자 하며, 최후의 결론을 얻을 수 있도록 깊이 탐색하고자 한다. 논문이란 각종의 ㉡이론을 찾는 수단이며 각종의 사리(事理)를 ㉢평가하는 저울인 것이다(劉勰, 2005 : 236)

· 자서(字書)에 논이란 ㉣논의하는 것이라 하였다(字書云 論者議也 이유원, 임하필기).

〈설〉

· 자서에 설이란 풀이하는 것이며 ㉠서술하는 것이라 하였으니, 뜻을 풀고 자기 ㉡의견으로 그것을 서술하는 것이다(字書云 說解也述也 解釋義而以已意述之也 이유원, 임하필기).

· 문체명변 서설에 "說說은 解解이다. 述述이다. 의리를 해석하여 자

---

5) 陳必祥(1986/2001)에 의하면, 산문 텍스트 중에서 논·변·원·해·석·설 등은 논변체 산문으로, 의·대·대책·상서·소·차자 등은 주의체 산문으로 구분된다.

기의 뜻을 ㉠서술하는 것이다."라고 하였다."(陳必祥, 1986/2001 : 182)

〈원〉

· 자서에 원이란 근본이라 하였으니, 그 본원을 ㉠추론하는 것을 말한다(字書云 原者本也 謂推論其本源也 이유원, 임하필기).

· '원'이란 사리의 본원을 ㉠추론한다는 뜻이다(陳必祥, 1986/2001 : 181).

〈변〉

· 자서에 변이란 판별하는 것이라 하였다. …… 대개 그 ㉠언행의 시비와 진위를 처리하여 대의를 단정하는 것이다(字書云 辯判別也 …… 盖執其言行之是非眞僞 而以大義斷之也 이유원, 임하필기).

· 변에는 ㉠언행의 시비진위를 판별한다는 뜻이 있다. …… '변'이란 일종의 ㉡논박論駁 문장이다(陳必祥, 1986/2001 : 178).

〈평〉

· 평은 ㉠품평하여 ㉡논하는 것이며, 사가들이 포폄(褒貶)하는 글이다. 대체로 옛날에 사관이 각 논저로 한 시기 ㉢군신의 언행에 대한 시비를 바로잡았다(評 品論也 史家褒貶之詞也 盖古者 士官各有論著 以訂一時君臣言行之是非(이유원, 임하필기).

〈의〉

· 폭넓게 물어서 일을 계획하는 것을 가리켜 의(議)라고 한다. 의(議)란 의(宜)이니, 일의 정황을 합리적으로 살핀다는 뜻이다. …… 화폐 사용의 제도를 건의한 사마지(司馬芝)의 ㉠논의 등이 있고, 진조(晉朝) 때에는, 출가한 딸의 경우 연좌제에 의한 처벌을 면제해야 한다고 건의한 하증(何曾)의 ㉠논의와 가충(賈充)이 외손(外孫)에게 혈통을 잇게 한 것은 법도에 어긋나기 때문에 그에게 황난(荒亂)의 시호를 내려야 한다고 주장한 진수(秦秀)의 ㉠논의 등이 있다. 그러한

모든 것들은 설명하고 있는 사실들이 정확하고도 적절한 것이라서 의(議)의 체제를 통달한 것들이라 하겠다(劉勰, 2005 : 299-301).

· '의'는 정치를 강의하고 대책을 하는 문장이다. …… 즉, 충성스런 신하들에게 자문하고 신임하는 인물과 강의하는 것을 '의'라 한다는 뜻이다. '의'는 즉 의宜로 해석되니, ⓛ사실이 적의한지 그렇지 않은지를 고찰하는 것을 말한다(陳必祥, 1986/2001 : 305).

〈해〉

· 문체명변 서설에 "자서를 보면, '해解'는 석釋이다. 사람들에게 의문이 있어서 해석하는 것이다. 양웅이 처음에 「해조解嘲」를 지은 뒤, 세상이 마침내 그 글을 모방하여 의혹을 ㉠변석하고 분난粉難 (분잡하고 논난이 많음)을 해부하는 것을 위주로 하게 되었으니(陳必祥, 1986/2001 : 181).

〈소〉6)

· 주소란 신하들이 ㉠논하고 간하는 것의 총칭이다(奏疏者 羣臣論諫之總名也 이유원, 임하필기).

· '소'는 즉 소통疏通이니, 조목을 나누어 진술한다는 뜻이다(陳必祥, 1986/2001 : 308).

〈책〉

· 설문해자에 책이란 꾀하는 것이다(說文云 策者謨也 이유원, 임하필기).

· 대개 옛일에 정통한 학문과 오늘에 정통한 재능을 포함하여 번거로움을 없애고 엉클어짐을 푸는 지식을 보고자 한 것이다. 그런데 대책은 선비에게 있고 책문은 윗사람에게 나타나므로 더욱 고금에 통달해야 하고 ㉠의심스럽고 난해한 것을 해결할 수 있어야 한다(盖

---

6) 주소는 전국 시대 이전에는 상서, 진나라 초기에는 주, 한나라에서는 상소, 당나라에서는 서, 소, 송나라에서는 차자라고 하였다(김종률, 2011a : 19).

欲觀其博古之學 通今之才 與夫剸劇觧紛之識也 然對策存乎士子 而策
問發於上人 尤必通達古今 善爲疑難者而後能之 이유원, 임하필기).[7]

　논 양식의 '㉠옳고 그름을 분명히 가리기 위하여 사용하는 것'은 <표
1> ②-ii 및 ④와 '㉡논리 전개상의 장애들을 극복하여 논리가 통할 수
있도록 하고자 하며'는 ②-ⅰ과, '㉢평가'는 ⑤와, '㉣논의하는 것'은 ③
과 관련된다. 설 양식의 '㉠서술하는 것'은 <표 1> ⑨와, '㉡의견'은 ①
과 관련된다. 원 양식의 미루어 생각하여 논하는 '㉠추론'은 <표 1> ②-
ⅰ과 관련된다.

　변 양식의 '㉠언행의 시비와 진위를 처리하여 대의를 단정하는 것'과
'㉠언행의 시비진위를 판별한다'는 <표 1> ②-ii 및 ④와, 어떤 주장이
나 의견에 대하여 그 잘못된 점을 조리 있게 공격하여 말하는 '㉡논박論
駁'은 ②-ⅰ과 연관된다. 평 양식의 물건이나 작품의 좋고 나쁨을 평하는
'㉠품평하여'는 <표 1> ⑤와, '㉡논하는 것'은 ②-ⅰ, ii와 '㉢군신의 언
행에 대한 시비를 바로잡았다'는 ②-ii, ④, ⑤와 연관된다.

　의 양식의 '㉠논의'는 <표 1> ③과, '㉡사실이 적의한지 그렇지 않은
지를 고찰하는 것'은 ②-ii, ④와 밀접하다. 해 양식의 옳고 그름을 따져
서 사물의 이치를 분명하게 해석하는 '㉠변석'은 <표 1> ②-ii, ④와 밀
접하다. 소 양식의 '㉠논하고'는 <표 1> ②-ⅰ, ii와, 책 양식의 '㉠의심
스럽고 난해한 것을 해결'은 <표 1> ⑥과 상관한다. 이를 <표 1>과 관
련하여 고전논술의 양식 특성과 그 특성에서 보여주는 주된 사고를 정리
하면 <표 5>와 같다.

---

7) 원문자와 밑줄은 인용자.

<표 5> 고전논술의 양식 특성과 주된 사고

양식	특성	의미망	주된 사고
논 양식	㉠	② 논하다-ⅱ, ④ 따지다	비판적 사고
	㉡	② 논하다-ⅰ	논리적 사고
	㉢	⑤ 평가하여 결정하다	비판적 사고
	㉣	③ 논의하다	창의적 사고
설 양식	㉠	⑨ 서술하다	논리적 사고
	㉡	① 견해	
원 양식	㉠	② 논하다-ⅰ	논리적 사고
변 양식	㉠	② 논하다-ⅱ, ④ 따지다	비판적 사고
	㉡	② 논하다-ⅰ	논리적 사고
평 양식	㉠	⑤ 평가하여 결정하다	비판적 사고
	㉡	② 논하다-ⅰ, ⅱ	논리적 사고 비판적 사고
	㉢	② 논하다-ⅱ, ④ 따지다, ⑤ 평가하여 결정하다	비판적 사고
의 양식	㉠	③ 논의하다	창의적 사고
	㉡	② 논하다-ⅱ, ④따지다	비판적 사고
해 양식	㉠	② 논하다-ⅱ, ④따지다	비판적 사고
소 양식	㉠	② 논하다-ⅰ, ⅱ	논리적 사고 비판적 사고
책 양식	㉠	⑥ 문제시하다	창의적 사고

고전논술 양식이 갖는 의미망과 주된 사고를 참고할 때, 이들 양식은 상호관련성을 지니고 있음을 알 수 있다. 논 양식의 주된 사고는 다른 양식에도 부분적으로 나타나기도 한다. 이러한 상호관련성에 대해 유협이나 이유원은 다음과 같이 밝히고 있다.

- 정치에 대해 설명한 논은 의·설과 일치하고, 역사에 대해 변론한 논은 사평(史評)과 유사하다(劉勰, 2005 : 233-234).
- 설은 경서의 뜻을 펴면서 다시 자기의 의견을 드러내고 억양을 자유자재로 가하여 상세하고 풍부한 것으로 으뜸을 삼지만 논과 큰 차이가 없다. 원은 그 곡절과 억양을 이루어 또한 논·설과 표리가 되기에 심한 차이가 없다. 해는 의혹을 변론하여 풀고 어지럽고 어려운 것은 풀어 벗기는 것을 으뜸으로 삼아서 논·설·의·변과 서로 상통한다(說解也述也 …… 要之 傳於經義而更出已見 縱橫抑揚 以詳贍爲上 而已論無大異也 原者本也 …… 至其曲折抑揚 亦與論說相爲表裏 無甚異也 解者釋也 …… 其文以辨釋疑惑 解剝紛難爲主 興論說議辯 盖相通焉 이유원, 임하필기).

지금까지 논의한 내용을 바탕으로 고전논술의 양식 체계를 그 양식의 주된 사고와 관련하여 도식화하면 <그림 1>과 같다.

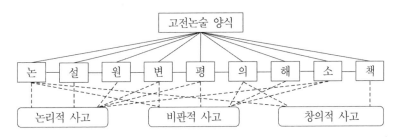

〈그림 1〉 고전논술의 양식 체계

고전논술 양식에는 논, 설, 원, 변, 평, 의, 해, 소, 책이 있으며, 이들 양식은 상호관련성(가는 실선)을 지니면서 동시에 주된 사고인 논리적 사고, 비판적 사고, 창의적 사고를 모두 취하거나 일부를 취하기도 한다.

3.2. 고전논술 양식 용어 사용의 확장

이러한 고전논술 양식의 상호관련성은 양식 용어끼리의 합성을 용이하도록 하는데, 논설, 논평, 평론, 의론, 논변, 변론, 해석, 해설 등이 그 것이다.

- 제 의사로써 한우에게 물었을 뿐이고 더불어 <u>논설</u>한 자는 없었습니다(予以意問旱雨耳 無與論說者 태조실록 권14).
- 과연 시를 <u>논평</u>한 말이 있었는데, 심하다 못해 나중에는 홍복영을 위해 기도까지 하였습니다(則果有所論評之說 而終至於爲福榮祈禱之 擧矣 정조실록 권19).
- 그 인물을 <u>평론</u>할 즈음에 그 재행을 중히 여기고 그 가계를 가볍게 여긴다면, 어진 이를 중히 여기는 방도와 선비를 격려하는 방도가 거의 양득할 것입니다(其於評論之際 重其才行 輕其世系 則重賢之道 勵士之方 庶爲兩得矣 태종실록 권26).
- 지금 승려들을 보면 아이 머리를 하고 이상한 옷을 입으며 기궤한 <u>의론</u>을 일삼으니 상도가 아닙니다(今見僧徒 童頭異服 議論奇詭 而非 常道 삼국사기 권4).
- 다만 이윤의 재물을 탐하다가 상소하여 <u>논변</u>하며 부끄러움을 몰랐으니, 이는 매우 군자의 소행이 아니었습니다(但貪李揄之財 上疏論 辯 不知羞愧 此則甚非君子所爲也 성종실록 권234).
- 중질과 가행 등이 오기를 기다려 <u>변론</u>한다면 나올 수 있을 것이다 (待仲質可行等來辨論 則出矣 태조실록 권5).
- 병서의 글 뜻은 난해한 것이 많이 있으나, 만약 경연에서 강론한다면 거의 찾아서 살펴 <u>해석</u>할 수 있을 것이다(兵書文義 多有難解 若 於經筵講論 則庶可尋繹解釋矣 문종실록 권5).

· 이 <u>해설</u>을 보니 설 재상은 등한한 사람이 아닙니다(看此<u>解說</u> 偰宰相 不是等閑人 세종실록 권64).[8]

한편, 고전논술 양식은 같은 의미를 지닌 용어나 양식적 특성과 관련되는 다른 용어와 결합하기도 하여 그 의미하는 바를 강화하거나 대상을 확장하기도 하는데, 비평, 토론, 토의, 연설, 건의 등이 그것이다. 비평에서 비는 평과 같은 의미이며, 연설 또한 연과 설이 동일한 의미이다. 토론이나 토의에서 찾다, 탐구하다 등의 의미를 지닌 토는 이치를 정제한다는 의미를 가진 론이나 이치를 알맞게 한다는 의와 결합함으로써 의미를 강화시켜 주고 있다. 건의에서 건은 아뢴다는 의미인데, 이는 의가 '충성스런 신하들에게 자문하고 신임하는 인물과 강의하는 것'이라는 점을 염두에 두면 임금에서 윗사람으로 대상이 확장된다.

· 사대부들이 그 글의 어그러짐을 미워하여 대개는 수록하지 않았고, <u>비평</u>하는 것은 세상에서 듣기 드물었습니다(而士大夫嫉其悖妄 蓋鮮收錄 至於<u>批評</u> 則世所罕聞 숙종실록 권34).
· 전하께서 날마다 학문이 깊은 자를 접견하고 경사를 <u>토론</u>하여(殿下日接儒雅, <u>討論</u>經史 태종실록 권10).
· 특히 순찰사·병사·방어사 등으로 하여금 회동하여 <u>토의</u>하고 일일이 개록, 계문하여 시행하게 하는 것이 어떻겠습니까(特令巡察使兵使防禦使等官 會同<u>討議</u> 逐一開錄 啓聞施行何如 선조실록 권216).
· 그윽이 생각하건대 5천 권의 교회와 <u>연설</u>은 비록 문구가 지극히 많다 하오니(竊以五千卷教誨<u>演說</u> 雖文句之至多 성종실록 권164).
· 공양왕 원년에 조준이 <u>건의</u>하여, 선공시는 일이 바쁘고 인원이 적

---

8) 이하 밑줄은 인용자.

어 중방의 상장군·대장군·낭장·별장으로 하여금 판사 이하의
관직을 겸하게 하였다(恭讓王元年趙凌建議 繕工務劇員少 以重房上
大將軍郎別將 兼判事以下官 고려사 권76).

논술 양식 용어끼리의 합성이나 비양식 용어와의 결합은 당대의 언어
활동의 필요에 따라 이루어졌을 가능성이 높으며, 그러한 결합으로 합성
된 논술 양식 용어는 동시대에 이루어졌다기보다는 시대적 필요성에 따
라 생성되었을 것이다. 그리고 그것은 문자를 습득한 계층에 의해 확산되
어 사용된다.[9] 다만, 양식적 특성을 지닌 합성된 논술 양식 용어는 고전
논술의 개별 양식으로 자리 잡은 것은 아니나, 서구 문화의 유입과 더불
어 문화적 과정을 거치게 되면서 변화를 겪는다.

3.3. 고전논술 양식의 문화적 변화

논술 용어는 이규보(1168~1241)에 오면 논 양식과 관련하여 그의 개인
문집에서 사용된다. 그리고 택당 이식(1584~1647)의 지봉집발(芝峯集跋)에는
지봉 이수광(1563~1628)의 설 양식인 유설(類說) 10책과 관련하여 논술 용어
가 사용된다. 이러한 논이나 설 양식 이외에도 고전 논술은 원, 변, 평,

---

9) 논설은 이승휴(1224~1300)의 동안거사집, 정도전(1342~1398)의 삼봉집 등, 논평은
   이규보(1168~1241)의 동국이상국집, 김세필(1473~1533)의 십청헌집 등, 평론은 동
   국이상국집, 이색(1328~1396)의 목은고 등, 의론은 임춘(?~?)의 서하집, 이규보의 동
   국이상국집 등, 논변은 이황(1501~1570)의 퇴계집, 조식(1501~1572)의 남명집 등, 변
   론은 이달충(1309~1385)의 제정집, 삼봉집 등, 해석은 동국이상국집, 원천석(1330~?)
   의 운곡행록 등, 해설은 동국이상국집, 익재난고 등, 비평은 유몽인(1599~1623)의 어
   우집, 이정구(1564~1635)의 월사집 등, 토론은 동국이상국집, 익재난고 등, 토의는
   이원(1368~1429)의 용헌집, 이준경(1499~1572)의 동고유고 등, 연설은 운곡행록, 이
   첨(1345~1405)의 쌍매당협장집 등, 건의는 김구(1211~1278)의 지포집, 전녹생(1318~
   1375)의 야은일고 등의 개인 문집에서 그 용례가 확인된다.

의, 해, 소, 책 등의 양식과도 연관된다. 이러한 양식은 1921년에 간행한 왕성순(1868~1923)의 여한십가문초(麗韓十家文抄)에서도 볼 수 있다. 장유의 변과 논 양식, 이식의 소 양식, 김창협의 소 양식, 박지원의 의와 논 및 설 양식, 홍석주의 변 양식, 김매순의 논 양식, 김택영의 설 양식 등이 그 것이다.

그러나 근대 서구 문화의 유입으로 인해 고전논술 양식은 그 명칭을 잃게 되면서 몇 가지 변화를 겪게 된다.[10]

먼저, 양식 용어끼리 결합하거나 비양식 용어와 결합하여 합성된 고전 논술의 양식 용어들 중 일부가 개화기 과정을 거치면서 현대논술 양식으로 부각된 경우이다. 김지영(2008)에 의하면, 우리가 흔히 결합해서 쓰는 논설이란 말은 논과 설이 결합한 것으로 이 두 가지가 하나의 양식으로 같이 쓰이게 되면 논리의 전개를 중시하면서도 설득적이고 유려한 화술 로 당대의 시의적절한 문제를 다룬다는 의미를 간직하게 되는 것이라고 하면서, 개화기 때 사용된 논설 양식은 새로운 근대적 양식으로 등장한 것이기는 하지만 당시의 시대적 필요에 따라 기존에 쓰이던 두 가지 양 식이 결합해서 생긴 것이라고 한다.

이와 같은 의미에서 당대의 상황과 시대적 필요에 따라 논설 이외에도 예술 작품이나 사회·문화적 현상 등에 나타나는 두 가지 대립적 속성인 시-비, 미-추, 선-악, 장-단 등의 관점에서 분석적 평가(analytic test)를 하는 비평(김종률, 2011b : 183-184), 대립하는 어떤 문제나 논제에 대해 찬반 으로 나뉜 양측이 각각의 논거를 들어 자신의 주장이나 견해가 옳음을 내세우면서 상대측의 주장이나 견해 및 논거가 그름을 밝히는 토론, 공동

---

10) 한편 배수찬(2006)에 의하면, 한문의 해체가 중세적 글쓰기 매체의 근본적 변화이자 동시에 새로운 양식의 형성을 향한 문화적 움직임이라고 한다.

의 관심사가 되는 어떤 문제에 대해 구성원들이 다양한 의견을 자유롭게 펼쳐 바람직한 해결 방안을 찾는 토의, 한 사람의 화자가 다수의 청중을 대상으로 공적인 공간에서 자신의 주장이나 견해를 공개적으로 드러내거나 알리는 연설, 개인이나 단체가 어떤 문제에 대하여 개인이나 기관에 문제해결을 요구하거나 의견을 내놓는 건의(박영목 외 4인, 2011; 송기한 외 2인, 2011; 이삼형, 권순각, 김중신, 김창원, 양정호, 이성영, 정재찬, 조형주, 최지현, 2011) 등이 현대논술 양식으로 등장하는 것이다.

다음으로, 이와는 달리 고전논술 양식의 명칭이 사용되지 않지만 그 잔영이 남아 있는 경우도 있다. 책 양식에서 대책은 오늘날도 그대로 사용되기도 한다. 즉, 사회 현상이나 문제점을 해결하기 위한 방안을 제시하라는 의미로 대책을 강구하라는 등의 말로 쓰이기도 한다. 원 양식은 그 의미인 추론이 대신하여 쓰인다. 소 양식은 신문 매체를 통해서 그 잔영을 확인할 수 있는데, 대통령에게 고하는 글이 그것이다.

따라서 논설, 비평, 건의, 토론, 토의, 연설, 건의 등은 고전논술 양식의 문화적 변화 과정을 거쳐 현대논술 양식으로 자리 잡은 것이라 할 수 있다.

3.4. 현대논술의 양식 체계와 학문성

3절 1, 2, 3항의 논의를 토대로 볼 때, 국어과 교육과정에서 다룬 논설, 비평, 시평, 건의, 토론, 토의, 연설 등은 개화기 이후 시대적 필요에 따라 부각되어 현대논술 양식으로 자리 잡은 것이라 할 수 있다. 이를 고전논술 양식과 관련하여 현대논술 양식 체계를 <그림 2>로 나타낼 수 있을 것이다.

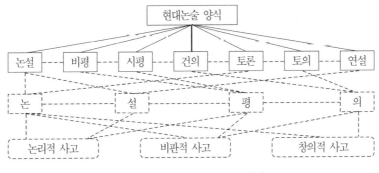

〈그림 2〉 현대논술의 양식 체계

이러한 체계로 본다면, 현대논술 양식은 학문적 성격을 고스란히 안고 있다. 교육학에서 학문은 학자들이 연구 활동을 한 결과를 축적해 놓은 지식체계를 말한다. 학문은 지식체계로서의 학문과 활동으로서의 학문이라는 두 가지 차원에서 규정될 수 있다. 그러나 결과로서의 학문은 그 결과를 낳기까지의 과정, 즉 활동으로서의 학문과 불가분의 관계에 있다. 학문에는 이때까지 그 분야의 학자들이 발견, 축적해 놓은 개념과 탐구방법이 있으며, 현재 학문을 하는 사람들은 그 개념과 탐구방법을 써서 각각 관련된 현상을 이해하는 활동을 한다(서울대학교 교육연구소 편, 1994 : 767). 따라서 현대논술 양식의 학문성은 지식체계로서의 학문적 성격과 활동으로서의 학문적 성격을 포괄하면서 두 차원이 불가분의 관계에 있는 것을 의미한다.

학문성으로서의 현대논술 양식에는 논설, 비평, 시평, 건의, 토론, 토의, 연설이 있으며, 이것은 고전논술 양식에서 보여준 양상, 즉 고전논술 양식이 보여준 상호관련성을 지닌다. 그러면서 현대논술 양식은 고전논술 양식과 그 맥이 닿아 있다. 논설은 논과 설 양식, 비평과 시평은 평 양식, 건의는 의 양식, 토론은 논 양식, 토의는 의 양식, 연설은 설 양식의 특성을 이은 것이다. 그리고 현대논술 양식은 고전논술 양식의 주된 사고를 이어받는다.

4. 국어과 논술교육의 방향

이제까지 논의한 내용을 기반으로 현대논술의 양식 내용 체계를 세우면 <표 6>과 같다.

<표 6> 현대논술의 양식 내용 체계[11]

성격	목적	개별 양식	주된 사고	언어활동
견해 주장	설득	논설, 비평, 시평 건의, 토론, 토의, 연설	논리적 사고 비판적 사고 창의적 사고	쓰기 말하기

이 체계는 국어과 논술교육의 올바른 방향을 모색하는 바탕이 될 수 있을 것이다. 논술교육에서 논설, 비평, 시평, 건의, 토론, 토의, 연설은 통합적 교과학습을 통한 텍스트 생산 활동이 되어야 한다. 2012 국어과 교육과정(고시 제 2012-14호)의 '화법과 작문' 교과 목표에서는 화법과 작문의 본질과 특성을 전문적 수준에서 체계적이고 통합적으로 이해하는 활동을 통하여 학습의 효과를 높이는 것으로 밝히고 있다.

쓰기와 말하기의 통합(integration)[12]은 일상의 언어생활이 분리되지 않고

---

11) 현대논술의 양식 내용 체계로 보면 논술을 화법과 작문의 한 하위 양식으로 설정 가능할 것이다(김종률, 2012a : 96-99; 2012b : 42-45).
12) 민현식(2008 : 263-271)에 의하면, 통합의 개념은 총체적 언어교수법, 내용 중심 교육, 문법 강화를 위한 의사소통 중심교육에서 중요한 기제로 작용하고 있다.

동시에 이루어진다는 점에서, 그리고 문자와 말을 통한 표현 행위라는 측면에서 이루어질 수도 있다. 곧 문자 언어와 음성 언어를 이원화하기보다 이를 일원화하는 방향으로 교육 구성이 이루어져야 한다. 구어 표현이 문어 표현으로 전이되고 문어 표현이 구어 표현으로 전이되는 교육이 바람직할 것이다. 그러기 위해서 통합은 개별 양식의 물리적 관계보다 유기적 관계에 의한 상보성이 무엇보다 중요하다.

유기적 통합에는 논술의 성격이나 목적, 주된 사고가 자리 잡을 수 있으나, 이 중에서도 특히 주된 사고는 국어과 교육과정의 목표에 제시된 고등 사고라는 점에서 핵심이 될 수 있다. 쓰기로서의 논술과 말하기로서의 논술이 공통적으로 지향하는 것은, 필자나 화자 자신이 주된 사고를 작동시켜 문어와 구어로 표현함으로써 텍스트를 생산하는 데에 있다. 즉, 사회적 자아13)로서의 학생 필자나 화자는 대상이나 현상 등에 대한 논리적, 비판적, 창의적 사고 과정을 거쳐 쓰기와 말하기로써 논술 텍스트 생산 활동을 하게 된다. 이러한 생산 활동을 <그림 3>으로 나타내면 다음과 같다.14)

---

13) 논술교육에서 설득은 사회 공동체 구성원인 사회적 자아(필자와 화자)와 사회적 타자(독자와 청자)의 공적인 의사소통이다. 설득은 자아가 언어를 매개로 타자의 마음을 움직이는 것이다. 그런데 자아와 타자는 단일적 관계를 유지하는 개인적 존재로서의 개인적 자아와 개인적 타자일 수도 있지만, 이보다는 민주 사회 공동체의 구성원으로서 다양하고 복합적인 관계를 맺고 유지하는 사회적 존재로서의 사회적 자아와 사회적 타자로 보아야 한다. 특히, 박재현(2011)에 의하면, 설득에 있어서 사적인 맥락의 설득보다 공적인 맥락의 설득이 우선되어야 한다고 말한다. 이는 논술교육에서의 필자나 화자가 개인적 자아보다는 사회적 자아로 설정되어야 함을 의미하는 것이다.

14) 사회적 자아의 논술 텍스트 생산 활동의 방향은 김정우(2006 : 47)의 텍스트에 대한 '독자의 해석 활동 방향'의 모형을 사회적 자아의 주된 사고 작동과 언어활동에 의한 논술 텍스트 생산 활동으로 재구조화하였다.

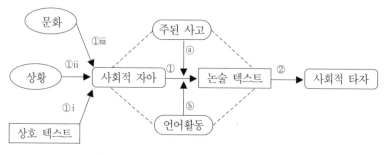

〈그림 3〉 논술 텍스트 생산 활동의 방향

논술교육에서 쓰기와 말하기의 주체는 개인의 문제에 관심을 보이는 개인적 자아라기보다는 사회 공동체 구성원의 한 일원인 사회적 자아이다. 논술 텍스트 생산은 사회적 자아가 사회적 타자를 설득시킬 목적으로 자신의 견해나 주장을 언어화하는 과정(①)으로서 언어의 의미화가 이루어지는데, 이때 사회적 자아의 주된 사고(ⓐ)가 작동되면서 언어활동(ⓑ)을 통해 논술 텍스트 생산 과정에서 표현된다. 그리고 주된 사고는, 언어활동을 통해 사회적 자아가 경험한 텍스트 이전의 상호텍스트적 관련성(①ⅰ)에 의해 표현되거나, 사회적 자아 상황이나 가치관 등(①ⅱ)에 의해 표현되기도 하며, 사회적 자아가 처한 문화적 요소(①ⅲ)에 의해 표현되기도 한다.

하지만 논술 텍스트가 말로 이루어진 담화와 글로 쓰인 담화로서 사회적 자아와 사회적 타자 사이의 공존 상태에서 벗어나거나 공존 상태일지라도 사회적 자아의 의도에 따른 의미는 사회적 자아를 떠난 상태에서 그 객관성을 유지하기란 힘들다. 논술 텍스트 수용 과정(②)에서 사회적 타자는 의미화 된 언어 구조를 갖춘 논술 텍스트를 자신의 사고로 이해하게 된다.

그런데 논술 텍스트의 표현 과정에서 일어나는 언어활동과 특성 및 절차에 따른 독자성으로 인해 논술 텍스트는 논설, 비평, 건의, 토론, 토의,

언설 등의 개별화된 양식으로 생산될 수 있다. 이러한 점에서 이들 양식에 대한 교육이 독자적으로 분리되어 이루어신다고 하더라도 그 자체로서 논술교육의 의미는 있을 것이다. 그러나 논술이라는 하나의 테두리 속에서 주된 사고가 이들 개별 양식에 통섭(consilience)된다는 점을 감안한다면, 논술교육은 개별 양식의 통합적 교과학습을 지향해야 할 것이다.

5. 맺음말

지금까지 이 연구에서는 논술의 의미 내용 체계를 살펴보고, 이와 관련하여 고전논술과 현대논술의 양식 체계를 정립한 후, 현대논술의 양식 내용 체계를 세워 국어과 논술교육의 방향을 모색하였다.

논술의 국어학적 의미 내용 체계(<표 2>)는 선행 연구에서의 논술의 의미 내용 체계(<표 3>)와 동일하며, 설득 텍스트의 내용 체계(<표 4>) 중 그 목적이나 언어활동 및 주된 사고와도 큰 차이가 없다. 그럼에도 불구하고 논술을 설득 텍스트와 구분하여 선발 목적의 글쓰기로만 규정한다면, 논술은 특수한 상황에서 이루어지는 글쓰기 정도에 불과할 것이며, 작문과 또 다른 차원의 글쓰기이거나 아니면 학문성이 없는 양식에 불과할 것이다. 따라서 논술교육의 본질적 방향을 밝히기 위해서는 고전논술의 양식 체계를 바탕으로 하는 현대논술의 양식 체계 설정이 필요하다.

고전 양식 중 논술적 성격이 강한 것은 논(論), 설(說), 원(原), 변(辯), 평(評), 의(議), 소(疏), 책(策) 등인데, 이를 2절 1항에서 밝힌 논술의 국어학적 의미망과 주된 사고 및 언어활동(<표 1>)과 관련하여 양식적 특성을 논의한 결과를 통해 고전논술의 양식 체계(<그림 1>)를 세웠다. 한편, 고전논술 양식의 상호관련성은 양식 용어 사용의 확장을 가져왔으며, 확장된 양식 용어 사용은 서구 문화의 유입에 의한 문화적 변화 과정을 거쳐 현대논술 양식으로 자리 잡는다. 이를 바탕으로 학문성으로서의 현대논술 양식 체계(<그림 2>)를 정립하였다.

따라서 이 체계를 기본으로 하여 현대논술의 양식 내용 체계(<표 6>)가 이루어지며, 이는 국어과 논술교육의 올바른 방향을 모색하는 바탕이 된다. 논술 텍스트 생산 활동의 방향(<그림 3>)을 통해 논술이라는 하나의 테두리 속에서 주된 사고가 이들 개별 양식에 통섭된다는 점을 감안할 때, 논술교육은 논술의 개별 양식에 대한 통합적 교과학습을 지향해야 한다.

제7장

시각 자료 활용과 언어사용의 교육내용 조직 방안
– 학년 발달에 따른 교육내용을 중심으로

1. 머리말

매체의 발달과 더불어 인터넷 활용이 대중화되면서 시각 자료에 대한 인식의 변화는 국어교육에서 중요한 자리를 차지하게 된다. 특히 다양한 소프트웨어의 프로그램 개발은 시각 자료를 만들어 의사소통의 용이함을 드러내기에 충분하다. 필자의 생각을 간결하면서 보기 쉽게 그러면서 전달 효과를 뛰어나게 하는 것이 시각 자료이다.

김기석(2007)에 의하면, 시각 자료는 구체적인 참조물을 제공하여 텍스트 이해를 도와주고, 이해하기 어려운 정보를 더 쉽게 기억하고 회상하는 데 도움을 줄 수 있다는 것이다. 물론 이 밖에도 학습상황에서는 동기유발이나 의사소통 향상, 상상력 향상, 탐구심 발현, 인격형성 등의 유익한 요소들이 있다고 한다.

그렇다면 오늘날 인쇄매체나 사이버 공간에서 독자들은 어떤 형태로든 시각 자료를 접할 뿐만 아니라 그 자료를 활용할 수 있어야 한다. 이러한 점을 감안하여 2007 국어과 교육과정에서 듣기, 말하기, 읽기, 쓰기 영역에서 부분적으로 시각 자료에 대한 활용적 측면을 제시하면서, 10학년의 경우 시각 자료에 대한 해석 교육을 쓰기영역에서 밝히고 있다. 그러나 시각 자료를 활용한 언어활동 교육내용 조직은 계속성이나 계열성 및 통합성1) 측면에서 체계적이지 않으며 유기적이지도 않다. 즉, 듣기 영역은 공통 교육과정 중 1학년에만, 말하기 영역은 8, 10학년에만, 읽기 영역은 선택 교육과정 독서교과에만 제시되고 있다. 다만, 쓰기 영역의 경우는 공통 교육과정 1, 4, 5, 10학년과 선택 교육과정 작문교과에 시각 자료에 대한 내용을 기술함으로써, 다른 언어사용 영역에 비해 그나마 학년의 위계성에 따른 교육이 이루어지지만, 언어사용의 모든 영역이 유기적으로 연계되지 않는다.

2009 국어과 교육과정은 2007 국어과 교육과정의 연장선에서 큰 변화를 보여주지 못한다. 단순히 외형적으로 선택 교육과정에 대한 통합을 이루었을 뿐, 시각 자료를 활용한 언어사용의 교육내용에 대한 체계적인 조

---

1) 타일러(Ralph Tyler)는 교육내용 조직 원리로 계속성(continuity), 계열성(sequence), 통합성(integration)의 개념을 제시하고 있다. 계속성의 원리란 중요한 학습의 효과가 여러 학년에 걸쳐 계속적으로 반복되어 다루어져야 한다는 점을 강조하는 것이고, 계열성이란 학습의 요소가 반복되되 후속 학습 경험이 전 단계의 학습 경험보다 점차 깊어지고 넓어지도록 심화시켜 나가야 한다는 점을 가리키는 원리이다. 계속성이 학습 요소 사이의 공통성의 측면을 강조하는 것이라면 계열성이란 그들 사이의 차별성, 특히 내용 수준이나 깊이의 발전을 강조하는 개념이라고 할 수 있다. 통합성의 원리는 교육과정의 내용을 수평적으로 연관시키는 것과 관련된 조직 원리로, 각 교과 영역 사이의 학습 내용 요소를 연관시켜 하나의 통일체가 되도록 해야 한다는 생각이다. 타일러의 논의에서 통합성은 원래 교과 간의 연계성을 의미하는 개념이지만, 이를 확장한다면 교과 내의 서로 다른 영역 간에도 적용할 수 있다(김주환, 2010 : 73-74).

직을 담아내지 못하고 있다. 그러다가 2011, 2012 국어과 교육과정에 오면 공통 교육과정을 학년군으로 묶어 이전 국어과 교육과정에 비해 시각 자료를 활용한 언어사용 교육내용 조직이 안정적으로 배열되는 모습을 보여준다. 즉, 2007 국어과 교육과정의 시각 자료를 활용한 언어사용 교육내용 조직이 2011, 2012 국어과 교육과정에서는 학년군에 따라 생략된 부분이 없이 연속적으로 기술되어 있다. 그래서 시각 자료를 활용한 교육내용 조직의 원리가 효과적으로 이루어질 수 있는 것으로 보이기도 한다. 그러나 시각 자료를 활용한 언어사용 교육내용 조직을 살펴보면 여러 가지 문제점을 안고 있다.

따라서 이 연구에서는 2012 국어과 교육과정의 시각 자료를 활용한 언어사용 교육내용 조직에 대한 문제점[2]을 살펴보고, 학년 발달에 따른 교육내용을 중심으로 그 문제를 해결할 수 있는 시각 자료를 활용한 언어사용 교육내용 조직에 대한 방안을 모색하고자 한다. 다만, 이 연구에서는 시각 자료의 범위를 도표, 그래프, 사진, 그림에 국한하고자 한다. 따라서 시각 자료 활용의 측면에서 연구의 한계점도 분명히 있을 수 있다. 이 연구는 언어사용을 쓰기, 듣기, 말하기, 읽기 영역으로 국한하여 시각 자료를 활용한 보기 영역까지 포괄하지 못하였으며, 동영상과 같은 시청각 자료를 연구 대상에서 제외하였기 때문이다.

---

[2] 이러한 문제점은 2011 국어과 교육과정에서도 동일하게 나타난다.

2. 시각 자료를 활용한 언어사용의 교육내용 조직 문제

2.1. 시각 자료 분류의 문제

2012 국어과 교육과정에 제시된 시각 자료는 도표, 그래프, 사진, 그림 등이다. 이러한 시각 자료는, 사회적 상호작용이 이루어지는 비언어적 의사소통(non-verbal communication)의 한 축으로 자리매김할 수 있다. 왜냐하면 비언어적 의사소통은 얼굴 표정이나 몸짓 등을 통해 정보와 의미를 교환하는 것뿐만 아니라 시각 자료를 통해서도 정보와 의미를 공유하고 교환할 수 있기 때문이다.

시각 자료는 언어로 의미화 되기 이전에는 비언어적 특성을 지니지만, 이러한 특성을 자료들마다 동일하게 처리해서는 안 될 것이다. 도표나 그래프의 경우는 그 비언어적 특성이 사진이나 그림과는 상대적으로 차이가 있을 수 있다. 도표나 그래프에는 숫자나 문자를 드러내어 어느 정도 해석의 기본적 요건을 갖추는 경우이지만, 사진이나 그림은 꼭 그렇지는 않다. 물론 사진이나 그림에 문자나 숫자 혹은 기호 등이 있는 경우는 없는 경우와 그 비언어적 특성의 정도에 차이가 난다. 이를 <표 1>로 나타내면 다음과 같다.

〈표 1〉 시각 자료의 비언어적 특성

시각 자료 / 특성	(A) 도표, 그래프		(B) 사진, 그림	
	① 복잡하거나 어려운 경우	② 단순하거나 쉬운 경우	③ 문자, 숫자, 기호 등이 있는 경우	④ 문자, 숫자 기호 등이 없는 경우
예술적 속성	없음			강함

추상성의 정도	약함	강함
해석자의 의도 개입 정도	약함	강함

시각 자료의 비언어적 특성을 크게 두 가지로 나누면 도표와 그래프(A), 사진과 그림(B)이다. 도표와 그래프는 다시 복잡하거나 어려운 경우①와 단순하거나 쉬운 경우②로,[3] 사진과 그림은 문자, 숫자, 기호 등이 있는 경우③와 그것이 없는 경우④로 나눌 수 있다. 예술적 속성, 즉 함축성이나 상징성은 도표와 그래프의 경우는 없다고 보아야 하며, 사진과 그림은 이에 비해 상대적으로 강하다. 이러한 예술적 속성으로 인해 그 추상성의 정도 또한 도표나 그래프의 경우는 사진이나 그림에 비해 약하며, 사진과 그림은 강하다. 해석자의 의도 개입 정도는 예술적 속성과 추상성의 정도에 따라 결정될 가능성이 크다. 즉, 예술적 속성이 없으면서 추상성의 정도가 약하면 그만큼 해석자의 의도 개입도 약해질 수 있으며, 예술적 속성이 강하면서 추상성의 정도가 강하면 해석자의 의도 개입도 강해질 수 있다.[4]

이러한 의미에서 시각 자료는, 사회적 상호작용이 이루어지는 비언어적 의사소통(non-verbal communication)의 한 축으로 자리매김할 수 있다. 왜냐

---

3) 도표와 그래프에서 ①과 ②를 명확하게 구분하는 것이 쉽지 않을 수도 있다. 왜냐하면 복잡하거나 어렵다는 것과 단순하거나 쉽다는 것이 수용자의 지적 수준에 따라 달라질 수 있기 때문이다. 다만, 학생들의 성장 발달 수준을 감안하여 적절한 시각 자료와 그것을 활용한 언어사용 교육내용 조직이 필요할 것이다.

4) 경우에 따라서는 어떤 도표나 그래프가 사진이나 그림보다 더 해석자의 다양한 해석이 이루어질 수도 있으며, 또 어떤 사실적 사진은 사실 그대로 직설적으로 보여줌으로써 도표나 그래프보다 해석자의 의도 개입이 더 적을 수도 있다. 그러나 일반적으로 사진이나 그림이 예술성을 추구하는 작품이라는 입장에서 볼 때, 그 의도 개입은 상대적으로 사진이나 그림보다 도표나 그래프가 약하다고 보아야 할 것이다.

하면 비언어적 의사소통은 얼굴 표정이나 몸짓 등을 통해 정보와 의미를 교환하는 것뿐만 아니라 시각 자료를 통해서도 정보와 의미를 공유하고 교환할 수 있기 때문이다.

따라서 시각 자료의 비언어적 특성을 감안하여 시각 자료를 활용한 언어사용 교육내용 조직을 구성해야 한다. 그러나 2012 국어과 교육과정에서는 시각 자료의 비언어적 특성이 고려되지 않은 상태에서 시각 자료에 대한 활용을 기술하고 있다.

2.2. 계속성의 문제

2012 국어과 교육과정에 기술된, 시각 자료를 활용한 언어사용 교육내용 조직은 2007 국어과 교육과정에 비해 좀 더 체계적으로 구성된다. 특히, 쓰기 영역은 듣기·말하기 영역과 읽기 영역보다 학년군별로 빠짐없이 이루어짐으로써 그 교육내용의 계속성을 지향하고 있다. 이에 대한 내용을 2007 국어과 교육과정과 비교해 보면 <표 2>, <표 3>과 같다.

〈표 2〉 2007 국어과 교육과정의 시각 자료를 활용한 언어사용 학년별 제시 영역

교육과정	학년	쓰기	듣기	말하기	읽기
공통교육과정	1	○	○		
	4	○			
	5	○			
	8			○	
	10	○		○	
선택교육과정	고2-3	○			○

〈표 3〉 2012 국어과 교육과정의 시각 자료를 활용한 언어사용 학년군별 제시 영역

교육과정	학년군	쓰기	듣기·말하기	읽기
공통 교육과정	1-2	○		
	3-4	○		
	5-6	○	○	
	중1-3	○	○	○
선택 교육과정	고1-3	○	○	○

<표 2> 쓰기 영역에 7, 8, 9학년의 시각 자료를 활용한 언어사용 교육내용이 전혀 없다. 듣기 영역에는 1학년에서만 나타나며, 말하기 영역에는 듣기 영역과 유기적인 관계를 맺지 못하는 상태에서 8학년과 10학년에만 나타난다. 그리고 읽기 영역에는 1학년에서부터 10학년까지 나타나지 않는다. 이에 비해 <표 3> 쓰기 영역은 1-2학년군부터, 듣기와 말하기가 통합된 듣기·말하기 영역은 5-6학년군부터, 읽기 영역은 중1-3학년군부터 계속성이 이루어진다. 따라서 표면적으로는 2007 국어과 교육과정에 비해 2012 국어과 교육과정의 시각 자료를 활용한 언어사용 교육내용에 대한 체제는 어느 정도 체계적으로 구성되어 있다.

그런데 여기에서 한 가지 생각해 볼 문제는 시각 자료를 활용한 듣기·말하기 영역과 읽기 영역이다. 쓰기 영역이 1-2학년군부터 시각 자료를 활용한 언어사용 교육내용을 기술함에도 불구하고 듣기·말하기 영역과 읽기 영역은 그렇지 못하다. 시각 자료를 활용한 언어사용 교육내용 조직이 쓰기 영역에서 가능하다면, 듣기·말하기 영역과 읽기 영역에서도 불가능하지는 않을 것이다. 특히 시각 자료를 활용한 언어사용 교육은 텍스트의 수용·생산과 무관할 수 없다는 점을 인식할 때, 수용으로서의

읽기와 생산으로서의 쓰기는 밀접하게 관련된다. 그렇다면 읽기 영역 또한 1-2학년군에서부터 시각 자료를 활용한 교육내용이 기술되어야 하는데, 2012 국어과 교육과정에서는 이를 조직하지 못하고 있다. 뿐만 아니라 2007 국어과 교육과정의 듣기 영역에서 시각 자료를 활용한 교육내용은 1학년에서 조직할 수 있음을 보여주는 반면, 2012 국어과 교육과정의 듣기·말하기 영역은 그렇지 못하다.

2.3. 계열성의 문제

시각 자료를 활용한 언어사용 교육내용의 계열성은 계속성이 이루어지면서 교육내용 조직의 심화·발전이 나타나야 한다는 점에서 단순히 학년군별 제시 영역으로 보기보다는 그 교육내용을 좀 더 자세하게 살펴보아야 한다. 따라서 2012 국어과 교육과정의 시각 자료를 활용한 언어사용의 교육내용을 학년군별에 따라 각각의 언어사용 영역으로 나누어 자세하게 살펴보도록 하자.

먼저, 학년군별에 따라서 시각 자료를 활용한 쓰기 영역의 교육내용을 간추려보면 <표 5>와 같다.[5]

〈표 5〉 시각 자료를 활용한 쓰기 영역의 교육내용[6]

영역 학년군	쓰기 영역의 교육내용
1-2	(5) 인상 깊었던 일이나 겪은 일을 글로 씀-즐거웠던 경험을 글과 그림으로 함께 표현

---

5) 2012 국어과 교육과정에 제시된 시각 자료를 활용한 언어사용 교육내용 조직에 대한 계열성은 2007 국어과 교육과정에 제시된 그것보다 부분적으로나마 체계적이라 할 수 있다. 2007 국어과 교육과정의 시각 자료를 활용한 언어사용 교육내용을 발췌하면 다음과 같다.

3-4	(6) 다양한 매체를 활용하여 생각과 느낌 표현-문자와 함께 그림, 사진, 표 등을 사용하여 글의 전달력 높임
5-6	(6) 다양한 매체에서 조사한 내용을 바탕으로 쓰기 윤리를 지키며 글을 씀 -자신의 생각과 느낌을 표현하는 데 도움이 되는 그림, 사진, 도표 등을 활용
중1-3	(3) 관찰, 조사, 실험한 내용 보고하는 글쓰기-그림, 사진, 도표 등을 활용
고1-3[7]	(13) 정보를 효과적으로 전달하기 위해 다양한 표현 방법을 활용하여 글쓰기-독자의 배경 지식을 활성화하기 위해 적절한 도표, 사진 등을 사용

1-2학년군에서는 경험을 인상과 연관하여 글과 그림으로 함께 표현하며, 2-4학년군과 5-6학년군에서는 시각 자료를 활용하여 생각과 느낌을 표현한다. 중1-3학년군에서는 시각 자료를 활용하여 보고하는 글쓰기를 하며, 고1-3학년군에서는 시각 자료를 사용하여 정보전달하는 글쓰기를 한다. 결국, 쓰기 영역에서 보여주는 시각 자료를 활용한 교육내용 조직

〈표 4〉 2007 국어과 교육과정의 시각 자료를 활용한 언어사용 교육내용

영역 학년	쓰기	듣기	말하기	읽기
1	인상 깊었던 일-그림일기	상상한 모습 그림으로 표현		
4	그림책 만들기			
5	기사문 쓰기			
8			공식적인 상황에서 발표	
10	해석하는 글쓰기-논리적 순서로 조직하여 표현		자신 소개하기-자신을 표현하거나 설명하기	
고2-3	표현 과정에서 필요에 따라 활용			글 내용 예측하기

6) 표에서 줄표(-) 이하는 교육내용에 대한 해설 부분이다. <표 6>과 <표 7>에서도 동일하다.
7) 2012 국어과 교육과정에는 고1-3학년군이란 명칭은 없다. 다만, 연구의 편의상 중1-3학년군과 구별하기 위해 사용한다.

에 대한 계열성은 '인상 표현 → 생각과 느낌 표현 → 정보전달하기 위한 표현'이다.

다음으로, 학년군별에 따라서 시각 자료를 활용한 듣기 · 말하기 영역의 교육내용을 간추리면 <표 6>과 같다.

〈표 6〉 시각 자료를 활용한 듣기 · 말하기 영역의 교육내용

영역 학년군	듣기 · 말하기 영역의 세부 내용
5-6	(6) 매체를 활용하여 발표-설명하거나 주장하는 발표를 할 때 그림, 사진, 도표 등을 사용(청자는 발표에 사용된 시각 자료 활용에 대한 판단과 발표를 평가)
중1-3	(9) 사회적으로 의미가 있는 내용을 매체 자료로 구성하여 발표-그림, 사진 등으로 자신의 의사 표현 기회 많아짐. 종합 자료를 창의적으로 만들어 직접 발표
고1-3	(8) 시각 자료 해석하여 핵심 정보로 내용을 구성하여 발표-청자에게 그림, 도표, 그래프 등의 핵심 정보만 명확하고 간략하게 전달. 추론을 통해 정보를 논리적으로 연계하여 자료에 담긴 중요한 내용을 해석.

5-6학년군에서는 설명하거나 주장하는 발표를 할 때 시각 자료를 사용하며, 중1-3학년군에서는 사회적으로 의미 있는 내용을 시각 자료로 구성하여 자신의 의사를 발표한다. 그리고 고1-3학년군에서는 시각 자료를 해석8)하여 핵심 정보로 내용을 구성하여 발표한다. 따라서 듣기 · 말하기 영역에서 보여주는 시각 자료를 활용한 교육내용 조직에 대한 계열성은 '설명하거나 주장하는 발표 → 의사 발표 → 핵심 정보전달하는 발표'이

---

8) 시각 자료 해석은 2007 국어과 교육과정 10학년 쓰기 영역과 2012 국어과 교육과정의 '화법과 작문' 정보전달을 위한 화법의 교육내용 (8)항에 나온다. 여기에서 시각 자료에 대한 해석(解析)의 의미는 "시각 자료를 해석(解釋)해서 분석하는 것"이라 할 수 있다. 그렇다면 시각 자료를 활용한다는 것은 시각 자료에 대한 해석이 논리적으로 이루어졌을 때, 시각 자료를 활용한 언어사용은 설득력을 높일 수 있을 것이다.

다. 그리고 교육내용을 사고와 관련해서 살펴보면 중1-3학년군에서 창의를, 고1-3학년군에서는 해석, 추론, 논리를 사용하고 있다.

마지막으로, 학년군별에 따라 시각 자료를 활용한 읽기 영역의 교육내용을 간추리면 <표 7>과 같다.

<표 7> 시각 자료를 활용한 읽기 영역의 교육내용

영역 학년군	읽기 영역의 세부 내용
중1-3	(2) 다양한 자료의 효과와 적절성 평가-비판적으로 읽기 위해서는 글에 사용된 도표, 그림, 사진 등의 효과와 적절성 판단하며 읽기
고1-3	(18) 필자의 의도나 목적, 숨겨진 주제, 생략된 내용을 추론하며 읽기-사진이나 도표 등의 제시 방법 등을 달리함으로써 여론 형성에 미치는 효과가 달라짐

중1-3학년군에서는 시각 자료의 효과와 적절성을 평가(판단)하여 읽기를 하며, 고1-3학년군에서는 필자의 의도나 목적, 숨겨진 주제, 생략된 내용을 추론하며 읽기를 한다. 따라서 읽기 영역에서 보여주는 시각 자료를 활용한 교육내용 조직에 대한 계열성은 '평가하며 읽기 → 추론하며 읽기'이다. 교육내용을 사고와 관련해서 보면 중1-3학년군에서는 평가, 비판, 판단을, 고1-3학년군에서는 추론을 사용하고 있다.

지금까지 살펴본 시각 자료를 활용한 언어사용 교육내용 조직에 대한 계열성을 주요 내용만으로 간추려 정리하면 <표 8>과 같다.

<표 8> 시각 자료를 활용한 언어사용 교육내용 조직에 대한 계열성

영역 학년군	쓰기		듣기·말하기		읽기	
	내용	사고	내용	사고	내용	사고
1-2	인상					
3-4	생각과 느낌					

5-6	생각과 느낌		설명, 주장			
중1-3	정보전달		의사	창의	평가	비판 (평가, 판단)
고1-3	정보전달		정보전달	논리 (해석, 추론)	추론	논리(추론)

시각 자료를 활용한 언어사용 교육내용 조직에 대한 쓰기 영역의 계열
성이 '인상 → 생각과 느낌 → 정보전달'로 나타나 어느 정도 그 계열성
이 이루어진 것으로 보인다. 그러나 듣기·말하기 영역의 5-6학년군 내용
에 제시된 '주장'을 참고할 때, 중1-3학년군과 고1-3학년군에서 정보전달
이 반복 학습됨으로 계속성은 유지될지 모르지만, 계열성은 이루지 못한
다. 즉, 중1-3학년군에서 정보전달에 대한 교육내용을 조직했다면, 적어도
고1-3학년군에서는 주장(설득)을 그 내용 조직으로 구성하는 것이 바람직
함에도 불구하고 쓰기 영역은 이를 조직하지 못함으로써 계열성을 이루
었다고 할 수는 없다. 특히 사고와 관련할 때, 쓰기 영역은 어떠한 학년
군에서도 주된 사고나 관련 사고를 제시하지 못하고 있다.

시각 자료를 활용한 언어사용 교육내용 조직에 대한 듣기·말하기 영
역의 계열성은 '설명, 주장 → 의사 → 정보전달'로 나타난다. 그런데 이
러한 교육내용 조직은 계열성이 아닌 역계열성에 해당한다. 즉, 시각 자
료를 해석한다고 할 때, 그 시각 자료에 나타난 객관적 사실을 전달하는
것이 목적이라면 시각 자료에 대한 설명이 가능하다. 그러나 설득을 목적
으로 한다면 시각 자료에 나타난 객관적 사실을 분석한 후에 자신의 의
견이나 주장을 덧붙여야 할 것이다. 따라서 듣기·말하기 영역은 학년군
이 높아질수록 역계열성을 이루고 있다. 그리고 사고와 관련할 때, 5-6학
년군에는 관련된 사고가 나타나지 않는다.

시각 자료를 활용한 언어사용 교육내용 조직에 대한 읽기 영역의 계열

성은 '평가 → 추론'의 순이다. 그런데 이는 그 계열성을 논의하기가 쉽지 않다. 왜냐하면 사고와 관련된 읽기 방법으로서의 평가하며 읽기와 추론하며 읽기 중 어느 것이 심화·발전된 교육내용 조직인지 명확하게 알수 없기 때문이다. 그리고 평가하며 읽기와 추론하며 읽기가 어떤 종류의 텍스트에 대한 읽기인지 밝히지 않음으로써 시각 자료를 활용한 읽기 영역의 교육내용 조직에 대한 계열성은 쉽게 드러나지 않는다.

2.4. 통합성의 문제

계속성과 계열성의 원리는 교육내용의 수직적 조직 원리라고 할 수 있는 반면 통합성은 수평적 조직 원리이다(김주환, 2010 : 74). 그래서 통합성은 계속성과 계열성의 기본 바탕 위에서 성립한다고 볼 수 있는데, <표 3>을 참고할 때 시각 자료를 활용한 언어사용 교육내용 조직이 듣기·말하기 영역의 1-2, 3-4학년군이 없으며, 읽기 영역의 1-2, 3-4, 5-6학년군이 없기 때문에 각 언어사용 영역의 통합성은 성립될 수가 없다. 그리고 <표 8>을 참고할 때, 영역별로만 보면 어느 정도 계열성을 갖춘 듯이 보이지만, 쓰기 영역의 경우는 시각 자료를 활용한 교육내용 조직에서 고 1-3학년군에 주장이 제시되지 않아 부분적으로 계열성을 이루지 못하고 있다. 듣기·말하기 영역의 경우는 역계열성을 보여주며, 읽기 영역의 경우는 계열성을 논하기가 모호하다. 뿐만 아니라 언어사용 영역별 수평 조직은 그 내용면에서 유사하거나 동일해야 하는데 그렇지 못하다. 즉, 중 1-3학년군은 '정보전달(쓰기 영역)-의사(듣기·말하기 영역)-평가(읽기 영역)'로 조직되어 있으며, 고1-3학년군은 '정보전달(쓰기 영역)-정보전달(듣기·말하기 영역)-추론(읽기 영역)'으로 조직되어 있다. 따라서 시각 자료를 활용

한 언어사용의 교육내용 조직에 대한 언어사용 영역별 통합성은 이루어
지기가 쉽지 않다.

3. 시각 자료를 활용한 언어사용 교육내용 조직 방안

3.1. 학년 발달에 따른 시각 자료의 교육내용 조직

2012 국어과 교육과정의 시각 자료를 활용한 언어사용 교육내용을 검
토한 결과, 시각 자료의 비언어적 특성에 따른 분류가 고려되지 않았으
며, 시각 자료 분류와 무관하지 않은 언어사용 교육내용 조직의 원리인
계속성, 계열성, 통합성의 문제가 있음을 볼 수 있다. 따라서 이러한 문제
점을 해결하기 위해서는 먼저, 시각 자료가 갖는 비언어적 특성을 고려하
여 학년 발달에 따른 교육내용 조직이 필요하다. 이를 <그림 1>로 나타
내면 다음과 같다.

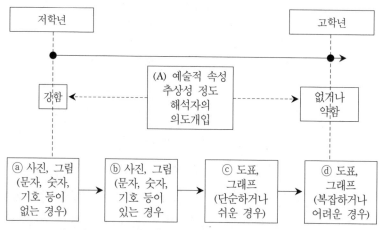

〈그림 1〉 학년 발달에 따른 시각 자료의 교육내용 조직

시각 자료의 비언어적 특성을 고려한 학년 발달에 따른 교육내용 조직은 예술적 속성이나 추상성 정도, 해석자의 의도 개입(A)이 강할수록 저학년(1-2학년군)으로, 없거나 약할수록 고학년(고1-3학년군)으로 조직되어야 한다. 이는 언어사용의 발달 양상9)을 고려하여 자신의 느낌을 자유롭게 표현할 수 있는 쪽에서 출발하여 자신의 설명이나 주장을 사실적, 논리적, 비판적으로 표현하는 방향으로 나아가야 하기 때문이며, 동시에 텍스트의 수용·생산과 밀접하게 관련되기 때문이다. 따라서 저학년에서 고학년으로 갈수록 (A)의 특성이 강한 문자, 숫자, 기호 등이 없는 사진이나 그림(ⓐ)로부터 출발하여 문자, 숫자, 기호 등이 있는 사진이나 그림(ⓑ)과 ①의 특성이 없거나 약한 단순하거나 쉬운 도표와 그래프(ⓒ)를 거쳐 복잡하거나 어려운 도표와 그래프(ⓒ)로 나아가는 교육내용 조직이 바람직하다.

물론 어느 특정 학년군에서 하나의 시각 자료만을 선정하고 조직해야 한다는 것은 아니다. 즉, 각 학년군에 시각 자료를 선정하되 그 학년군에 적절한 주된 시각 자료를 조직하면서 다른 시각 자료도 교육내용으로 조직할 수 있을 것이다. 이러한 시각 자료의 선정은 언어사용의 모든 영역과 관련되며 더불어 시각 자료를 활용한 언어사용 교육내용 조직에 있어 계속성과 함께 계열성 및 통합성을 나타낼 수 있는 기반이 될 것이다.

특히, 교육내용 조직 원리로 계속성을 강조하는 까닭은 학습자에게 교육내용이 의미 있는 경험으로 자리 잡기 위해서는 반복되어야 한다는 점 때문이다. 특히 언어 학습은 한 번의 경험으로 습득되는 것이 아니라 여러 번의 누적적인 경험을 통해서 학습이 이루어진다. 계열성이 필요한 이

---

9) 가은아(2011)에 의하면, 학년별 쓰기 능력 발달 양상은 초등학교에서 고등학교로 갈수록 높은 점수를 받는다고 한다. 이는 듣기·말하기나 읽기에서도 적용될 수 있을 것이다. 왜냐하면 쓰기에서 작동되는 사고력은 듣기·말하기나 읽기에서도 통합되어 작동될 수 있기 때문이다.

유는 학습자의 발전과 관련되기 때문이다. 교육과정을 이수하면서 학생들의 인지능력은 점차 성장 발전하기 때문에 학습의 폭과 깊이도 심화되어 나가야 하는 것이다. 통합성의 원리는 그것이 교육경험의 통합성과 누가적인 효과를 준다는 점에서 의미가 있다(김주환, 2010 : 74).

3.2. 텍스트 분류와 언어사용 교육내용 조직

시각 자료를 활용한 언어사용 교육내용 조직의 원리인 계속성, 계열성, 통합성은 2012 국어과 교육과정의 교육내용 중 그 핵심 내용으로 인상, 생각과 느낌, 정보전달, 설명, 주장 등이 제시되어 있어 이를 참고해 논의할 필요가 있다. 다만, 이들 용어들은 언어사용의 모든 영역에서 대등적으로 사용하기에는 적절하지 못하다. 느낌이나 설명, 주장은 텍스트의 성격과 관련되며, 정보전달은 그 목적과 연관되는데, 여기에서 언어사용 교육내용 조직을 위한 텍스트 분류 체계를 살펴볼 필요가 있다. 앞 장에서 제시한 작문 텍스트 분류 체계의 안 중, 개념과 성격 및 개별 텍스트의 일부 내용을 수정하여 쓰기뿐만 아니라 읽기와 듣기·말하기에도 확대 적용할 수 있는 텍스트 분류 체계의 수정안을 제시하면 <표 9>와 같다. 이는 시각 자료를 활용한 언어사용 교육내용을 조직함과 동시에 그 원리인 계속성, 계열성, 통합성과 무관하지 않다. 왜냐하면 텍스트 분류 체계는 시각 자료를 활용한 언어사용 교육내용 조직의 밑바탕이 되기 때문이다.

〈표 9〉 텍스트 분류 체계의 수정안[10]

양식	논술(論述)	기술(記述)	서술(敍述)
개념	논술은 사물, 사건, 사실, 현상, 대상, 과정 등(A)을 논하여 적거나 말하는 양식이다. 즉, 논술은 A에 대한 의견이나 이론을 조리 있게 적어야 하며, A에 대한 옳고 그름을 따져 적어야 하고, A가 지닌 문제를 해결하거나 방안을 적거나 말하는 양식이다.	기술은 사물, 사건, 사실, 현상, 대상, 과정 등(A)의 내용과 특징을 있는 그대로 열거하고 밝혀 설명하는 양식이다. 즉, 기술은 A의 내용과 특징을 사의(私意)를 가하지 않고 있는 그대로 객관적·조직적·체계적·과학적으로 밝혀 설명하는 양식이다.	서술은 사물, 사건, 사실, 현상, 대상, 과정 등(A)에 대한 생각을 차례대로 적거나 말하는 양식이다. 이 양식에는 '논'과 '설명'의 개념보다는 A에 대한 생각을 주로 주관적·감각적으로 적거나 말하는 경향이 강하다.
성격	필자나 화자의 의지, 의견, 주장, 입장, 관점 등 -주관의 객관화	필자나 화자의 진술, 설명, 보고, 기록 등-객관화	필자나 화자의 느낌, 감상, 깨달음 등-주관화
목적	설득	정보전달	자기표현과 사회적 상호작용
개별 텍스트[11]	논설(문), 비평(문), 건의(문), 시평, 토의, 토론, 협상 등	설명(문), 기사(문), 안내(문), 방송 보도 등	회고(문), 감상(문), 수필, 식사(문), 서간문 등
주된 사고력	논리적 사고, 비판적 사고, 창의적 사고	이해적 사고	사실적 사고, 성찰적 사고, 관계적 사고

먼저, 논술 양식은 사물, 사건, 사실, 현상, 대상, 과정 등을 논하여 적거나 말하는 양식이다. 즉, 논술은 사물, 사건, 사실, 현상, 대상, 과정 등

---

10) 〈표 9〉는 제5장에 제시한 작문 텍스트 분류 체계의 안 중, 개념과 성격 및 개별 텍스트의 일부 내용을 삽입하였다.

11) 화법의 개별 텍스트 유형에 대화와 발표가 있다. 대화는 두 사람 이상이 모여 말로써 서로의 생각과 느낌을 표현하고 이해하는 상호교섭적인 활동이다. 일반적으로 대화는 정보전달, 설득, 친교 형성, 정서 표현 등의 목적으로 이루어진다(이삼형 외 8인, 2011 : 42). 대화의 개념만으로 보면 서술 양식이라 할 수 있으나, 그 목적이 다양하게 나타난다는 점에서 대화는 모든 양식에 부합한다. 그리고 발표는 여러 사람들 앞에서 어떤 사실을 전달하거나 그것에 대한 자신의 생각이나 의견을 말하는 활동이다(송기한 외 2인, 2011 : 68). 발표의 목적은 정보전달, 설득 등 다양하다(박영목 외 4인, 2011 : 86). 따라서 발표도 세 양식에 모두 부합한다고 볼 수 있다.

(A)에 대한 의견이나 이론을 조리 있게 적거나 말하며, A에 대한 옳고 그름을 따져 적거나 말하고, A가 지닌 문제를 해결하거나 방안을 적거나 말하는 양식이다. 이러한 점에서 논술 양식에는 필자나 화자의 의지, 의견, 주장, 입장, 관점 등이 나타난다. 다만, 논술 양식은 기술 양식에 비하여 필자나 화자의 주관적 경향이 강하지만, 이를 객관화하려는 노력이 필요함으로써 '주관의 객관화'로서의 글쓰기나 말하기를 보여준다. 이 양식의 목적은 설득이며, 이에 해당하는 개별 텍스트에는 논설(문), 비평(문), 건의(문), 시평, 토의, 토론, 협상 등이 있다. 그리고 이 양식의 주된 사고는 논리적 사고, 비판적 사고, 창의적 사고이다.

다음으로, 기술 양식은 사물, 사건, 사실, 현상, 대상, 과정 등(A)의 내용과 특징을 있는 그대로 열거하고 밝혀 설명하는 양식이다. 즉, 기술은 A의 내용과 특징을 사의를 가하지 않고 있는 그대로 객관적·조직적·체계적·과학적으로 밝혀 설명하는 양식이다. 그래서 기술 양식에는 필자나 화자의 진술, 설명, 보고, 기록 등이 드러난다. 이러한 기술 양식은 다른 양식에 비해 주관적인 견해나 생각보다 객관적인 사실 등을 전달하려는 경향이 강함으로써 객관화로서의 글쓰기나 말하기를 보여준다. 이 양식의 목적은 정보전달이며, 이에 해당하는 개별 텍스트에는 설명(문), 기사(문), 안내(문), 방송 보도 등이 있다. 그리고 이 양식의 주된 사고는 이해적 사고이다.

마지막으로, 서술 양식은 사물, 사건, 사실, 현상, 대상, 과정 등(A)에 대한 생각을 차례대로 적거나 말하는 양식이다. 이 양식에는 '논'과 '설명'의 개념이 들어오지 않음으로써, A에 대한 생각을 주관적·감각적으로 적거나 말하는 경향이 강하다. 그래서 서술 양식에는 필자나 화자의 느낌, 감상, 깨달음 등이 드러난다. 이러한 서술 양식은 필자의 주관적 경향이 강하여 상대적으로 다른 양식에 비해 주관화로써의 글쓰기나 말하기를 보여준다. 이 양식의 목적은 자기표현과 사회적 상호작용이며, 이에 해당하는 개별 텍스트에는 감상(문), 회고(문), 식사(문), 서간문 등이 있다. 그리고 이 양식의 주된 사고는 사실적 사고, 성찰적 사고, 관계적 사고이다.

3.3. 시각 자료를 활용한 언어사용의 교육내용 조직 방안

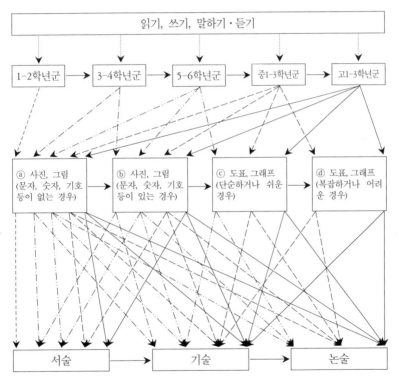

〈그림 2〉 시각 자료를 활용한 언어사용의 교육내용 조직 방안

언어사용 교육내용 조직을 위한 시각 자료의 분류와 텍스트의 분류 체

계를 토대로 시각 자료를 활용한 언어사용의 교육내용 조직을 위한 방안을 제시하면 <그림 2>와 같다.

그림에서 화살표(↓)는 읽기, 쓰기, 듣기·말하기가 각 학년군에서 영역별로 독자성을 지니면서 동시에 교육내용 조직이 분리되지 않고 공통적으로 이루어지는 언어사용이다. 그리고 화살표(→)는 저학년에서 고학년으로 가는 과정에 요구되는 시각 자료와 그에 따른 텍스트 양식의 상호관련성에 의한, 시각 자료를 활용한 언어사용 교육내용 조직이다. 1-2학년군에서는 ⓐ를 활용하여 서술한다. 3-4학년군에서는 ⓐ와 ⓑ를 활용하여 서술하고 나아가 기술한다. 여기에서 시각 자료 비중은 'ⓑ > ⓐ' 순으로 ⓑ의 비중을 높게 하며, 텍스트 양식의 비중은 '서술 > 기술' 순으로 서술의 비중을 높게 한다.

5-6학년군에서는 ⓐ, ⓑ를 활용하여 서술하고, ⓐ, ⓑ, ⓒ를 활용하여 기술하며, 논술한다. 그러나 ⓒ의 경우는 서술 대상으로서는 적합하지 않다. 왜냐하면 예술적 속성, 추상성 정도, 해석자의 의도 개입이 없거나 약하기 때문에 느낌, 감상, 깨달음으로서의 주관화가 강한 서술의 성격상 ⓒ는 서술의 대상으로 적절하지 않다. 이는 ⓓ도 마찬가지이다. 시각 자료 비중은 'ⓒ > ⓑ > ⓐ' 순으로 ⓒ의 비중을 가장 높게 한다. 텍스트 양식의 비중은 '기술 > 서술 > 논술' 순으로 하여 3-4학년군에서 서술의 비중을 줄이는 대신 기술의 비중을 높게 한다. 이는 필자나 화자의 주관적 느낌이나 감상 및 깨달음 등을 객관적 진술, 설명, 보고, 기록 등으로 변환시키는 과정이 필요하기 때문이다. 그리고 논술은 비중이 가장 낮지만 중1-3학년군으로 가기 전, 시각 자료를 활용하여 필자나 화자의 의지, 의견, 주장, 입장, 관점 등을 드러낼 수 있는 주관의 객관화가 필요하다.12)

중1-3학년군에서는 5-6학년군과 마찬가지로 ⓐ, ⓑ를 활용하여 서술하되, ⓐ, ⓑ, ⓒ에 ⓓ를 추가 활용하여 기술하며, 논술한다. 이때 시각 자료 비중은 'ⓒ > ⓓ > ⓑ > ⓐ' 순으로 하여 ⓒ의 비중을 가장 높게 하면서 추가된 ⓓ를 그 다음으로 한다. 텍스트 양식에서 기술의 비중은 그대로 두면서 서술의 비중을 가장 낮게 하며 논술의 비중을 중간 정도로 한다. 이는 텍스트 양식의 비중을 '기술>논술>서술' 순으로 함으로써 시각 자료를 활용한 텍스트 양식의 큰 변화보다 점진적으로 교육내용을 조직함으로써 고1-3학년군으로 가는 중간 단계로서의 성격을 지니게 하는 것이다.

고1-3학년군에서는 ⓐ, ⓑ를 활용하여 서술하고, ⓐ, ⓑ, ⓒ, ⓓ를 활용하여 기술하며, 논술한다. 학습 능력 발달 수준에 맞추어 ⓒ보다 ⓓ에 치중하는 것이 요구된다. 이때 시각 자료 비중은 중1-3학년군에서 이루어진 'ⓒ > ⓓ > ⓑ > ⓐ' 순을 'ⓓ > ⓒ > ⓑ > ⓐ' 순으로 바꾸어 ⓓ의 활용 비중을 가장 높게 한다. 그리고 중1-3학년군에서 가장 비중이 높았던 기술을 낮추고 논술 비중을 높여야 한다. 즉, 텍스트 양식의 비중을 '논술 > 기술 > 서술' 순으로 하여 필자나 화자의 의지, 의견, 주장, 입장, 관점 등의 주관의 객관화가 필요하다.13)

이와 같이 할 때, 시각 자료를 활용한 언어사용 교육내용 조직은 계속성, 계열성, 통합성을 모두 갖출 수 있는데, <그림 2>에서 그 조직 원리와 관련된 내용을 정리하여 <표 10>으로 나타내면 다음과 같다.

---

12) 이는 2012 국어과 교육과정 5-6학년군 내용 성취 기준에 '(6) 매체를 활용하여 효과적으로 발표한다.'의 해설에서 설명하거나 주장하는 발표를 할 때 그림, 사진, 도표 등을 효과적으로 사용할 수 있다고 밝히고 있어 시각 자료를 활용한 언어사용 교육내용 조직으로 가능할 것이다.

13) 텍스트 양식의 비중을 '논술 > 기술 > 서술' 순으로 언어사용 교육내용을 조직할 경우, 학습자의 논술 능력을 신장시키는 데에 효과가 있을 것이다.

<표 10> 시각 자료를 활용한 언어사용의 교육내용 조직

언어활동 비중 학년군	읽기, 쓰기, 듣기·말하기			
	시각 자료	시각 자료 비중	텍스트 양식	텍스트 양식 비중
1-2학년군	ⓐ	ⓐ	서술	서술
3-4학년군	ⓐ, ⓑ	ⓑ > ⓐ	서술, 기술	서술>기술
5-6학년군	ⓐ, ⓑ	ⓒ > ⓑ > ⓐ	서술	기술>서술>논술
	ⓐ, ⓑ, ⓒ		기술, 논술	
중1-3학년군	ⓐ, ⓑ	ⓒ > ⓓ > ⓑ > ⓐ	서술	기술>논술>서술
	ⓐ, ⓑ, ⓒ, ⓓ		기술, 논술	
고1-3학년군	ⓐ, ⓑ	ⓓ > ⓒ > ⓑ > ⓐ	서술	논술>기술>서술
	ⓐ, ⓑ, ⓒ, ⓓ		기술, 논술	

시각 자료 ⓐ는 1-2학년군에서, ⓑ는 3-4학년군에서, ⓒ는 5-6학년군에서, ⓓ는 중1-3학년군에서 고1-3학년군까지 이어진다. 텍스트 양식인 서술은 1-2학년군에서, 기술은 3-4학년군에서, 논술은 5-6학년군에서 고1-3학년군까지 지속된다. 이는 시각 자료와 텍스트 양식의 상호관련성에 따른 언어사용 교육내용 조직의 원리인 계속성을 유지한다. 그러면서 시각 자료의 비중은 예술적 속성, 추상성 정도, 해석자의 의도 개입이 강한 쪽에서 없거나 약한 쪽으로 높이며, 이와 관련하여 텍스트 양식의 비중은 고등 사고 능력을 신장할 수 있는 방향으로 높여감으로써 계열성을 지닌다. 이러한 계속성과 계열성으로 인하여 학년군별로 통합성을 이룰 수 있다. 이처럼 시각 자료를 활용한 언어사용 교육내용은 계속성, 계열성, 통합성을 모두 갖추어 조직되어야 할 것이다.

4. 맺음말

지금까지 이 연구에서는 2012 국어과 교육과정에서 보여주는 시각 자료를 활용한 언어사용의 교육내용 조직에 대한 문제점을 살펴보고, 학년 발달에 따른 교육내용을 중심으로 그 문제를 해결하기 위한 방안을 모색하고자 하였다.

시각 자료를 활용한 언어사용의 교육내용 조직 문제는 크게 네 가지로 나누어 볼 수 있다. 첫째는 시각 자료 분류의 문제인데, 2012 국어과 교육과정에서 시각 자료의 비언어적 특성이 고려되지 않은 상태에서 시각 자료에 대한 활용을 기술하고 있다. 둘째는 계속성의 문제인데, 시각 자료를 활용한 듣기·말하기 영역에서는 1-2학년군과 3-4학년군이, 읽기 영역에서는 1-2학년군에서 5-6학년군까지 교육내용 조직이 나타나지 않는다. 셋째는 계열성의 문제인데, 시각 자료를 활용한 쓰기 영역 고1-3학년군에서는 시각 자료를 활용한 주장을 그 내용 조직으로 구성하지 못하였으며, 듣기·말하기 영역의 교육내용 조직은 역계열성에 해당한다. 그리고 시각 자료를 활용한 읽기 영역에서는 평가하며 읽기와 추론하며 읽기 중 어느 것이 심화·발전된 내용 조직인지 명확하게 알 수 없으며, 그 읽기가 어떤 종류의 텍스트에 대한 읽기인지 밝히지 않음으로써 시각 자료를 활용한 읽기 영역의 교육내용 조직에 대한 계열성은 쉽게 드러나지 않는다.

따라서 이러한 문제점을 해결하기 위해서는 먼저, 학년 발달에 따른 시각 자료의 교육내용 조직이 이루어져야 한다. 다음으로, 시각 자료를 활용한 언어사용 교육내용 조직은 텍스트 분류 체계와 연동되어야 한다. 두 가지 선행 조건을 토대로 하여 마지막으로, 시각 자료를 활용한 언어사용 교육내용 조직에 대한 방안을 제시하였다.

제8장

자기소개서 쓰기 지도 방법

– 평가 항목과 평가 요소를 중심으로

1. 머리말

자기소개서는 주로 친교, 성찰, 진학, 취업의 목적으로 쓰이는 글인데, 최근 대학에서 입학사정관전형이 실시되면서 교육적 관점에서 그 중요성이 크게 높아지고 있다. 입학사정관전형은 내신 성적과 수능 점수 위주의 단편적이고 획일적이며 기계적인 선발 방식에서 벗어나 각 대학의 인재상이나 모집단위의 특성에 부합하는 학생들을 선발하기 위한 다양화와 특성화를 추구하는 입학전형 제도이다.[1] 여기에는 학교생활기록부나 추천서, 자기소개서, 면접 등이 활용되고 있는데, 이중에서 자기소개서는 다른 서류나 면접에 비해 그 비중이 낮은 편은 아니다.[2]

---

[1] 2007년 입학사정관제 시범대학에 10개교가 선정된 이후 2014학년도에는 127개 대학에서 입학사정관제를 시행하였다.

[2] 입학사정관제를 실시하는 해외대학의 사례를 보면, University of Califonia at Berkeley는 학생 개인, 가족정보, 교육이력, 과외활동, 시험성적, 자기 학업성적 등 13개의 섹션으로 구성된 입학원서를 제출하도록 하며, University of Massachusetts는 고등학교 성적 및 생활기록부, SAT/ACT 성적, 입학원서 등을 자료로 하되, 학생들의 재능, 경

그래서인지 국어과 교육과정에서는 친교나 성찰의 목적보다 입학이나 취업 목적의 글쓰기에 초점을 맞추고 있다. 작문의 유형 중 자기표현과 사회적 상호작용을 위한 작문 '(30) 생활 속의 체험이나 깨달음을 글로 씀으로써 삶의 체험을 기록하고 자신의 삶을 성찰하는 습관을 기른다.'의 해설에서 "입학이나 취업 등 자기소개서를 써야 하는 다양한 상황에 직면하였을 때, 목적에 맞게 자기소개서를 쓰려면 그러한 글을 효과적으로 쓸 수 있는 방법을 터득해야 한다."(교육과학기술부, 2012 : 110)라고 밝히고 있다. 이는 자기소개서를 공적인 상황의 실용적인 글쓰기에 대한 중요성을 교육적, 사회·문화적 맥락에서 인식하고 있는 것이다.

박혜정(2010 : 49)의 고등학교 교사에 대한 자기소개서 관련 설문, '1. 다음 세 가지의 자기소개서 중에서 고등학생들에게 가장 중요하다고 생각하는 것은 무엇입니까?'라는 설문 내용에 대한 답변은 ① 친교 목적의 자기소개서는 3.4%, ② 대학 입시용 자기소개서는 94.8%, 기업 입사용 자기소개서는 1.7%로 나타난다. 이는 고등학교 국어과 작문교육에서 입학을 목적으로 하는 자기소개서 쓰기가 다른 목적의 자기소개서 쓰기에 비해 교육적으로 절실하다는 것을 알려준다.

물론 교육적으로 친교나 성찰을 목적으로 하는 자기소개서 쓰기가 불필요하다는 것을 의미는 것은 아니다. 자기소개서를 편의상 그 목적에 따라 분류하고 이론적 체계를 세워 학문적으로 정립할 수 있으나, 자기소개

험, 관심 등과 지역사회 및 대학에의 적응 가능성 등을 고려하여 사정한다. MIT는 개인신상정보부분(Part 1)과 학업성취(Part 2)로 구성된 입학원서를 접수하여 Numeric Index라는 학문적 요인에 대한 측정과 Personal Rating이라는 비학문적 요인의 두 축으로 나누어 지원자를 평가하는데, Numeric Index는 SAT/ACT, GPA, 그리고 Class/School Rank에 의해서 평가하고, Personal Rating은 수상실적, 비교과활동, 개인의 인성과 적성, 삶의 열정 등을 평가한다. University of Virginia는 AP등 어려운 과목의 이수여부, 추천서의 내용, 에세이 등이 주요 고려 요소가 된다(http://uao.kcue.or.kr/).

서는 여러 가지 목적에 따른 내용과 구성 요소들이 복합적으로 이루어질 수도 있다. 그래서 교육적 목적이나 가치에 따라서 친교나 성찰, 입학이나 취업 관련 자기소개서 쓰기에 대한 적절한 선택과 그 교육이 필요할 것이다.

그런데 2011 국어과 교육과정에 따른 '화법과 작문' 교과서의 자기소개서 단원에서 박영목 외 4인(2011), 송기한 외 2인(2011), 이삼형 외 8인(2011)은 공통적으로 구성 요소(평가 항목)를 다루면서 평가 요소가 무엇인지 기술하지 않았다. 입학을 위한 자기소개서는 자신을 드러내는 글이기는 하지만, 독자에 의해 평가를 받는다는 점에서 구성 요소만큼이나 평가 요소도 중요하다. 그리고 박영목 외 4인(2011)은 자기소개서의 특성을 개인의 특성이 드러나는 글과 진술한 글로 제시하였는데, 이는 수필과 같은 일반적인 특성과 다를 바 없다. 자기소개서만의 장르적 특성3)이 필요할 것이다.

따라서 이 연구에서는 입학을 위한 자기소개서의 평가 항목에 따른 주된 평가 요소를 찾고, 그 주된 평가 요소와 관련된 특성을 살펴, 이를 기반으로 자기소개서 쓰기 지도 방법4)을 모색하고자 한다.

---

3) 한현숙(2010)은 자기소개서의 장르적 특성을 공적인 성격, 적합성 평가, 설득 목적, 경제성, 정보전달로, 최지은, 전은주(2009)는 외적 관습(필자, 독자, 목적의 다양성, 인쇄 매체)과 내적 관습(내용 요소, 내용 구성 요건, 표현 요건)으로, 서종훈(2008)은 주관적 속성, 쌍방향 의사소통, 무형식성, 목적성, 실용성으로, 정민주(2009)는 담화 주체와 담화 대상(표현 대상)의 동일성, 담화 주체의 의도성, 독자와의 상호작용(설득행위), 진정성으로 제시한다. 이들 연구 성과를 바탕으로 이 연구에서는 평가 항목과 평가 요소의 측면에서 그 특성을 살필 것이다.

4) 이 연구에서 지도 방법은 필자의 자기소개서 쓰기와 필자(학생필자)가 쓴 자기소개서에 대한 독자(교사, 동료학생 등)의 평가 및 피드백이 이루어지는 지도활동을 종합적으로 고려한 교육적 활동 방법을 의미한다. 물론, 이러한 활동 방법이 IV장에서 하나의 모형으로 제시됨으로써 구체적인 교육 활동이 되지 못하고 이론적 설명에 치우칠 가능성을 배제할 수 없을지도 모른다. 다만, 평가 항목에 따른 주된 평가 요소와 관련

2. 입학사정관전형 인재상의 평가 요소

효과적으로 자기소개서를 쓰려면 자기를 소개하는 목적과 독자 등 맥락을 고려(교육과학기술부, 2012 : 110)해야 하는데, 그 목적이 입학에 있고, 독자가 입학사정관이라면 입학사정관전형에서 추구하는 인재상의 평가 요소를 파악할 필요가 있다. 이는 각 대학이 제시한 자기소개서의 평가 항목과 무관하지 않기 때문이다.

대학이 추구하는 인재상의 평가 요소는 조금씩 다르게 나타나지만, 크게 인성, 전공적합성, 발전가능성(성장잠재력), 창의성(문제해결력)으로 구분할 수 있다. 먼저, 인성과 관련된 세부 내용들을 보면 다음과 같다.

① 자신에 대한 자존감과 더불어 남과 함께 할 수 있는 능력
② 인화관계성－공감 및 배려
③ 공동체정신, 봉사정신, 성실성 등
④ 공동체의식, 교유관계, 리더십
⑤ 리더십 역량(양보, 희생)
⑥ 인성 함양과 시민 소양(사회성, 인성)
⑦ 자신감, 적극성, 리더십, 책임감, 목표지향성, 자기조절능력, 도덕성, 사회성 등

이를 간단하게 정리하면, 인성과 관련된 내용들은 자존감, 공동체정신(의식), 공감, 배려, 봉사정신, 성실성, 교육관계, 리더십, 양보, 희생, 인성 함양, 시민 소양, 자신감, 적극성, 책임감, 목표지향성, 자기조절능력, 도덕성, 사회성 등이다. 이러한 인성의 세부 내용에 대한 대학의 평가는 인

된 특성을 토대로 하여 자기소개서 쓰기 지도 방법을 제안하는 데 의의를 두고자 한다.

성과 관련된 모든 세부 내용을 다루기보다는 대학마다 중요시하는 몇 가지 세부 내용만을 다루고 있다.

다음으로, 전공적합성과 관련된 세부 내용들을 보면 다음과 같다.

① 전공에 대한 관심, 열정, 학업적성
② 전문-지속적인 호기심과 탐구심
③ 지적 호기심
④ 진로탐색에 열심인 인재-학생의 흥미와 적성을 고려하여 전공을 탐색하고 다양하게 활동하는 학생
⑤ 전문인적 역량(전문가)
⑥ 학문적 탐구심
⑦ 지식탐구에 호기심과 즐거움 및 전문성을 가진 학생
⑧ 적성 : 관련 분야에 대한 소질, 학업적성, 대학 또는 학과 수학 능력 등

전공적합성의 세부 내용들을 정리하면, 전공에 대한 관심, 열정, 소질, 학업 적성, 지적 호기심과 탐구심, 흥미와 적성을 고려한 전공 탐색, 전문가적 역량, 전공 관련 학업능력(학과 수학 능력) 등이다.

그 다음으로, 발전가능성(성장 잠재력)과 관련된 세부 내용들을 보면 다음과 같다.

① 발전가능성 : 학업성취도의 꾸준함과 향상도, 교육환경 및 가정환경 고려
② 성장가능성 : 도전정신, 학업역량, 관찰력 등
③ 발전가능성 인재(자아형상←전공능력, 기초학력, 인성, 잠재능력)

④ 창의적 인재로 발전할 가능성
⑤ 전공분야의 핵심인력으로, 미래사회리더로 성장 가능한 학생과 전공분야 특성화에 기여할 잠재력이 높은 학생
⑥ 역경을 극복한 잠재력 있는 인재
⑦ 자기주도적 학습을 통해 자신의 발전 가능성을 보여줄 수 있는 진보형 인재

대학마다 학생의 발전가능성의 기반을 여러 가지 내용으로 제시하고 있다. 그러나 이는 모두 전공과 관련된다는 점에 주목한다면, 발전가능성은 학업성취도의 꾸준함과 향상도, 학업역량, 전공능력, 기초학력, 자기주도적 학습과 무관하지 않다. 물론 여기에는 교육환경과 가정환경, 도전정신이나 관찰력, 창의성, 리더십 등도 고려될 것이다.

마지막으로, 창의성과 관련된 세부 내용을 보면 다음과 같다.

① 문제해결능력을 지닌 창의적 인재
② 창의성 : 문제인식력, 정보분석력, 문제해결력
③ 창의성, 문제인식, 문제해결 능력, 도전의식, 역경극복 노력과 결과
④ 문제해결능력(난관 극복 의지)
⑤ 창의력 : 문제를 해결하는 방식이 독창적인가
⑥ 창의력, 문제해결력

창의성은 대학마다 유사하게 나타나는데 크게 두 가지로 구분하면, 하나는 문제해결력이고, 다른 하나는 역경(난관) 극복이다. 후자의 경우는 어려움을 어떤 과정을 통해 해결했는가(극복했는가)와 관련된다고 볼 수 있다.

따라서 대학이 제시한 이러한 입학사정관전형 인재상의 평가 요소와

관련된 세부 내용을 토대로 조사 대상 31개 대학 중, 입학사정관전형 인재상의 평가 요소인 인성, 전공적합성, 발전가능성은 31개 대학(100%), 창의성은 27개 대학(87.1%)이다.[5] 이를 토대로 볼 때, 대부분의 대학에서 시행하는 입학사정관전형의 평가 요소는 인성, 전공적합성, 발전가능성, 창의성에 초점을 맞추고 있다.

3. 자기소개서 평가 항목과 주된 평가 요소

자기소개서 평가 항목은 입학사정관전형을 실시하는 대학마다 일일이 열거할 수는 없지만, 각 항목에 해당하는 유사한 내용을 정리할 수는 있다. 다만, 각 문항은 한국대학교육협의회가 지정한 공통지원양식 문항을 중심으로 해서 학생필자가 기술할 수 있는 내용을 살펴볼 것이다. 다음은 2014학년도 한국대학교육협의회가 지정한 자기소개서 공통지원양식이다.[6]

1. 자신의 성장 과정과 환경이 자신의 삶에 미친 영향에 대해 기술하

---

5) 조사 대상(2014학년도 기준)은 가톨릭대, 강원대, 건국대, 경기대, 경북대, 경희대, 고려대, 국민대, 동국대, 명지대, 부산대, 상명대, 서강대, 서울대, 서울시립대, 서울여대, 성균관대, 숙명여대, 아주대, 영남대, 이화여대, 인하대, 전남대, 전북대, 중앙대, 충남대, KAIST, POSTECH, 한국교원대, 한양대, 홍익대이다. 이들 대학 중, 평가 요소의 하나로 자기주도성을 제시한 경우도 있다. 주로 자기주도성은 학업 능력과 관련되어 있는데, 일부 대학의 경우는 학업 외 능력과 연관되기도 한다.

6) 2011학년도 한국대학교육협의회가 지정한 자기소개서 공통지원양식의 평가 항목은 5개였으나, 그중 4번 문항이 2012학년도 지정 공통지원양식에서 삭제되었다. 그리고 2011학년도 지정 공통지원양식의 문항에서 사용한 '서술'이란 용어를 2012학년도 지정 공통지원양식의 문항에서부터는 '기술'이란 용어로 고쳐 쓰고 있다.

세요(1000자 이내).

2. 학교생활 중 배려, 나눔, 협력, 갈등 관리, 리더십 발휘 등을 실천한 사례를 들고 그 과정을 통해 배우고 느낀 점을 구체적으로 기술하세요(1000자 이내).

3. 지원 동기와 지원 분야의 진로 계획을 위해 어떤 노력과 준비를 해왔는지 기술하고, 본인에게 가장 의미 있었다고 생각되는 교내 활동을 기술하세요. 단, 교외 활동 중 학교장의 허락을 받고 참여한 활동은 포함됩니다(1500자 이내).

4. 대학 입학 후 학업 계획과 향후 진로 계획에 대해 기술하세요(1000자 이내).

먼저, 1번 평가 항목과 관련하여 학생필자가 기술할 수 있는 내용을 제시하면 다음과 같다.

- 성장과정과 환경이 자신의 삶에 미친 영향 기술
- 학업 이외의 활동 소개와 성장에 미친 영향 기술
- 개인, 가정, 학교, 지역적 환경의 특징에 대한 설명과 자신의 발전을 위한 노력 기술
- 성장과정 중 의미 있었던 경험 제시하고, 배운 점 기술
- 삶에 가장 큰 영향을 미친 경험 기술과 가치관 변화에 대한 기술
- 교과 외 활동 작성 후, 개인 또는 주변에 미친 영향 기술
- 개인적 환경 설명과 삶에 미친 영향을 경험적 사례를 들어 기술
- 성장과정 및 교육환경(가족, 학교, 지역 등)에 대한 기술
- 삶에 영향을 미친 사건이나 경험 기술
- 어려움을 극복한 과정과 이를 통한 자신의 성장 기술
- 어려움이나 좌절을 극복한 경험 소개와 이를 통한 지원자의 성취

및 삶의 변화 기술
- 어려움을 극복하는 과정에서 어떤 의미를 발견하였는지 기술
- 어려움을 극복하는 과정에서 배운 점과 자신의 노력 기술
- 어려움을 극복하기 위한 노력 기술
- 스트레스, 실패, 좌절 등의 역경을 극복한 경험 기술

이러한 1번 평가 항목과 관련된 내용은 크게 2가지 정도로 압축하여 정리할 수 있는데, ① 성장과정 및 교육환경(가족, 학교, 지역 등) 관련 기술, ② 역경 극복 관련 기술이다. 이러한 항목들은 입학사정관전형 인재상의 평가 요소인 인성 및 창의성과 관련되며, 인성과 창의성은 1번 관련 항목의 주된 평가 요소가 될 수 있다. 다만, 여기에서 인성은 '개인적 자아' 형성으로서의 인성(가치관, 신념 등)이며, 창의성은 어려움을 어떤 과정을 통해 해결했는가(극복했는가)와 관련된다.

다음으로, 2번 평가 항목과 관련하여 학생필자가 기술할 수 있는 내용을 제시하면 다음과 같다.

- 공동체 활동 중 의미 있었던 경험과 배우고 느낀 점 기술
- 공동체 의식 발휘하여 학교나 사회에 기여 및 봉사한 일과 배우고 느낀 점 기술
- 공동체 활동이나 봉사활동 소개와 느끼거나 배운 점 기술
- 공동체 구성원과 협력하여 성취한 경험 소개 및 자신의 역할과 배우고 느낀 점 기술
- 공동체에서 자신의 역할(리더십, 봉사정신, 인성함양노력 등) 기술
- 리더십이나 공동체의식 성취 및 배우고 느낀 점 기술
- 리더로서의 노력과 활동에 대한 사례 소개와 지원자에게 미친 영향

기술

- 리더십을 발휘한 활동이나 계발하기 위해 노력한 내용 및 배우고 느낀 점 기술
- 리더십을 발휘한 경험을 느낀 점을 포함하여 기술
- 봉사활동 중 의미 있는 내용과 배우고 느낀 점 기술
- 봉사활동이 자기 또는 주변에 미친 영향 기술
- 봉사활동, 체험활동, 동아리활동 등의 경험 내용과 느낀 점 기술
- 봉사정신이나 협동심을 발휘한 경험과 본인 또는 타인에게 미친 영향 기술
- 시민의식과 관련된 활동 중 의미 있었던 경험과 느낀 점 기술
- 책임감이나 협동심을 발휘한 경험과 본인 또는 타인에게 미친 영향 기술
- 특별활동이 자신과 주위에 미친 영향 기술
- 협력을 통한 문제해결과 배운 점 기술
- 자치활동 등에서 공통의 문제에 관심을 가지고 참여하는 과정에서 배우고 느낀 점 기술
- 갈등에 대한 해결 과정과 배운 점이나 느낀 점 기술

이러한 2번 평가 항목과 관련된 내용은 크게 2가지 정도로 압축하여 정리할 수 있는데, ① 교내·외 각종 활동(봉사활동, 공동체 활동, 학생자치활동, 체험활동, 동아리 활동, 특별활동 등) 관련 기술, ② 봉사정신, 공동체 의식, 리더십, 시민의식, 책임감, 협동심, 인성함양 등 관련 기술, ③ 영향, 가치, 노력, 의미, 성취, 변화, 느낀 점, 배운 점 등 기술 ④ 문제해결 기술 등이 그것이다. 결국, 2번 항목은 입학사정관전형 인재상의 평가 요소인 인성 및 창의성과 관련되며, 이것은 2번 관련 항목의 주된 평가 요소가 될 수 있다. 다만, 여기에서 인성은 '사회적 자아' 형성으로서의 인성(사회적 구성

으로서 지녀야 할 덕목)이며, 창의성은 문제해결과 연관된다.

그 다음으로, 3번 평가 항목과 관련하여 학생필자가 기술할 수 있는 내용을 제시하면 다음과 같다.

- 지원동기와 지원 분야를 위한 노력과 준비에 관한 기술
- 지원 모집단위와 관련한 학업능력이나 관심, 열정 등 기술
- 지원 모집단위와 관련한 준비 과정과 노력 기술
- 지원 학과(부)에 진학하기 위해 기울인 학업적 노력 기술
- ○○대학교가 지원자를 선발해야 하는 이유를 지원동기와 지원전공을 중심으로 기술
- 지원동기와 진로계획을 중심으로 ○○대학교가 지원자를 선발해야 하는 이유 기술
- 지원동기와 관심분야의 자기주도적 학습경험 기술
- 지원분야를 전공하는 데 가장 필요한 적성, 자질, 재능 기술
- 지원전공 선택에 가장 큰 영향을 주었던 동기, 활동(경험)의 과정, 영향 기술
- 개인적 자질 설명과 그 자질을 계발하기 위해 노력한 경험 기술
- 지원한 분야에 관심을 갖게 된 이유와 전공관련 분야에서 본인의 노력 및 활동 기술
- 전공을 선택하게 된 이유(동기) 기술
- 지원한 동기와 ○○에 진학해야 하는 이유
- 지원 학과와 관련된 학업능력과 적성을 계발하기 위한 교내·외 활동 기술

3번 평가 항목과 관련하여 몇 가지로 정리하면, ① 지원동기와 지원분야를 위한 노력과 준비에 관한 기술, ② 전공을 선택하게 된 이유 기

술, ③ ○○대학교가 지원자를 선발해야 하는 이유 기술, ④ 지원 모집단위와 관련한 학업능력이나 관심, 열정 등 기술, ⑤ 지원분야를 전공하는 데 가장 필요한 적성, 자질, 재능 기술, ⑥ 관심분야의 자기주도적 학습경험 기술이다. 이러한 항목들은 입학사정관전형 인재상의 평가 요소인 전공적합성과 관련되며, 전공적합성은 3번 관련 항목의 주된 평가 요소가 된다.

마지막으로, 4번 평가 항목과 관련하여 학생필자가 기술할 수 있는 내용을 제시하면 다음과 같다.

- 지원 전공과 관련한 잠재능력 기술
- 대학 입학 후의 학업계획과 진로계획 기술
- ○○대학교 입학 후 성취하고자 하는 바를 자기주도적 학습의 관점에서 기술
- 리더십 활동(경험)을 향후 인생에서 어떻게 활용할 수 있을지 설명
- 대학 진학 후 학업목표 및 진로계획 기술
- ○○대학교 입학 후 이루고 싶은 장래 목표와 이를 이루기 위한 계획 기술
- 입학 후 창의적이고 리더십 있는 과학기술 인재로 성장할 가능성에 대한 기술
- 앞으로 4년간 ○○대학교에서 하고 싶은 것 기술
- 앞으로의 진로계획(예 : 20년 후의 자신의 모습) 기술
- 10년 후 자신의 모습 상상해 보고, 그것을 성취하기 위한 노력을 할 계획인지 기술
- 전공 영역에서의 학업계획 기술
- 대학 졸업 후의 진로 및 활동 계획 기술

이를 4번 평가 항목과 관련하여 몇 가지로 요약하면, ① 전공 관련 잠재능력 기술, ② 입학 후 학업목표, 학업계획 기술, ③ 입학 후 성취하고자 하는 바(하고 싶은 것) 기술, ④ 입학 후 장래 목표와 계획 기술, ⑤ 입학 후 성장할 가능성에 대한 기술, ⑥ 향후 진로계획이나 활동 계획 기술이다. 이러한 항목들은 입학사정관전형 인재상의 평가 요소인 발전가능성(성장잠재력)과 관련되며, 발전가능성은 4번 관련 항목의 주된 평가 요소가 된다.

자기소개서에 제시한 이러한 평가 항목을 입학사정관전형을 통해 선발하려는 인재상의 평가 요소와 관련하여 조사 대상 31개 대학 중, 1번과 2번 평가 항목의 주된 평가 요소인 인성과 창의성, 3번 평가 항목의 주된 평가 요소인 전공적합성, 4번 평가 항목의 주된 평가 요소인 발전가능성 모두 31개 대학(100%)이다.[7] 이렇게 보면 자기소개서의 평가 항목과 관련한 주된 평가 요소는 인성, 전공적합성, 발전가능성, 창의성이다.

지금까지 살펴본 바에 의하면, 입학사정관전형에서 선발하려는 인재상과 자기소개서의 평가 항목은 밀접한 관련성을 가지는데, 자기소개서 평가 항목의 주된 평가 요소는 입학사정관전형 인재상의 평가 요소와 동일거나 좀 더 높게 비율을 나타난다. 이를 <그림 1>로 나타내면 다음과 같다.

---

7) 조사 대상(2014학년도 기준)은 가톨릭대, 강원대, 건국대, 경북대, 경희대, 고려대, 동국대, 명지대, 상명대, 서강대, 서울대, 서울시립대, 서울여대, 성균관대, 세종대, 숙명여대, 아주대, 연세대, 영남대, 이화여대, 인하대, 전남대, 전북대, 중앙대, 충남대, 충북대, KAIST, POSTECH, 한국외대, 한양대, 홍익대이다.

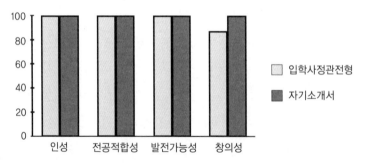

〈그림 1〉 자기소개서와 입학사정관전형 평가 요소별 비율

인성, 전공적합성, 발전가능성의 경우는 모두 동일하다. 그리고 창의성의 경우, 입학사정관전형 인재상이 87.1%인데 반해, 자기소개서는 100%이다. 따라서 자기소개서 평가 항목의 주된 평가 요소와 입학사정관전형 인재상의 평가 요소는 창의성에서 차이를 보여주기는 하나, 크게 차이를 보여주는 것이 아니므로 입학사정관전형에서 추구하는 인재상을 선발하고자 하는 취지가 고스란히 자기소개서에 반영되어 있다고 볼 수 있다.

4. 자기소개서 특성과 쓰기 지도 방법

대학의 입학사정관전형에서 선발하려는 인재상의 평가 요소는 학생의 인성, 전공적합성, 발전가능성, 창의성으로 나타나며, 이러한 평가 요소는 자기소개서의 평가 항목과 밀접한 관련을 가지고 있음을 살펴보았다. 이 점을 염두에 두고 입학을 위한 자기소개서의 특성을 밝히면 다음과 같다.

먼저, 자기소개서는 필자와 독자의 평가 항목에 대한 주된 평가 요소의 동일성을 추구하는 글쓰기이다. 자기소개서 쓰기는 그 목적과 독자를 분명히 인식하고 이루어져야 하는데, 그러기 위해서는 대학이 추구하는 인재상에 부합하는 노력이 요구된다. 쓰기의 목적은 필자(학생필자)의 입장에서 입학이기 때문에 공적 상황에서의 실용적 글쓰기를 염두에 두고 쓰기가 이루어져야 하며, 그러기 위해서는 항목과 관련된 모든 정보를 수집하고 분류하며 분석해서 자신이 입학하고자 하는 대학(계열, 학부, 학과, 전공)에 맞는 인재상이라는 사실을 부각시켜야 한다.[8] 그러면서 독자(입학사정관)가 평가자라는 사실을 잊어서는 안 된다. 자기소개서를 평가하는 독자는 필자의 자기소개서를 평가 방법이나 원칙에 따라 평가하게 된다.

따라서 자기소개서는 입학을 목적으로 하는 필자의 평가 항목에 대한 주된 평가 요소와 평가를 목적으로 하는 독자의 평가 항목에 대한 주된 평가 요소가 동일성에 근접할수록 좋은 글쓰기가 된다. 여기에서 동일성이란 각 대학이 입학사정관전형을 통하여 선발하고자 하는 인재상이 될 것이다. 이를 <그림 2>로 나타내면 다음과 같다.

〈그림 2〉 필자와 독자의 평가 항목에 대한 주된 평가 요소의 동일성

필자는 각 대학의 홍보책자나 홈페이지 등을 통해 파악한 입학사정관전형의 인재상①을 자기소개서의 각 항목에 적합하도록 기술해야 한다 (②). 그리고 독자는 필자의 자기소개서를 평가 항목에 따라 그 대학이 추

---

8) 최지은, 전은주(2009)에 의하면, 자기소개서 쓰기의 계획하기 단계에서 가장 먼저 이루어져야 할 일이 이 학교(학과, 회사)에 필요한 인재는 어떠한 능력을 갖추어야 하는지 분석하는 일이라고 하면서, 그러기 위해서는 해당 학교와 학과(회사)에 대한 정보 수집이 필수적이라고 한다. 또한 정보 수집 과정을 통해 인재로서 갖추어야 할 능력이 구체적으로 그려지면 자기소개서 쓰기를 위한 목표 중심 계획을 세운다고 한다.

구하는 인재상(③)에 부합하게 기술되었는지를 평가하게 된다(④). 따라서 자기소개서는 필자가 기술한 인재상과 독자가 평가하는 인재상의 동일성을 지향하는 글쓰기이다.

다음으로, 자기소개서는 자기 성찰적 내용을 담으면서 동시에 실용적 가치를 추구하는, 정체성과 실용성의 복합적 글쓰기이다. 자기소개서가 입학 목적에 의해 작성된다고 하더라도 자신의 성찰로부터 출발한다. 자기소개서의 평가 항목에 따른 평가 요소가 인성, 전공적합성, 발전가능성, 창의성이라면 자아정체성에 대한 물음에 답할 수 있어야 한다. 즉, 나는 '어떻게 살아왔으며, 어떻게 살아가고 있고, 어떻게 살 것인가?'(서종훈, 2008 : 266)에 대한 물음에 필자는 자신을 탐색하는 과정으로서 나의 과거와 현재, 미래까지 자신을 성찰하면서 정체성을 찾는 노력이 필요하다.

특히, 1번과 관련 항목의 성장과정과 환경은 개인적 자아 형성으로서의 인성, 2번과 관련 항목의 봉사정신, 공동체 의식, 리더십, 시민의식, 책임감, 협동심, 인성함양에 대한 영향, 가치, 노력, 의미, 성취, 변화, 느낀점, 배운 점 등은 사회적 자아 형성으로서의 인성, 3번 관련 항목의 전공 관련에 대한 관심, 열정, 적성, 자질, 재능 등은 성찰적 글쓰기의 일부로 작용한다. 1, 2번 관련 항목의 역경 극복이나 갈등해결 관련 내용도 마찬가지이다. 이는 "'과거'의 사실을 활용하여 '현재'의 자아상을 볼 수 있는"(이양숙, 2011 : 186) 항목들이다. 4번 관련 항목에서 입학 후 성취하고자 하는 바(하고 싶은 것)나 입학 후 장래 목표, 입학 후 성장할 가능성 등은 과거의 경험과 현재의 모습을 토대로 미래의 자아상을 추구할 수 있는 항목이다. 따라서 입학 목적의 자기소개서는 정체성과 실용성이 어우러지는 글쓰기이다.9)

---

9) 이러한 의미에서 보면 자기 성찰을 위한 글쓰기(일기, 감상문, 경수필, 수기, 전기 등)

그 다음으로, 자기소개서는 '나'에 대한 서술(敍述)을 기술(記述)로 전환시키는 글쓰기이다. 2011학년도 한국대학교육협의회 자기소개서 공통 양식의 4, 5번 항목은 '~을(에 대해) 서술하세요.'로 적고 있다. 그러나 2014학년도 한국대학교육협의회 자기소개서 공통 양식의 모든 항목은 '~을(에 대해) 기술하세요.'로 쓰고 있다.

서술은 대상이나 과정에 대한 생각을 주관적으로 적는 경향이 강하기 때문에 대상이나 과정에 대한 구체적 내용을 보여주지 못해 필자의 생각이 추상화될 수밖에 없다. 이에 비해 기술은 대상이나 과정의 내용과 특징에 사의를 가하지 않고 있는 그대로 객관화시켜 전달하려는 경향이 강하여 필자의 생각이 구체적으로 드러난다. 따라서 서술을 기술로 바꾸어 쓴 것은 나를 객관화하여 구체적으로 설명해 달라는 의미가 담겨 있다. 즉, 자기소개서에서 대상은 '나'이고, 과정은 '나'의 삶에 의미 있는 또는 가치 있는 체험이나 경험인데, 이를 결과 중심이 아닌 과정 중심으로 기록해 달라는 것이다.

무엇을 깨달았다거나 무엇을 느꼈다는 것도 중요하겠지만, 그것보다 '어떻게 살아와서' 무엇을 깨달았다거나 느꼈다가 더 중요하다는 것이다. 따라서 '무엇'을 '어떻게'로 전환하여 필자 자신에 대한 소개 내용을 구체화시킬 필요가 있다. 이를 <표 1>로 정리하면 다음과 같다.

는 입학 목적의 자기소개서 쓰기 전 단계에서 교육될 필요성이 있다. 한편 이승후(2009)에 의하면, 목적의식적 자기소개서 쓰기의 차원은 목적의 대상에 따라 늘 유동적일 수밖에 없는데, 주로 상황에 따른 기술적 측면만을 강조하고 있어 보편화된 실용문 작성의 원리를 밝히는 것과는 거리가 있다고 한다. 이러한 지적은 한 번쯤 되새겨 볼 만하다.

〈표 1〉 자기소개서 쓰기 방식의 전환

방식	서 술	→	기 술
내용	무 엇	→	어떻게
성격	주관적	→	객관적
중심	결 과	→	과 정

입학 목적의 자기소개서는 '무엇'에 대한 주관적인 결과를 서술하는 것이라기보다는 '어떻게'에 대한 객관적인 과정을 기술함으로써, 나에 대한 구체적인 정보를 전달하는 글쓰기이다.

한편 최지은, 전은주(2009)에 의하면, 입학이나 입사용 자기소개서의 주 목적은 '설득'이며, 부차적 목적은 '정보전달'이라고 한다. 그러나 자기소개서는 그 평가 항목에 필자의 의지, 의견, 주장, 입장, 관점 등을 드러내어 대상이나 과정에 대한 주관의 객관화를 지향하는 '논(論)'의 성격을 드러내지 않으며, 특히 '~에 대해 논술하라.'는 항목이 제시되어 있지 않다. 따라서 입학 목적의 자기소개서는 나(필자)에 대한 정보를 전달하는데 주안점을 두는 글쓰기이다. 그리고 나에 대한 정보를 독자가 평가하는 것이다.

마지막으로, 자기소개서는 필자의 입장에서는 입학을 목적으로 하고, 독자의 입장에서는 평가를 목적으로 하는 양면성을 지닌다. 필자는 입학을 목적으로 자기소개서의 평가 항목에 따른 주된 평가 요소를 인지하면서 자기소개서 쓰기가 이루어진다. 한편 독자는 평가를 목적으로 자기소개서에서 필자의 정보를 각 항목별로 주된 평가 요소를 찾아 평가 방법이나 원칙에 따라 평가하게 된다.

따라서 네 가지 특성을 기반으로 하는 입학을 위한 자기소개서 쓰기

지도 방법은 <그림 3>과 같이 설정될 수 있다.

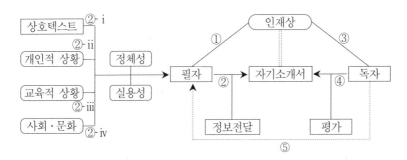

〈그림 3〉 자기소개서 쓰기 지도 방법을 위한 모형[10]

  필자(학생필자)는 입학하고자 하는 대학이나 학과(전공)의 홍보 관련 담당자나 홍보책자, 홈페이지 등을 통해 파악한 입학사정관전형의 인재상인 인성, 전공적합성, 발전가능성, 창의성 등①을 필자가 경험한 텍스트 이전의 상호텍스트적 관련성(②-ⅰ)에 의해 표현하기도 하며, 필자 자신이 처한 개인적 상황(②-ⅱ)과 교육적 상황(②-ⅲ)에 의해 표현하기도 하고, 필자가 처한 사회·문화적 요소(②-ⅳ)에 의해 표현하기도 한다. 이때 필자는 체험 과정에서 드러나는 정체성과 공적 상황의 실용성을 중심으로 자기소개서 평가 항목의 주된 평가 요소에 부합할 수 있도록 해야 하며, 또한 자신을 객관화시켜 자신에 대한 구체적 정보를 전달할 수 있도록 기술한다②.

  그런데 이러한 쓰기 과정에서 문자로 고착화되어 언어의 의미화를 기술한 자기소개서는 의미의 변화가 더 이상 일어나지 않는 상태에서 필자

10) 자기소개서 쓰기교육의 활동 방향은 김정우(2006 : 47)의 텍스트에 대한 '독자의 해석 활동 방향'과 제3장 '읽기와 쓰기의 상보적 관계' 및 제4장 '언어활동, 언어지식, 언어적 사고의 통합교육 모델'을 참고하여 연구의 목적에 맞게 재구성한 것이다.

와 독자의 공존 상태를 벗어나게 되면 필자의 정체성과 실용성을 중심으로 하는, 그리고 인재상에 부합하려는 의도에 따른 의미는 객관성을 유지하기 어렵다. 물론 객관성은 텍스트의 유형에 따라 상대적일 수는 있지만, 그렇다고 해서 필자의 의도에 따른 의미가 필자를 떠난 비공존 상태에서 객관적으로만 남을 수는 없을 것이다.

필자와 독자의 비공존 상태에서 독자(교사, 동료 학생[11] 등)는 필자의 자기소개서를 평가 항목에 따라 그 대학이나 학과(전공)가 추구하는 인재상(③)에 부합하게 기술되었는지를 평가하게 된다(④). 이때 독자는 평가 항목의 주된 평가 요소를 중심 잣대로 평가 방법이나 원칙에 따른 객관적인 평가를 지향한다. 독자에 의한 평가가 이루어진 후에는 피드백(feedback)이 이루어지게 된다(⑤).

현장 교육에서 피드백은 주로 담화의 형태로 이루어지는데, 이때 몇 가지 방법이나 원칙이 필요하다. 긍정적인 코멘트를 제공하는 것, 특정 쓰기 과제에 중요하다고 생각되는 몇 개의 선택적 영역에 대해서만 피드백을 제공하는 것, 약점, 오류, 강점의 패턴들을 확인해 주는 코멘트를 제공하는 것이 그것이다. 이러한 교수 반응 방법 또는 원칙을 전제하에 피드백을 위한 담화(교수 첨삭 담화)는 크게 기능 범주와 화제 범주로 나누어 이루어질 수 있다. 기능 범주에서는 독백적 경향이 강한 평가하기나 지시하기보다 대화적 경향이 강한 제언하기, 질문하기, 표현하기가 필요하며, 화제 범주에서는 표현보다는 내용, 조직, 수사적 쟁점(독자, 필요성)을 주요 화

---

11) 오택환(2008)에 의하면, 작문에서 동료의 상호 평가는 교사 중심, 결과 중심의 평가를 보완하는 방법으로 학생들이 작성한 결과물을 교사가 아닌 동료 학생들이 직접 평가해 봄으로써 자신의 글과 쓰기 과정에 대한 반성과 성찰의 기회를 가질 수 있다고 하면서, 동료들이 평가해 준 초고를 검토하고 수정하는 고쳐쓰기의 과정을 자연스럽게 습득할 수 있다고 한다.

제로 삼아야 한다(이재기, 2010 : 589-593).[12] 물론 독자(교사)에 의한 피드백에서 평가하기나 지시하기가 불필요하다는 의미는 아니며, 또한 표현에 대한 첨삭이 전혀 이루어지지 않아도 된다는 것을 뜻하지는 않는다.

따라서 자기소개서에 대한 독자의 피드백은, '필자가 평가 항목의 주된 평가 요소를 인지하고 있는가?', '평가 항목의 주된 평가 요소에 적합한 내용을 담아내고 있는가?', '자기 성찰을 통해 정체성을 드러내고 있는가?', '필자 자신을 객관화하기 위해 의미 있는 체험을 구체적으로 기술하고 있는가?'라는 물음에 초점을 두고 필자 스스로가 문제를 해결하고 자기조정을 할 수 있도록 내용과 조직을 우선으로 제언하기나 질문하기, 표현하기가 이루어지도록 한다.

5. 맺음말

이 연구의 목적은 입학을 위한 자기소개서의 평가 항목에 따른 주된 평가 요소를 찾고 그 주된 평가 요소와 관련된 특성을 살펴, 이를 기반으로 자기소개서 쓰기 지도의 방법을 모색하고자 하는 것이었다.

---

12) 기능범주에서 평가하기는 평가하거나 관련 정보를 제공하는 담화(적절/부적절, 옳음/그름, 맞음/틀림), 부족함과 약점을 경고하는 담화, 글의 특성을 기술하는 담화이고, 지시하기는 수정 방향, 내용을 지시하는 담화(추가, 삭제, 교정), 수정 과제를 부여하는 담화이다. 이에 비해 제언하기는 지시하기와 비슷하나 판단, 선택, 수용, 교정 여부를 필자에게 위임하는 담화이고, 질문하기는 학생 글과 관련하여 필자에게 질문하는 담화이며, 표현하기는 학생 글 또는 필자에 대한 정서를 드러내는 담화(동의, 감동)이다. 화제 범주에서 내용의 하위 항목은 내용의 통일성, 주제의 선명성, 내용의 독창성·구체성, 논증의 타당성, 사고력이며, 조직의 하위 항목은 단락 의식, 단락 전개 방식, 글의 조직 인식이다. 표현의 하위 항목은 맞춤법/띄어쓰기, 조사·어휘·문장 진술의 적절성, 문장의 정확성, 문체의 적절성이다(이재기, 2010 : 569-570).

입학사정관전형에서 추구하는 인재상의 평가 요소는 대학마다 조금씩 다르게 나타나지만, 대체로 인성, 전공적합성, 발전가능성(성장잠재력), 창의성(문제해결력)이라 할 수 있다. 자기소개서의 평가 항목과 관련한 주된 평가 요소 또한 인성과 전공적합성, 발전가능성, 창의성으로 나타난다.

이러한 공통점을 토대로 입학을 위한 자기소개서의 특성은 크게 네 가지 정도로 압축된다. 먼저, 자기소개서는 필자와 독자의 평가 항목에 대한 평가 요소의 동일성을 추구하는 글쓰기이다. 다음으로, 자기소개서는 성찰적 내용을 담으면서 동시에 실용적 가치를 추구하는, 정체성과 실용성의 복합적 글쓰기이다. 그 다음으로, 자기소개서는 '나'에 대한 서술을 기술로 전환시키는 글쓰기이다. 마지막으로, 자기소개서는 필자의 입장에서는 입학을 목적으로 하고, 독자의 입장에서는 평가를 목적으로 하는 양면성을 지닌다. 이러한 특성을 기반으로 자기소개서 쓰기 지도가 이루어져야 할 것이다.

제9장

국어영역을 위한 인지적 학습 과정

― Dunlosky et al.의 학습 방법과 학업성취도의 상관성을 기반으로

1. 머리말

　개인이 일생 동안 많은 양의 정보와 경험을 받아들이고 배움의 실질적인 행위가 학교에서부터 비롯된다고 볼 때, 고등학교는 기본적으로 학문과 생활에 필요한 논리적, 비판적, 창의적 사고력과 태도 등을 익히고, 중학교 교육의 성과를 바탕으로 다양한 분야의 지식과 기능을 익혀 적성과 소질에 맞는 진로를 개척하는 능력을 기르는 교육과정이다. 따라서 모든 교육과정이 나름대로 중요하지만 인간에게 공통으로 주어진 학령기를 마무리하며 학문과 생활에 필수적인 능력을 길러야하는 고등학교 교육과정은 매우 중요하다. 특히 고등학생들의 하루는 학교생활이 전부이다. 따라서 학교 현장에서 학생들이 가장 중요하게 여기는 것은 교수·학습 활동이다. 그러므로 수업과 학습 방법 개선에 대한 논의들이 현실에 적합성을 갖고 학교 현장에서 좀 더 실천력을 가지려면 학습 행위의 역동성을 있는 그대로 들여다보려는 노력이 전제되어야 한다(안관수, 이연호, 2007 : 43-44).

학교 현장에서 이루어지는 학습 행위의 역동성은 교실 공간에서 행해지는 교수·학습 활동과 교실 외 공간에서 행해지는 학습 활동으로 구분할 수 있다. 전자의 경우는 교사와 학생이 상호 의사소통적 관점에서 활동이 이루어지게 되는데, 이때 교사는 학생들이 자발적으로 수업에 참여할 수 있도록 유도하면서 여러 가지 기술과 전략을 사용하는 매우 적극적인 교수 활동을 하게 된다. 학생들은 그러한 교수 활동에 매우 능동적인 학습 태도를 유지하면서 자발적인 참여를 통해 주체적으로 학습 활동을 하게 된다. 후자의 경우는 주로 학교 도서관 등에서 이루어지게 되며, 이때 학생들은 스스로 학습 태도를 결정하고 자기주도적인 학습 방법으로 능동적이고 주체적인 학습 활동을 하게 된다.

이러한 학습 활동과 관련하여 최근의 연구 결과물 중의 하나는 Dunlosky, Rawson, Marsh, Nathan과 Willingham(2013)의 학습 방법이다. 이 학습 방법은 크게 3가지로 구분되는데, 최소 효과적인 학습 방법(least effective study techniques), 적당히 효과적인 학습 방법(moderately effective study techniques), 매우 효과적인 학습 방법(highly effective study techniques)이 그것이다. 그리고 이 학습 방법의 하위 항목으로 10가지 학습 방법들이 제시되어 있다.

이들이 제시한 학습 방법은 1960년대부터 최근까지 400여 편에 해당하는 연구물을 분석하고 일반화한 것으로, 국내에서도 연구자들에 의해 개별적 항목에 대한 연구나 하위 항목을 부분적으로 활용한 연구가 이루어져 왔다.[1] 그러나 학생들이 스스로 주체가 되어 10가지 학습 방법을

---

1) 밑줄 긋기와 관련된 연구에는 소은주(1999), 이재형(2006) 등, 요약하기와 관련된 연구에는 서종훈(2012), 서혁(1991), 윤준채(2009), 허선익(2010a, 2010b, 2013) 등, 정교한 질문하기와 관련된 연구에는 고도연(2004), 박수자(2013), 신종호, 장유진(2002), 유호상(1997), 장명순(2002), 조재윤(2005) 등, 스스로 설명하기와 관련된 연구에는 김

어떻게 통합적으로 활용하는지에 대해서는 자세히 알 수 없다. 그래서 국어교육에서 이 학습 방법이 국어영역[2]을 위한 고등학생들에게 어떻게 수용되고 있는지 국어교육학적 관점에서 논의의 대상으로 삼을 필요가 있을 것이다. 즉, 우리나라 고등학생들이 국어영역을 위한 학습으로 Dunlosky et al.(2013)이 제시한 학습 방법을 각 항목별로 어느 정도 선호하는지, 그 선호도와 학업성취도는 어떤 상관성을 지니는지, 학습 방법을 '최소 효과, 적당히 효과, 매우 효과'라는 효과성의 정도에 따른 용어 사용이 얼마나 적합한지 검토해볼 필요가 있다. 왜냐하면, 검토 과정을 거치지 않고 국어영역에 이 학습 방법을 그대로 수용할 경우 문제점이 발생할 수도 있기 때문이다.

Dunlosky et al.(2013)의 학습 방법은 어떤 평가 방식을 지향하는지에 따라 그 선호도나 효과성이 달라질 수 있을 것이다. 그 평가 방식이 객관식인지, 주관식인지 아니면 서술식인지, 논술식인지에 따라 학습 방법이 동일하지 않을 수 있으며, 또한 암기 위주의 측정 방식인지, 사고력 위주의 측정 방식인지에 따라서도 달리 나타날 수 있다. 따라서 그 학습 방법에 대한 검증이나 검토는 필수적일 수밖에 없다. 아울러 학습 방법에 대한 검토 과정을 기반으로 국어 학습 과정에 대한 모델을 모색할 수 있어야 할 것이다. 단순히 학습 방법만을 결과 중심적으로 제시하기보다 학습 방법이 통합적으로 어우러지는 과정 중심으로서의 국어 학습 과정이 유의미할 것이다.

종백(2008), 김주영(2007), 도경수, 이효희(2012), 윤지연(2008) 등이 있다. 한편, 정교화 전략으로 밑줄 긋기, 다시 읽기, 심상 만들기 등을 활용한 연구에는 장성복(1998)과 전영(1998)이 있으며, 인지와 감성 융합 학습을 위해 밑줄 긋기와 학생 생성 질문 전략을 활용한 연구에는 엄해영, 조재윤(2013)이 있다.
2) 이 연구에서 국어영역은 국가 수준 평가인 대학수학능력시험과 시도 교육청 수준의 평가인 전국연합학력평가에서의 한 영역을 의미한다.

따라서 이 연구에서는 Dunlosky et al.(2013)이 제시한 10가지 학습 방법을 활용하여 고등학생들이 국어영역에서 선호하는 국어 학습 방법과 학업성취도의 상관성을 분석한 후, 이를 기반으로 국어영역을 위한 인지적 학습 과정을 모색할 것이다.

2. 연구 방법

Dunlosky et al.(2013)에 의하면, 학습 방법은 최소 효과적인 학습 방법, 적당히 효과적인 학습 방법, 매우 효과적인 학습 방법으로 구분된다고 한다. 이에 대해 좀 더 자세히 살펴보면 다음과 같다.

A. 강조하기나 밑줄 긋기(Highlighting or underlining) : 텍스트 내용 중에서 중요하다고 여겨지는 부분에 표시하기.

B. 다시 읽기(Rereading) : 한 번 읽은 후에 다시 텍스트 내용을 읽기.

C. 요약하기(Summarization) : 배워야 할 텍스트의 내용을 요약하여 써 보기.

D. 핵심어 암기하기(Keyword mnemonics) : 텍스트의 내용을 기억하기 위해 핵심어를 사용하여 암기하기.

E. 심상 만들기(Imagery use) : 텍스트의 내용을 기억하기 위해 심상 창출하기.

F. 정교한 질문하기(Elaborative interrogation) : '왜'라는 질문을 함으로써 본인이 알고 있는 기존의 자료(지식)와 새로운 자료(지식)를 연결하기.

G. 스스로 설명하기(Self-explanation) : 학업 중 문제(과제)에 대해 학생

스스로 설명하기.

H. 교차시켜 연습하기(Interleaved practice) : 다른 종류의 문제나 자료
(지식)를 하나의 학습 문제로 섞어 만들기.

I. 연습 시험보기(Practice testing) : 교과서 단원 마지막에 있는 문제나
질문을 풀어보거나 연습 문제로 시험 쳐보기.

J. 분산하여 연습하기(Distributed practice) : 비교적 짧은 기간을 여러
번 나누어서 반복하여 학습 내용을 익히기.[3]

이러한 학습 방법 중 A, B, C, D, E는 최소 효과적인 학습 방법이며,
F, G, H는 적당히 효과적인 학습 방법이고, I, J는 매우 효과적인 학습
방법이라고 한다.

이 학습 방법 중에서 국어영역을 위한 학습 방법으로 고등학생들이 가
장 선호하는 항목에는 10점을, 다음으로 선호하는 항목에는 9점을, 그 다
음으로 선호하는 항목에는 8점을, 전혀 선호하지 않는 항목에는 1점을 부
여하도록 하였다. 즉, 가장 높은 점수인 10점에서부터 가장 낮은 점수인
1점까지 부여하도록 한 것이다. 다만, 어느 항목이 최소 효과적인 학습
방법인지, 적당히 효과적인 학습 방법인지, 매우 효과적인 학습 방법인지
는 밝히지 않았다. 이는 학생들의 국어 학습 방법에 대한 심리적 변화에
영향을 주지 않으면서 학생들의 국어 학습 방법에 대한 선호도를 있는
그대로 수용하기 위해서이다.

설문 조사를 하기 전 대학수학능력시험 국어영역을 위해 학생 본인이

---

3) 설문 조사 대상이 고등학생이라는 점을 감안하여 선행 연구에서 사용한 학습 방법에
대한 용어들 중 일부를 학생들의 이해에 도움을 주고자 풀어쓴 것이다. 즉, 정교화 질
문은 정교한 질문하기로, 자기설명은 스스로 설명하기로, 분산연습은 분산하여 연습
하기 등으로 쓴 것이다. 이 연구에서는 풀어쓴 용어들을 그대로 사용할 것이다.

선호하는 자기주도적 국어 학습 방법을 선택하고 점수를 부여하는 것이라는 부연 설명이 이루어졌다.

이 연구는 K도내 농촌에 소재한 일반계 P고등학교에 재학 중인 2학년 학생 전체(121명)를 대상으로 설문조사를 실시하였다.4) 이중 설문지 표기 오류로 인한 2명의 학생을 제외하면 실제 연구 대상은 119명이다. 설문조사 기간은 2014년 4월 18일이다.

이 연구에서 사용하고 있는 학업성취도 측정치는 부산광역시교육청에서 시행한 2013년 3월, 서울특별시교육청에서 시행한 6월, 인천광역시교육청에서 시행한 9월, 경기도교육청에서 시행한 11월과 서울특별시교육청에서 시행한 2014년 3월에 실시한 전국연합학력평가에서 취득한 성취도 등급 자료이다.5) 그리고 전국연합학력평가는 수능에 응시하기 전 단계에 여러 차례 이루어지는 모의 평가라는 점에서, 그 측정하는 바가 수능에서 측정하고자 하는 사고력과 동일하다고 볼 수 있다. 한국교육과정평가원(2012a, 2012b)에 의하면, 수능 국어영역에서 사실적 사고력, 추론적 사고력, 비판적 사고력, 창의적 사고력 등을 측정한다고 밝히고 있다.

설문조사에 응한 학생들의 반과 번호 및 학업성취도 자료를 수합하여 자료의 객관성을 유지할 수 있도록 통계 자료를 구성하였다.

---

4) 이 학생들은 전국단위로 선발된 남녀 공학 집단이며, 학생 전체가 기숙사 생활을 하고 있다. 학생들은 입학 당시부터 현재까지 국어와 관련된 학원 수업이나 과외를 받지 않았으며, 정규 수업을 위주로 방과후 수업 및 선택적 수준별 수업을 받고 있다. 따라서 사교육보다는 공교육 위주의 학습 활동이 이루어지고 있으며, 국어 학습은 대체로 자기주도적 학습(self directed learning) 및 자기조절적 학습(self regulated learning) 형태를 보여준다.

5) 수능 등급별 퍼센트는 1등급(4%), 2등급(11%), 3등급(23%), 4등급(40%), 5등급(60%), 6등급(77%), 7등급(89%), 8등급(96%), 9등급(100%)이다. 전국시도교육청이 주관하는 전국연합학력평가도 수능 등급별 퍼센트를 따른다.

3. 국어 학습 방법 선호도와 학업성취도

설문 조사를 하기 전 필자는 Dunlosky et al.(2013)에 의해 제시된 매우 효과적인 학습 방법(I, J)이 높은 점수(10~8점)를, 적당히 효과적인 학습 방법(F, G, H)이 중간 점수(7~4점)를, 최소 효과적인 학습 방법(A, B, C, D, E)이 낮은 점수(3~1점)를 대체로 받을 것이라는 예상을 하였다. 그러나 국어영역을 위한 P고등학생들의 국어 학습 방법에 부여한 점수는 예상과 다른 결과를 보여준다. 그 결과를 <표 1>로 나타내면 다음과 같다.

〈표 1〉 국어 학습 방법에 대한 항목별 점수의 빈도와 비율

점수 \ 항목 빈도		A	B	C	D	E	F	G	H	I	J	전체
10	빈도	65	23	4	0	4	4	7	1	7	4	119
	비율	54.6	19.3	3.4	0	3.4	3.4	5.9	0.8	5.9	3.4	100
9	빈도	28	45	8	12	5	3	6	3	5	4	119
	비율	23.5	37.8	6.7	10.1	4.2	2.5	5.0	2.5	4.2	3.4	100
8	빈도	12	20	8	22	9	8	8	1	23	8	119
	비율	10.1	16.8	6.7	18.5	7.6	6.7	6.7	0.8	19.3	6.7	100
7	빈도	6	13	11	23	8	10	11	1	22	14	119
	비율	5.0	10.9	9.2	19.3	6.7	8.4	9.2	0.8	18.5	11.8	100
6	빈도	2	7	14	14	15	12	12	3	26	14	119
	비율	1.7	5.9	11.8	11.8	12.6	10.1	10.1	2.5	21.8	11.8	100
5	빈도	1	6	19	21	13	14	15	3	8	19	119
	비율	0.8	5.0	16.0	17.6	10.9	11.8	12.6	2.5	6.7	16.0	100
4	빈도	2	2	18	10	18	20	18	8	10	13	119
	비율	1.7	1.7	15.1	8.4	15.1	16.8	15.1	6.7	8.4	10.9	100

3	빈도	1	2	14	11	14	23	17	15	7	15	119
	비율	0.8	1.7	11.8	9.2	11.8	19.3	14.3	12.6	5.9	12.6	100
2	빈도	2	1	11	5	19	15	18	25	5	18	119
	비율	1.7	0.8	9.2	4.2	16.0	12.6	15.1	21.0	4.2	15.1	100
1	빈도	0	0	12	1	14	10	7	59	6	10	119
	비율	0	0	10.1	0.8	11.8	8.4	5.9	50.0	5.0	8.4	100

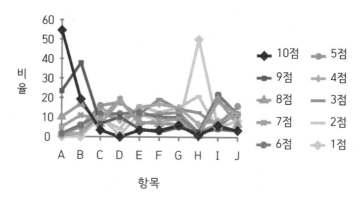

〈그림 1〉 국어 학습 방법에 대한 항목별 점수의 비율

학생들은 최소 효과적인 학습 방법인 A. 강조하기나 밑줄 긋기와 B. 다시 읽기에 높은 점수를 부여하는데, A에 10점을 부여한 학생은 전체 119명(100%) 중 65명(54.6%), 9점을 부여한 학생은 28명(23.5%), 8점을 부여한 학생은 12명(10.1%)이다. 88% 정도의 학생들이 A에 8점 이상의 높은 점수를 부여하고 있다. 그리고 B에 10점을 부여한 학생은 23명(19.3%), 9점을 부여한 학생은 45명(37.8%), 8점을 부여한 학생은 20명(16.8%)이다. 74% 정도의 학생들이 B에 8점 이상을 부여하고 있다. 따라서 A와 B는 높은 선호도를 보이고 있다.

그러나 학생들은 적당히 효과적인 학습 방법인 H. 교차시켜 연습하기에 낮은 점수를 부여하는데, 1점을 부여한 학생은 전체 학생 119명(100%) 중 59명(50.0%), 2점을 부여한 학생은 25명(21.0%), 3점을 부여한 학생은 15 명(12.6%)이다. 74% 정도의 학생들이 3점 이하의 낮은 점수를 부여하고 있다. 따라서 H는 낮은 선호도를 보이고 있다.

이외에 최소 효과적인 학습 방법인 C. 요약하기, D. 핵심어 암기하기, E. 심상 만들기, 적당히 효과적인 학습 방법인 F. 정교한 질문하기, G. 스스로 설명하기, 매우 효과적인 학습 방법인 I. 연습 시험보기, J. 분산하여 연습하기는 A. 강조하기나 밑줄 긋기, B. 다시 읽기, H. 교차시켜 연습하기와 달리 어떤 특정한 점수대에 높은 빈도(비율)를 보이지 않고, 여러 점수대에 분산된 빈도(비율)를 보이고 있다. 점수 비율이 10% 이상인 경우를 기준으로 C, E, F, G, J는 대체로 중간 점수대에서 낮은 점수대에, D와 I는 대체로 높은 점수대에서 중간 점수대에 분포되어 있다. 따라서 C, D, E, F, G, I, J는 높지도 낮지도 않은 정도의 선호도를 보인다고 할 수 있다. 다만, 점수대 분포로 보면 C, E, F, G, J에 비해 D, I가 선호도에서 약간 높을 것으로 보인다.

정리하면, 국어 학습 방법에 대한 선호도는 A와 B > D나 I > C, E, F, G, J > H 순이 될 것이다. 그런데 이러한 국어 학습 방법에 대한 선호도가 국어영역의 학업성취도와 어떤 상관성이 있는지 살펴볼 필요가 있다.

P고등학교 학생들이 2013년 3월부터 2014년 3월까지 전국연합학력평가에서 성취한 국어영역 평균 등급은 1.69로 상위 등급을 받았으며,[6] 등급별 인원과 비율을 보면 <표 2>와 같다.

---

6) 평균 등급은 2013년 3월, 6월, 9월, 11월과 2014년 3월 전국연합학력평가에서 취득한 국어영역 등급의 합을 평균값으로 산출한 것이다.

<표 2> 전국연합학력평가에서 성취한 등급별 인원과 비율

등급	R1	R2	R3	R4	R5 이하	합계
인원	57	51	9	2	0	119
비율	47.9	42.9	7.6	1.7	0	100

R(Rounding off)은 개인별 평균 등급을 소수점 첫째 자리에서 반올림한 값으로 R1은 평균 등급 1에서 1.4까지, R2는 평균 등급 1.5에서 2.4까지, R3는 평균 등급 2.5에서 3.4까지, R4는 평균 등급 3.5에서 4.4까지, R5는 평균 등급 4.5에서 5.4까지이다. R1등급은 57명(47.9%), R2등급은 51명(42.9%), R3등급은 9명(7.6%), R4등급은 2명(1.7%)이며, R5등급 이하는 없다. 이와 관련하여 등급별로 국어 학습 방법의 항목별 평균 점수를 나타내면, <표 3>과 같다.7)

<표 3> 등급별 국어 학습 방법의 항목별 평균 점수

항목 등급	A	B	C	D	E	F	G	H	I	J
R1	9.04	8.40	4.67	5.86	4.54	4.49	4.79	2.19	6.05	4.98
R2	8.94	8.04	4.90	6.20	4.39	4.63	4.88	2.22	6.31	4.49
R3	9.44	7.67	6.00	6.11	4.33	3.78	5.22	3.22	4.89	4.33

---

7) R4등급은 전체 인원 중 2명(1.7%)밖에 되지 않기에 이들이 부여한 항목별 평균 점수를 일반화하여 산출하는 데에는 무리가 따른다. 다만, 참고로 R4등급의 항목별 평균 점수를 제시하면 A항목은 8.00점, B항목은 8.00점, C항목은 5.00점, D항목은 6.50점, E항목은 6.00점, F항목은 3.00점, G항목은 4.50점, H항목은 2.50점, I항목은 7.50점, J항목은 4.00점이다.

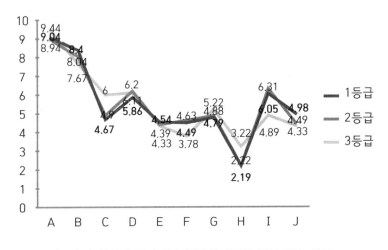

〈그림 2〉 등급별 국어 학습 방법의 항목별 평균 점수 차트

논의에 앞서, 학생들이 부여한 점수대별 국어 학습 방법의 선호도를 편의상 5가지로 구분하고자 한다. 8점 이상은 매우 선호하는 국어 학습 방법, 8점 미만에서 6점 이상은 적당히 선호하는 국어 학습 방법, 6점 미만에서 4점 이상은 선호하는 국어 학습 방법, 4점 미만에서 2점 이상은 선호하지 않는 국어 학습 방법, 2점 미만은 전혀 선호하지 않는 국어 학습 방법이다. 이러한 구분은 선호도에 따른 용어 사용의 혼란을 피하기 위해서이다.

R1등급을 성취한 학생들의 국어 학습 방법의 선호도는 A. 강조하기나 밑줄 긋기(9.04), B. 다시 읽기(8.40), I. 연습 시험보기(6.05), D. 핵심어 암기하기(5.86), J. 분산하여 연습하기(4.98), G. 스스로 설명하기(4.79), C. 요약하기(4.67), E. 심상 만들기(4.54), F. 정교한 질문하기(4.49), H. 교차시켜 연습하기(2.19) 순이다.

R2등급을 성취한 학생들의 국어 학습 방법의 선호도는 A. 강조하기나

밑줄 긋기(8.94), B. 다시 읽기(8.04), I. 연습 시험보기(6.31), D. 핵심어 암기하기(6.20), C. 요약하기(4.90), G. 스스로 설명하기(4.88), F. 정교한 질문하기(4.63), J. 분산하여 연습하기(4.49), E. 심상 만들기(4.39), H. 교차시켜 연습하기(2.22) 순이다.

R3등급을 성취한 학생들의 국어 학습 방법의 선호도는 A. 강조하기나 밑줄 긋기(9.44), B. 다시 읽기(7.67), D. 핵심어 암기하기(6.11), C. 요약하기(6.00), G. 스스로 설명하기(5.22), I. 연습 시험보기(4.89), E. 심상 만들기(4.33)·J. 분산하여 연습하기(4.33), F. 정교한 질문하기(3.78), H. 교차시켜 연습하기(3.22) 순이다. 이러한 선호도를 5가지로 구분하여 <표 4>로 나타내면 다음과 같다.

〈표 4〉 등급별 국어 학습 방법 선호도 구분

등급 선호도	R1	R2	R3
매우 선호	A(9.04), B(8.40)	A(8.94), B(8.04)	A(9.44)
적당히 선호	I(6.05)	I(6.31), D(6.20)	B(7.67), D(6.11) C(6.00)
선호	D(5.86), J(4.98) G(4.79), C(4.67) E(4.54), F(4.49)	C(4.90), G(4.88) F(4.63), J(4.49) E(4.39)	G(5.22), I(4.89) E(4.33), J(4.33)
선호하지 않음	H(2.19)	H(2.22)	F(3.78), H(3.22)
전혀 선호하지 않음	-	-	-

먼저, R1과 R2등급을 성취한 학생들이 매우 선호하는 국어 학습 방법은 A, B 항목이며, 적당히 선호하는 국어 학습 방법은 I 항목이다. 그리고 전혀 선호하지 않는 국어 학습 방법은 H 항목이다. R1과 R2등급을

성취한 학생들의 국어 학습 방법의 선호도는 <표 4>에서 보는 바와 같이 ㄱ 구분, 즉 D 항목에서 약간의 차이를 보여주기는 하나 유사하게 나타난다. <그림 2>를 보면 각 항목별 선호도는 매우 흡사한 흐름을 보여주며, R1과 R2등급 간 항목별 점수 폭도 그리 큰 차이를 보여주지 않는다. R1과 R2의 등급 간 항목별 점수 차이(R1-R2)는 <표 5>와 같다.

〈표 5〉 R1과 R2의 등급 간 항목별 점수 차이

항목 차이	A	B	C	D	E	F	G	H	I	J
R1-R2	0.10	0.36	−0.23	−0.34	0.15	−0.14	−0.09	−0.03	−0.26	0.49

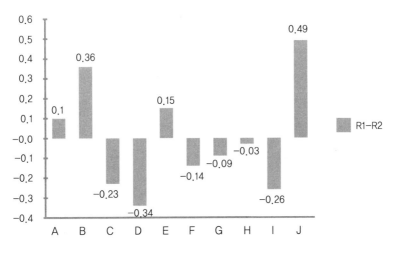

〈그림 3〉 R1과 R2의 등급 간 항목별 점수 차이 차트

R1과 R2의 등급 간 항목별 점수 차이(R1-R2)는 A가 0.10점, B가 0.36점, C가 −0.23점, D가 −0.34점, E가 0.15점, F가 −0.14점, G가 −0.09점, H가 −0.03점, I가 −0.26점, J가 0.49점인 것으로 나타난다. 이 중에

서 0.5점 이상의 차이를 보여주는 항목은 없다. 다만, J 항목에서 R1등급을 성취한 학생들이 R2등급을 성취한 학생들보다 0.49점이 높게 나타난다.

이렇게 보면 R1과 R2등급을 성취한 학생들의 경우는 A. 강조하기나 밑줄 긋기, B. 다시 읽기를 매우 선호하며, 이는 국어 학습 방법 중 가장 기본적인 국어 학습 방법임을 시사한다. 그리고 여러 가지 학습 방법을 선호하고 이를 적절하게 활용하면서 I. 연습 시험보기를 적당히 선호하여 국어영역 평가에 대비하는 모습도 보여준다. 다만, R1등급을 성취한 학생들이 R2등급을 성취한 학생들에 비해 상대적으로 J. 분산하여 연습하기를 좀 더 잘하는 편이다.

다음으로, R3등급을 성취한 학생들이 매우 선호하는 국어 학습 방법은 A항목이며, 적당히 선호하는 국어 학습 방법은 B, D, C 항목이고, 선호하지 않는 국어 학습 방법은 F, H 항목이다. 이들은 R1등급을 성취한 학생들과 그 선호도에서 차이를 보여준다. <그림 2>를 참고하면 각 항목별 흐름은 유사한 것처럼 보이기도 하나 R1과 R3등급 간의 항목별 점수 폭은 몇 군데 큰 차이를 보여준다. R1과 R3의 등급 간 항목별 점수 차이(R1-R3)는 <표 6>과 같다.

〈표 6〉 R1과 R3의 등급 간 항목별 점수 차이

차이＼항목	A	B	C	D	E	F	G	H	I	J
R1-R3	-0.40	0.73	-1.33	-0.25	0.21	0.71	-0.43	-1.03	1.16	0.65

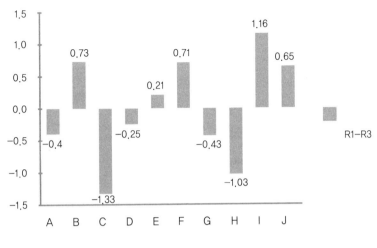

〈그림 4〉 R1과 R3의 등급 간 항목별 점수 차이 차트

R1과 R3의 등급 간 항목별 점수 차이(R1-R3)는 A가 ﹣0.40점, B가 0.73점, C가 ﹣1.33점, D가 ﹣0.25점, E가 0.21점, F가 0.71점, G가 ﹣0.43점, H가 ﹣1.03점, I가 1.16점, J가 0.65점인 것으로 나타난다. 이 중에서 0.5점 이상의 점수 차이가 나는 항목은 B, C, F, H, I, J이다. R3등급을 성취한 학생들이 R1등급을 성취한 학생들에 비해 I 항목에서 1.16점, B항목에서 0.73점, F 항목에서 0.71점, J 항목에서 0.65점씩 낮게 나타나며, C 항목에서 1.33점, H 항목에서 1.03점 높게 나타난다.

이렇게 보면 R3등급을 성취한 학생들은 R1등급을 성취한 학생들에 비해 상대적으로 I. 연습 시험보기가 매우 부족하며, B. 다시 읽기, F. 정교한 질문하기, J. 분산하여 연습하기가 부족하다. 그리고 C. 요약하기와 H. 교차시켜 연습하기가 매우 초과한다. 특히 <표 4>를 참고로 할 때, R3등급을 성취한 학생들은 R1 등급을 성취한 학생들에 비해 상대적으로 적당히 선호하는 국어 학습 방법과 선호하지 않는 국어 학습 방법에 1-2개의 항목이 더 있음을 볼 수 있다. 이는 국어영역을 위한 학습 방법으로 효율성이 다소 낮음을 의미한다고 보아야 할 것이다.

등급 간 항목별 점수 차이는 R1과 R2등급은 그리 큰 차이를 보이지 않지만, R1과 R3등급은 R1과 R2등급에 비해 큰 점수 차이를 보여주고 있다. 따라서 R1이나 R2등급을 기준으로 할 때, 국어영역을 위한 고등학생들의 국어 학습 방법 선호도는 A, B 항목을 매우 선호하는 것으로, I 항목을 적당히 선호하는 것으로, D 항목을 선호하거나 적당히 선호하는 것으로, C, E, F, G, J 항목을 선호하는 것으로, H 항목을 선호하지 않는 것으로 나타난다.

4. 국어영역을 위한 인지적 학습 과정

지금까지 논의한 결과 Dunlosky et al.(2013)의 학습 방법의 효과성은 예상과 달리 국어영역을 위한 고등학생들의 국어 학습 방법 선호도와 매우 다른 양상을 보이고 있다.

2013년 3월부터 2014년 3월까지 5차례 실시한 전국연합학력평가 국어영역에서 평균 등급 상위권에 해당하는 학생들은 최소 효과적인 학습 방법에 해당하는 A. 강조하기나 밑줄 긋기와 B. 다시 읽기를 매우 선호하며, 매우 효과적인 학습 방법에 해당하는 I. 연습 시험보기와 최소 효과적인 학습 방법에 해당하는 D. 핵심어 암기하기를 적당히 선호하거나 선호한다. 그리고 최소 효과적인 학습 방법에 해당하는 C. 요약하기, E. 심상 만들기, 적당히 효과적인 학습 방법에 해당하는 F. 정교한 질문하기와 G. 스스로 설명하기, 매우 효과적인 학습 방법에 해당하는 J. 분산하여 연습하기를 선호한다. 그러나 적당히 효과적인 학습 방법에 해당하는 H. 교차시켜 연습하기는 선호하지 않는다.

이러한 국어 학습 방법의 선호도를 바탕으로 할 때, 국어영역을 위한 학습 방법으로 학생들이 매우 선호하는 A. 강조하기나 밑줄 긋기와 B. 다시 읽기가 가장 기본적인 국어 학습 방법이 될 수 있을 것이다. 그리고 학생들이 선호하지 않는 H. 교차시켜 연습하기는 국어영역을 위한 학습 방법으로 큰 의미가 없음을 알 수 있다.

따라서 국어영역을 위한 학습 방법에서 Dunlosky et al.(2013)이 제시한 최소 효과적인·적당히 효과적인·매우 효과적인 학습 방법, 즉 학습 방법의 효과성에 대한 정도의 차이를 나타낸 용어 사용을 지양할 필요가 있다. 왜냐하면 학습 방법은 평가 방식에 따라 그 효과가 달라질 수 있으며, 그 다름에 의해 선호도 또한 달라질 수밖에 없기 때문이다. 또한 여러 학습 방법은 개별적인 특성을 지니기는 하지만, 그 특성이 통합적으로 서로 맞물려 어우러질 때 학습 효과가 발휘될 수 있기 때문이다.

그렇다고 해서 10가지 항목으로 구성된 학습 방법이 잘못되었다는 것을 의미하는 것은 아니다. 그 학습 방법에 대한 이제까지의 논의와 학습 방법에 해당하는 각 항목의 특성은 국어영역을 위한 국어 학습 과정을 모색하는 기반이 될 수 있다. 즉, 강조하기나 밑줄 긋기, 다시 읽기는 다른 학습 방법의 바탕이 되는 기본적인 국어 학습 방법이라고 할 수 있다. 그리고 핵심어 암기하기, 요약하기, 심상 만들기, 정교한 질문하기, 스스로 설명하기 등은 사고 작동과 연관되는 특성을 지닌 학습 방법이고, 분산하여 연습하기는 이러한 사고 작동과 연관된 학습 방법을 좀 더 효율적으로 활성화하거나 조직적으로 체계화하는 특성을 지닌 학습 방법이라고 할 수 있다. 또한 연습 시험보기는 텍스트 내용을 학습한 것에 대한 자기평가(self-evaluation)[8]로서의 특성을 지닌 학습 방법이라고 할 수 있다. 이러한 특성을 지닌 학습 방법은 곧 국어 학습 과정을 모색할 수 있는 중요한 토대가 된다.[9] 따라서 국어 학습 방법의 각 항목은 국어 학습의 기본적 과정, 복합적 과정, 자평적 과정으로 나누어 살펴볼 수 있는데, 이를 <그림 5>로 나타내면 다음과 같다.

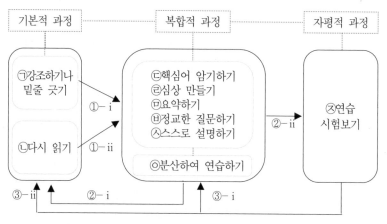

〈그림 5〉 국어영역을 위한 인지적 학습 과정 모형(안)

먼저, 국어 학습의 기본적 과정은 인지적 사고 작동이 일어나는 복합적 과정의 바탕이 되는 학습 과정을 의미한다. 이 과정에는 ㉠강조하거나 밑줄 긋기, ㉡다시 읽기가 있으며, 이는 학습자가 매우 선호하는 기본적인 학습 방법이라고 할 수 있다. 특히, 텍스트 읽기 활동에서 우선적으로 이

---

8) 한국교육심리학회(2010)에 의하면, 자신의 능력이나 특성을 스스로 판단하는 활동을 말하는 것으로, 각자의 발달이나 문제해결을 위해서는 자기이해를 위한 자기평가가 더욱 본질적이고 효과적이라는 입장에서 문제해결을 위한 학업성취의 자기평가를 강조하는 입장도 있다고 한다.
9) 각 항목이 지닌 특성에 대해서는 <그림 5> 국어영역을 위한 인지적 학습 과정 모형과 관련하여 좀 더 자세하게 논의할 것이다.

루어지는 ㉠강조하거나 밑줄 긋기는 학습자 스스로 텍스트 내용의 중요도를 인식하고 선택함으로써 기억과 이해 등의 인지적 사고 작동을 원활하게 하기 위한 기반이 된다는 점에서 의미 있다.

박수자(2013)에 의하면, 학습자로 하여금 글을 읽는 동안 밑줄 긋기와 같이 간편하게 가시적인 활동을 수행하게 하여 독해 과정에 집중하게 하는 것이, 결과적으로 독해 깊이를 반영하는 중심 내용 파악이나 질문 생성에 더 효과적인 지도 방안이 될 수 있다고 한다. 이는 강조하거나 밑줄 긋기가 다른 학습 방법의 기본 바탕이 될 수 있음을 시사한다.

한편, Blanchard와 Mikkelson(1987)에 의하면, 독해 능력이 높은 학습자는 정의적 측면보다 인지적 측면에서 밑줄 긋기를 선호함으로써 더 효과적이나, 독해 능력이 낮은 학습자는 인지적 측면보다 정의적인 측면에서 밑줄 긋기를 선호함으로써 덜 효과적이라고 한다. <표 3> 등급별 국어 학습 방법의 항목별 점수를 참고하여 R1, R2, R3등급을 비교하면, R1등급은 강조하거나 밑줄 긋기에 대한 평균 점수가 9.04이고, R2등급은 8.94이며, R3등급은 9.44로서, R2등급에 비해 R1등급의 선호도가 좀 더 높은 것은 사실이나 R1이나 R2등급을 성취한 학생들보다 상대적으로 R3등급을 성취한 학생들이 더 선호한다. 따라서 단순히 선호도가 높다고 해서 학습 방법이 효과적이라기보다는 인지적 측면과 관련된 학습 내용에 강조하거나 밑줄 긋기를 하는가가 더 중요할 것이다. 결국, 이것은 인지적 사고를 측정하고자 하는 국어영역과 무관하지 않다는 것을 말해준다.

㉡다시 읽기는 한번 읽은 후에 다시 텍스트 내용 읽기를 수행하는 것이다. 교육과학기술부(2012)에 의하면, 읽기는 필자가 전달하고자 하는 정보와 전언을 이해하는 독해의 과정이며, 이 과정에 사실적 독해, 추론적 독해, 비판적 독해, 창의적 독해 등의 방법이 동원된다. 특히, 독해의 방

법은 인지적 사고에 해당하는 용어가 한정어로 사용되고 있는데, 그 한정어는 국어영역에서 측정하고자 하는 사실적 사고, 추론적 사고, 비판적 사고, 창의적 사고이다.[10) 따라서 다시 읽기는 이러한 인지적 사고를 다시 작동시키며 텍스트 내용을 이해하며 읽는 것이다.[11)

<표 3> 등급별 국어 학습 방법의 항목별 평균 점수를 참고할 때, 다시 읽기에 대한 R1등급의 평균 점수는 8.40점, R2등급의 평균 점수는 8.04점, R3등급의 평균 점수는 7.67점이다. R2, R3등급을 성취한 학생들보다 R1등급을 성취한 학생들이 다시 읽기를 더 선호한다. 이는 복합적 과정이나 자평적 과정에서 기본적 과정인 다시 읽기로 회귀적일 때 학습효과가 크다는 것을 의미하며, 국어 학습 과정이 선조적인 과정이 아니라 회귀적인 과정이라는 것을 시사한다.

국어 학습 과정이 회귀적 과정이라면 다시 읽기는 그 과정의 시작점에 해당한다. 그래서 다시 읽기는 복합적 과정이나 자평적 과정에서 겪는 학습자의 텍스트 내용 학습과 연습 문제 풀이의 어려움을 해소할 수 있는 바탕이 된다는 점에서 기본적 과정에 해당한다고 볼 수 있다.

다음으로, 국어 학습의 기본적 과정인 강조하거나 밑줄 긋기가 이루어지고 나면 그것은 본격적인 사고 작동이 일어나는 국어 학습의 복합적

---

10) 사실적 사고, 추론적 사고, 비판적 사고, 창의적 사고 중 사실적·비판적·창의적 사고는 질적 측면으로서의 인지적 사고이며, 추론적 사고는 질적 측면으로서의 논리적 사고의 한 하위 유형에 해당하는 과정적 측면으로서의 인지적 사고이다. 따라서 독해의 방법과 국어영역은 논리적 사고의 하위 유형들을 포괄하지 못하는 한계를 지니고 있다. 다만, 이 연구에서는 독해의 방법과 국어영역 그 자체에 대한 논의를 목적으로 하는 것은 아니기에 교육과학기술부(2012)에서 제시한 독해의 방법과 한국교육과정평가원(2012a, 2012b)에 밝힌 국어영역에서의 사고 측정 유형들을 논의 과정에서 필요한 경우에만 제한적으로 활용할 것이다.
11) 한편, 김소현(2014)에 의하면, 성적이 높은 집단 학생들은 자신의 독서력과 수능 성적의 관련성도 높게 인식하고 있었다고 한다.

과정으로 이어진다(①-ⅰ). 복합적 과정은 인지적 사고를 중심으로 어느 하나의 학습 방법에 편중하지 않고 여러 가지 학습 방법을 적절하게 통합적으로 활용하여 텍스트 내용을 학습하는 과정이다.

이 과정에서 이루어지는 국어 학습 방법은 크게 둘로 구분할 수 있다. 하나는 인지적 사고가 작동하는 학습 방법이고, 다른 하나는 그 사고 작동을 효율적으로 활성화하거나 체계화하는 학습 방법이다. 전자는 ©핵심어 암기하기, ②심상 만들기, ◎요약하기, ◉정교한 질문하기, ◉스스로 설명하기이며, 후자는 ◉분산하여 연습하기이다.

첫째, 전자의 학습 방법 중에서 ©핵심어 암기하기와 ◎심상 만들기는 텍스트 내용을 기억하기 위한 학습 방법이다. 한국교육심리학회(2000)에 의하면, 기억은 일상에서 경험한 내용을 머릿속에 저장하고 보존했다가 필요한 시기에 회상하여 인지해 내는 일련의 과정을 의미하며, 기억의 과정은 기명(memorizing), 파지(retention), 회상(recall), 재인(recognition)의 과정으로 세분된다고 한다. 따라서 핵심어 암기하기와 심상 만들기는 텍스트 내용을 기명하고 파지하기 위한 학습 방법이다.

한편 Sagarra와 Alba(2006)에 의하면, 핵심어 기법(keyword method)은 어휘를 학습할 때 복잡한 인지적 처리 과정이 요구되는 상황일수록 어휘 학습에 긍정적인 효과를 불러일으킨다고 한다. 그렇다면 텍스트 내용을 기억하기 위한 핵심어 암기하기 또한 복잡한 인지적 처리 과정이 요구되는 상황일수록 긍정적 효과를 지닐 것으로 본다.

한국문학평론가협회(2006)에 의하면, 심상은 '마음속에 언어로 그린 그림'을 의미하며, 표현상에서 추상적이고 관념적인 것을 구체화함으로써 내용을 보다 선명하게 인식하는 정신적 재현이자 기억이라고 한다. 이러한 점에서 심상 만들기는 비문학적 텍스트보다 문학적 텍스트의 내용 학습에서 적극적으로 활용될 수 있다. 그렇다고 해서 비문학적 텍스트에 심상 만들기가 유용하지 않은 학습 방법임을 의미하는 것은 아니다.

둘째, ⓜ요약하기는 배워야 할 텍스트의 중요한 내용을 간추려 써보는 것으로서 텍스트 내용에 대한 기억이나 이해와 관련되는 활동이다. 윤준채(2009)에 의하면, 요약하기 읽기 전략의 명시적인 지도는 학습자들의 텍스트에 대한 기억의 표상, 특히 텍스트의 거시 구조에 대한 기억 표상을 형성시켜 해당 텍스트에 대한 읽기 이해를 촉진시킨다고 한다. 그렇다면 자기주도적으로 이루어지는 요약하기 또한 유사하거나 동일한 사고 작동이 일어날 것이다. 그리고 Duke와 Person(2002)에 의하면, 요약하기는 텍스트의 중요한 내용과 그렇지 않은 내용을 구별한 후, 중요한 내용을 보다 상위의 내용으로 일반화시키는 인지 과정을 요구한다고 한다. 그렇다면 인지 과정으로서 요약하기는 주요한 읽기의 방법이자 평가의 수단이기도 하면서, 아울러 독자의 머릿속에 구성된 읽기 결과에 대한 내용의 재구성을 바탕으로 쓰기 활동이 이루어지는 총체적 언어활동이다(서종훈, 2012 : 142).

셋째, ⓑ정교한 질문하기는 기존의 자료(지식)와 새로운 자료(지식)를 연결하여 자신의 의문[12]을 스스로 해결하는 학습 방법이라고 할 수 있다. 한국어문연구소, 국어과교수학습연구소(2006)에 의하면, 읽기와 관련된 질문 생성은 다섯 가지 기능을 가진다고 하는데, 이중 인지적 사고와 관련된 기능만을 간추리면 다음과 같다.

---

12) 김종률(2011a)에 의하면, 여러 가지 읽기 방법 중 설의독(設疑讀)은 어떤 사물에 대해 의문을 품어 보는 읽기로서, '왜 그것이 그러한가?, 그것이 과연 옳은가, 그른가?' 하는 생각을 가지고 천착(穿鑿)하게 되면, 독자는 스스로 그에 대한 대답을 어떻게든 내리려고 한다는 것이다. 그래서 글 읽기에서의 '의문'은 사고의 중요한 과정이자 문제해결의 출발점이 된다고 한다.

- 질문을 하면서 읽으면 그만큼 텍스트의 중요한 내용을 생각할 수 있으며, 텍스트 내용에 대해 <u>추론</u>허거나 <u>분석</u>하여 <u>비판</u>할 수 있게 된다.

- 질문을 하며 읽는 과정에서 집중하여 깊이 있게 텍스트를 읽기 때문에 읽은 내용을 좀 더 오래 <u>기억</u>할 수 있게 된다. 뿐만 아니라 오랫동안 <u>기억</u>할 수 있기 때문에 나중에 그 정보가 필요하면 좀 더 많이 <u>회상</u>해 낼 수 있다.

- <u>스스로 질문을 생성해 나가는 과정에서 독립적으로 <u>문제해결</u>을 하는 능력과 태도가 길러지게 된다. 이는 자기주도적 학습의 원동력이 된다.[13]

　이와 같이 질문 생성은 스스로 의문을 해결하기 위해 기억에서부터 문제해결까지 다양한 인지적 사고가 통합적으로 작동된다는 점에서 의미 있는 학습 방법이다.[14] 특히, 의문에 대하여 기존의 자료(지식)와 새로운 자료(지식)를 상호텍스트적 맥락의 관점에서 해결하는 정교한 질문하기는 국어영역에서 측정하고자 하는 인지적 사고와 연동된다는 점에서 유용한 학습 방법이라고 할 수 있다.

　넷째, Ⓐ스스로 설명하기는 학업 중 문제(과제)에 대해 학습자 스스로에게 알기 쉽게 설명하여 이해를 높이고자 하는 것이다.[15] 한국문학평론가

---

13) 밑줄－인용자. 기억(회상), 분석, 추론, 문제해결은 과정적 측면에서서의 인지적 사고이며, 비판은 질적 측면에서의 인지적 사고에 해당한다.

14) 조재윤(2005)에 의하면, 질문 생성 전략은 수동적으로 글에 대한 이해, 추론을 하는 이해 과정이 아니라, 학습자가 글을 읽으면서 주도적으로 질문을 하며 이해와 추론을 하는 능동적인 독해 과정이며, 학습자가 학습 자료들 간, 학습 자료와 스키마 간의 관계를 능동적으로 구성하는 생성적인 학습 활동이라고 한다. 또한 그것은 학습자들의 주의를 집중시키고 호기심을 유발하며, 자기 의견을 발표하는 과정 중에 논리적이며 비판적 사고, 추리력을 키울 수 있는 독해 전략이라고 한다.

15) 스스로 설명하기는 부정확하고 불충분한 상태에서 이루어질 수도 있어, 일시적으로

협회(2006)에 의하면, 설명은 어떠한 문제를 알기 쉽게 풀이하거나 그 사실에 대해 자세하게 해명하여 그것의 실체가 무엇인가를 알게 해 주는 것이라고 한다. 스스로 설명하기는 이러한 의미에서의 설명을 스스로에게 함으로써 이해를 촉진시키는 학습 방법이다. 그런데 여기에서 어떠한 문제(과제)는 인지적 사고의 유형, 즉 사실적·이해적·논리적·비판적·창의적 사고가 요구되는 문제(과제)일 수 있다. 그래서 스스로 설명하기는 이러한 사고를 요구하는 문제(과제)에 대한 설명을 하기 위해 학습자 스스로 인지적 사고를 작동해야 한다는 점에서, 국어영역에서 측정하고자 하는 인지적 사고와 상관되는 유용한 학습 방법이라고 볼 수 있다.

다섯째, ◎분산하여 연습하기는 텍스트 내용을 학습하거나 문제(과제) 등에 대한 학습을 수행할 때, 휴식을 취하지 않거나 짧은 휴식만을 취하여 집중적으로 반복하는 학습 방법이 아니라, 학습과 학습 사이에 충분한 휴식 기간을 두면서 반복하여 학습 내용을 익히는 학습 방법이다. 이 학습 방법은 인지적 사고가 작동되는 핵심어 암기하기, 심상 만들기, 요약하기, 정교한 질문하기, 스스로 설명하기에 의해 학습된 내용을 강화하고, 미흡하거나 부족한 학습 내용을 수정·보완하여 이미 수행된 학습 내용을 효율적으로 활성화하거나 체계화하는 학습 방법이 될 수 있다. 따라서 이 학습 방법은 "학습 과제가 복잡하거나 어려울 때"(서울대학교 교육연구소 편, 1994 : 308)와 장기간에 걸쳐 이루어진 학습에 대한 평가일 때 효과가 크다.

지금까지 논의한 핵심어 암기하기, 심상 만들기, 요약하기, 정교한 질

학습자의 부정확한 생각을 강화시킬 수도 있다. 그러나 스스로 설명하기를 하다보면 텍스트를 통해 스스로 설명한 내용의 잘못된 부분을 알 수 있기에 피드백이 주어지지 않는다 하더라도 스스로 설명하기는 전반적으로 효과가 있다고 한다(Chi, et al., 1994; 도경수·이효희, 2012 : 187에서 재인용).

문하기, 스스로 설명하기는 인지적 사고가 작동되는 학습 방법이다. 그런데 이러한 학습 방법 중 이느 하나의 학습 방법에 지나치게 편중되는 것은 옳은 학습 방법이라고 할 수 없다. <표 3> 등급별 국어 학습 방법의 항목별 평균 점수를 참고할 때, R1등급을 성취한 학생들은 R2, R3등급을 성취한 학생들에 비해 어느 정도 균형 잡힌 선호도를 보여준다. 등급별로 핵심어 암기하기, 심상 만들기, 요약하기, 정교한 질문하기, 스스로 설명하기의 평균 점수에서 가장 높은 점수와 가장 낮은 점수의 차이를 산출하면 <표 7>과 같다.

〈표 7〉 등급별 국어 학습 방법의 항목별(C, D, E, F, G) 점수 차이 산출

항목 차이	(1)가장 높은 점수 항목	(2)가장 낮은 점수 항목	(1) - (2)	(3)산출 점수
R1	D. 핵심어 암기하기	F. 정교한 질문하기	5.86 - 4.49	1.37
R2	D. 핵심어 암기하기	E. 심상 만들기	6.20 - 4.39	1.81
R3	D. 핵심어 암기하기	F. 정교한 질문하기	6.11 - 3.78	2.33

산출 점수를 보면 R1등급은 1.37점[5.86점(D) - 4.49점(F)], R2등급은 1.81점[6.20점(D) - 4.39점(E)], R3등급은 2.33점[6.11점(D) - 3.78점(F)]이다. R1등급보다는 R2등급에서, R2등급보다는 R3등급에서 산출 점수가 크다. 따라서 R1등급을 성취한 학생들은 이들 학습 방법들을 균형 있고 적절하게 활용하고 있지만, R3등급을 성취한 학생들은 그렇지 못하다고 볼 수 있다.

국어영역은 화법과 작문, 독서와 문법, 문학 교과를 통합적으로 평가하며,[16] 사실적 사고, 추론적 사고, 비판적 사고, 창의적 사고를 측정한다는

---

16) 학업성취도 평가와 실험 평가 결과를 바탕으로 국어 영역(말하기, 듣기, 읽기, 쓰기, 국어지식, 문학)간 상관관계를 분석한 이재기(2005)에 의하면, 고등학교의 경우 국어

점을 고려할 때, 이들 학습 방법은 각 교과의 특성에 맞게 통합적으로 적절하게 활용되어야 하며, 학습 방법에 따른 인지적 사고 또한 통합적인 사고의 형태로 이루어져야 할 것이다. 따라서 학습자는, 인지적 사고가 작동되는 핵심어 암기하기, 심상 만들기, 요약하기, 정교한 질문하기, 스스로 설명하기 중 어느 하나의 학습 방법에 편중하지 않고 균형 있고 적절하게 통합적으로 선호하여 활용하면서 분산하여 연습하기를 할 때, 국어 학습의 효과는 크다고 볼 수 있다.

그 다음으로, 국어 학습의 복합적 과정이 이루어지고 나면 그것은 국어 학습의 기본적 과정인 다시 읽기로 회귀하거나(②-ⅰ) 자평적 과정으로 이어진다(②-ⅱ).

다시 읽기로 회귀한다는 것은 복합적 과정에서 이루어진 텍스트 내용 학습 중, 부족하거나 미흡한 부분에 대한 이해를 보완하거나 보강하는 의미를 지닌다. 다시 읽기가 이루어지면 국어 학습의 복합적 과정으로 넘어가게 된다(①-ⅱ). 학습자는 복합적 과정의 여러 학습 방법을 다시 동원하여 부족하거나 미흡한 부분에 대한 이해를 보완하고 보강하여 자평적 과정으로 넘어간다.

다시 읽기로 회귀하지 않는 경우는 복합적 과정에서 텍스트 내용 학습이 완결되었다는 학습자 스스로의 판단이 설 때이다. 그 판단에 따라서 학습자는 텍스트 내용 학습에 대한 평가를 위해 자평적 과정으로 넘어가게 된다.

총점과 영역별 점수 간의 상관계수는 .50 이상, 읽기와 쓰기의 상관계수는 .570, 읽기와 문학의 상관계수는 .446, 듣기와 읽기의 상관계수는 .526, 국어지식과 쓰기 선택형의 상관계수는 .448로 나타나 상관 정도가 크다고 한다. 이는 국어과 교과를 통합적으로 평가하는 수능 국어영역을 위한 학습에서 어느 하나의 학습 방법에 편중하기보다는 여러 학습 방법을 통합적으로 활용하는 것이 효과적이라는 것을 시사한다.

자평적 과정은 기본적 과정과 복합적 과정을 통해 학습한 텍스트 내용이나 문제(과제)에 대해 학습자 스스로 자신의 능력을 평가하는 과정이다. 이 과정을 통해 학습자는 상위 인지적 측면에서 자신의 학습 방법이나 학습 내용과 관련된 문제점을 파악하고 이를 개선하기 위한 반성적 성찰을 하게 된다.

자평적 과정에서 이루어지는 국어 학습 방법은 ㉧연습 시험보기이다. 이는 기본적 과정이나 복합적 과정에서 학습한 내용과 과제를 해결하기 위해 작동한 인지적 사고를 동원하여 화법과 작문, 독서와 문법, 문학의 문제 유형이나 난이도에 따른 적절하고 적합한 사고 활동을 통하여 문제를 풀거나 시험을 쳐보는 것이다.

<표 3> 등급별 국어 학습 방법의 항목별 평균 점수를 참고할 때, 연습 시험보기에 대한 평균 점수는 R1등급을 성취한 학생들은 6.05점, R2등급을 성취한 학생들은 6.31점, R3등급을 성취한 학생들은 4.89점의 선호도를 보여준다. R1등급은 상대적으로 R3등급보다 선호도가 높지만, R2등급보다는 낮다. 이는 연습 시험보기의 선호도에 따른 학업성취도의 문제라기보다는 복합적 과정에서 어느 하나의 학습 방법에 지나치게 편중되지 않고 균형 있는 학습 방법을 통하여 인지적 사고를 고르게 작동시킨 결과와 연관된다고 보아야 할 것이다.[17]

17) R4등급을 성취한 학생들의 경우, 국어 학습 방법의 항목별 평균 점수 중 I. 연습 시험보기는 7.50점으로 선호도가 다른 등급을 성취한 학생들에 비해 상당히 높은 편이다. 그리고 C. 요약하기, D. 핵심어 암기하기, E. 심상 만들기, F. 정교한 질문하기, G. 스스로 설명하기 중, 가장 높은 점수는 D. 핵심어 암기하기로 6.50점, 가장 낮은 점수는 F. 정교한 질문하기로 3.00점이다. 이 차이를 산출하면 3.50점[6.50점(D) - 3.00점(F)]으로, <표 7> 등급별 국어 학습 방법의 항목별(C, D, E, F, G) 점수 차이 산출에서 보여준 R3등급 2.33점보다 산출 점수가 크다. 따라서 R4등급을 성취한 학생들이 R1, R2, R3등급을 성취한 학생들보다 연습 시험보기를 더 선호함에도 불구하고 학업성취도가 낮은 것은 복합적 과정에서 균형 있는 학습 방법보다는 편중된

마지막으로, 학습자는 연습 시험보기를 하고 난 다음 자신의 문제 풀이에 적합하지 못한 부분이 있다고 판단하면 그 원인이 무엇인가를 찾기 위해 복합적 과정으로 회귀하거나(③-ⅰ) 기본적 과정의 다시 읽기로 회귀한다(③-ⅱ). 복합적 과정으로 회귀한 경우, 학습자는 복합적 과정의 적절한 학습 방법을 동원하여 그 원인을 파악하고 나면 다시 자평적 과정으로 옮겨 문제 풀이의 적합하지 못한 부분을 해결하게 된다. 그리고 기본적 과정의 다시 읽기로 회귀한 경우, 학습자는 다시 읽기를 통해 문제 풀이와 관련된 텍스트 내용을 이해한 후 복합적 과정으로 회귀한 경우와 동일한 과정을 밟게 된다.

지금까지의 논의를 정리하면, 국어영역을 위한 인지적 학습 과정은 선조적 과정이기보다는 회귀적 과정으로서 다음과 같은 다양한 전개 양상을 보여준다.

① 기본적 과정(㉠) → 복합적 과정 → 기본적 과정(㉡) → 복합적 과정 → 자평적 과정 → 복합적 과정 → 자평적 과정

② 기본적 과정(㉠) → 복합적 과정 → 기본적 과정(㉡) → 복합적 과정 → 자평적 과정 → 기본적 과정(㉡) → 복합적 과정 → 자평적 과정

③ 기본적 과정(㉠) → 복합적 과정 → 자평적 과정 → 복합적 과정 → 자평적 과정

④ 기본적 과정(㉠) → 복합적 과정 → 자평적 과정 → 기본적 과정(㉡) → 복합적 과정 → 자평적 과정[18]

학습 방법을 사용함으로써 인지적 사고를 고르게 작동시키지 못한 결과일 것이다. 이는 인지적 사고의 여러 유형을 균형 있게 발달시키지 못했기 때문으로 보인다.
18) 국어영역을 위한 인지적 학습 과정으로 매우 이상적인 과정이라 볼 수 있는 '기본적 과정(㉠) → 복합적 과정 → 자평적 과정'이 있을 수도 있다. 그러나 이 과정은 수능

이러한 국어 학습 과정의 다양성이 나타나는 이유는 텍스트 내용의 질적 수준과 그 수준에 대한 학습자의 이해도 및 연습 문제의 난이도 등에 따라 동일하게 전개되는 것은 아니기 때문이다.

5. 맺음말

지금까지 이 연구에서는 Dunlosky et al.(2013)이 제시한 10가지 학습 방법을 활용하여 국어영역을 위한 고등학생들의 국어 학습 방법에 대한 선호도와 학업성취도의 상관성을 기반으로 인지적 학습 과정을 모색하였다.

R1이나 R2등급을 기준으로 국어영역을 위한 고등학생들의 국어 학습 방법 선호도는 A. 강조하기나 밑줄 긋기, B. 다시 읽기를 매우 선호하는 것으로, I. 연습 시험보기를 적당히 선호하는 것으로, D. 핵심어 암기하기를 선호하거나 적당히 선호하는 것으로, C. 요약하기, E. 심상 만들기, F. 정교한 질문하기, G. 스스로 설명하기, J. 분산하여 연습하기를 선호하는 것으로, H. 교차시켜 연습하기를 선호하지 않는 것으로 나타난다. 따라서 H 항목을 제외한 나머지 학습 방법은 유의미하다고 볼 수 있다.

그 학습 방법은 항목별로 개별적인 특성을 지니는데, 그 특성이 통합적으로 서로 맞물려 어우러질 때 학습 효과가 극대화될 수 있다고 보고, 이

국어영역을 위한 학습 과정으로 적합하다고 볼 수 없을 것이다. 왜냐하면 대학수학능력시험이 학습 과정에서 이루어진 장기적 학습 내용에 대한 인지적 사고력을 측정한다는 점과 학습 과정 중 다시 읽기를 학생들이 매우 선호한다는 점 그리고 수능 국어영역을 위한 학습 과정의 경우, 복합적 과정까지에서 이루어진 텍스트 내용에 대한 완전하고 완벽한 학습이란 거의 불가능하다는 점을 감안해야 하기 때문이다. 따라서 국어 학습 과정은 회귀적 과정의 다양한 학습 과정에 따라 부족하고 미흡한 학습 내용을 보완하고 잘못된 학습 내용을 수정하는 과정이어야 한다.

를 고려하여 국어영역을 위한 인지적 학습 과정의 모형(<그림 5>)을 제시한 것이다.

국어 학습 과정은 크게 기본적 과정, 복합적 과정, 자평적 과정으로 나누어질 수 있다. 먼저, 인지적 사고 작동을 원활하게 하기 위한 기반으로서의 기본적 과정에는 ㉠강조하기나 밑줄 긋기와 ㉡다시 읽기가 있다. 다음으로, 인지적 사고를 중심으로 어느 하나의 학습 방법에 편중하지 않고 여러 가지 학습 방법을 적절하게 통합적으로 활용하여 텍스트 내용을 학습하는 복합적 과정에는 첫째 인지적 사고가 작동하는 ㉢핵심어 암기하기, ㉣심상 만들기, ㉤요약하기, ㉥정교한 질문하기, ㉦스스로 설명하기가 있으며, 둘째 그 사고 작동을 효율적으로 활성화하거나 체계화하는 ◎분산하여 연습하기가 있다. 마지막으로 이전 과정을 통해 학습한 텍스트 내용이나 문제(과제)에 대해 상위 인지적 측면에서 학습자 스스로 자신의 능력을 평가하는 자평적 과정에는 이전 과정의 학습 방법에서 작동한 모든 인지적 사고를 동원해야 하는 ㉧연습 시험보기가 있다.

이러한 인지적 국어 학습 과정은 선조적 과정이기보다는 회귀적 과정으로서 다양한 전개 양상을 보여주는데, 그 이유는 텍스트 내용의 질적 수준과 그 수준에 대한 학습자의 이해도 및 연습 문제의 난이도 등에 따라 동일하게 전개되는 것은 아니기 때문이다.

이 연구는 기존의 여러 가지 외적 변인 요소인 가정환경, 부모의 관심, 학습 공간 등에 의한 연구 방법을 지양하고 내적 변인 요소인 실제적인 학습 방법을 학업성취도와 관련하여 인지적 측면에서 국어 학습 과정을 밝힘으로써 실천적 국어 학습 과정이 될 수 있을 것으로 본다. 특히 화법과 작문, 독서와 문법, 문학 교과의 통합적 평가 방식이자 인지적 사고를 측정하는 국어영역을 위한 개별적 교수·학습 방법에 대한 개선점을 마런할 수 있는 토대가 될 수 있을 것이다.

그러나 국어 학습 방법에 의한 인지적 학습 과정이 실천적으로 이루어지기 위해서는 무엇보다도 학습자의 국어 학습에 대한 내적 동기가 필수적이며, 적극적이고 능동적인 학습 태도가 중요한데, 이 연구에서는 이를 감안하지 못하였다. 뿐만 아니라 인지적 사고력을 측정하는 선택형(객관식) 평가 방식을 취하는 국어영역에만 초점을 맞춤으로써 국어교과의 영역별, 장르별 학습 방법과 과정에 대한 검토를 하지 못한 점이 아쉬움으로 남는다.

한시에 수용된 '그네'의 미의식

1. 머리말

고전시가 중 세시풍속과 관련된 한시는 많지만, 그중에서도 '그네(놀이)'[1]를 수용한 한시에는 시적 대상에서 관찰된 작가의 미의식(aesthetic consciousness)[2]이 다양하게 발산되어 있다. 이는 놀이가 주는 즐거움이나 기쁨과 같은 정서를 동반하기 때문이며, 동시에 그런 즐거움이나 기쁨을 누릴 수 없는

---

[1] 그네의 기원은 명확히 밝혀진 바 없지만, 인도에서 비롯된 것으로 추정된다. 인도에서는 기원전 2000년경부터 시작된 베다시대부터, 프랭카(prenkha)라고 불리는 좌판두줄현수방식(坐板2網懸垂方式)의 그네가 알려져 있다. 아시아 지역의 그네는 서쪽 인도로부터 동쪽의 일본과 동부 인도네시아에 걸친 광대한 지역에서 찾아볼 수 있다. 그네놀이가 한국에 언제 전해졌는지는 자세하지 않다. 다만, 당나라에서 크게 성행했던 것으로 보아 삼국시대를 전후하여 유입된 것으로 추측된다. 그것이 고려시대에 크게 성행된 것으로 볼 때 더욱 그러한 추정을 가능케 한다(Okuma Akiko, 2012 : 19-37). 한편, 현전하는 문헌(고려사절요 권14)에는 1216년에 "최충헌이 단오일에 그네놀이를 백자정동 궁에서 베풀고, 문무관 4품 이상에게 3일 동안 술자리를 베풀어 주었다(崔忠獻 以端午 設鞦韆戲于柏子井洞宮 宴文武四品以上三日)."라고 기록되어 있다.

[2] 미의식이란 일정한 대상에 대한 우리의 특수한 정신적 활동에 의해 미적 가치의 경험이 성립될 때를 말한다. 이는 문학적 형상이 창조의 과정에서 어떻게 형상화되느냐는 측면과 문학 작품에 형상화된 것이 독자에게 어떤 의미를 주느냐는 두 측면에서 작용한다(서울대학교 국어교육연구소, 2007 : 321-322).

대조적 정서를 표출하기 때문이다.

시적 대상에서 관찰된 작가의 미의식은 시적 대상에 대한 수용 욕구를 상승시킬 수 있다. 특히, 그네놀이의 주체가 여성이라는 점에 작가의 시선이 고정되는 경우가 많다. 그래서 그네는 독자적 사물로 형상화되기보다는 그네를 타는 여성의 아름다움과 함께 공존하게 된다. 물론 흔들림이 없는 그네 자체에 작가의 시선이 머무는 경우도 있지만, 여기서도 작가는 개인적 상황이나 체험에 따른 미의식을 드러내기도 한다.

관찰 대상으로서의 그네는 어찌 보면 흔들림의 미학이기도 하다. 정적이지 않고 동적인 상태에서 상승과 하강의 반복적 움직임에서 즐거움을 만끽하는 여성의 아름다움이 묻어나는데, 그 아름다움을 작가는 수용하게 된다. 특히 유교적 질서를 중시하던 사회에서 구속과 억압을 던져버릴 수 있는 그네 타기는 닫힌 세상의 정적인 여성을 열린 세상의 동적인 여성으로 전환시켜준다. 그네는 여성을 집 안에서 집 밖으로 옮겨가면서 세상과 만나게 하고, 땅에서 하늘로 솟구치면서 얽매인 삶을 자유롭게 만듦과 동시에 뭇사람들의 시선을 그네 타는 여성 자신에게 머물도록 해준다. 결국 그네는 여성들의 삶을 세상과 연결시켜줌으로써 놀이로서의 즐거움뿐만 아니라 여성의 아름다움을 능동적이고 적극적으로 드러내는 장치가 되기도 한다. 그런데 그러한 흔들림의 즐거움이나 아름다움과 대조적으로 작가가 처한 상황에 따른 정서가 심화되기도 한다. 그러면서 동시에 그네는 멈춤의 미학이기도 하다. 흔들림의 미학을 바탕으로 하는 그네가 멈춤의 상태에서 작가에게 관찰되어 다가올 때 작가의 시적 대상에 대한 미의식은 시적 대상과 자신의 정서를 연결함으로써 나타난다.

그네의 흔들림과 멈춤은 동적 그네와 정적 그네로서 작가가 시적 대상에 대한 미적 감각을 드러내는데 효과적이다. 그래서 작가는 어떤 형태로든 미적 대상인 그네를 관찰하고 수용하게 되는데, 이때 관찰되고 수용된 그네는 작가의 상황과 문화적 요소 등에 따라 다양한 미의식을 드러낼 수 있다.

따라서 이 연구에서는 고려 후기에서 조선 후기까지 한시에 수용된 그네의 미의식을 고찰해 보고자 한다. 즉, 문예 미학적 관점에서 시적 대상인 그네와 그네를 타는 주체에 대한 작가의 시각이 단선적인 것이 아니라 다양한 관점에서 그 미의식을 다루고 있음을 밝히고자 하는 것이다.

2. 문제제기 및 그네 수용의 방향

언어, 신화, 민속, 무용, 음악, 그림 등 모든 인간의 활동이 놀이에서 발생했다고 본다면, 자발성, 개방성, 집단성, 규칙성, 사회성, 창조성, 다양성, 경쟁성 등의 속성을 가지면서 즐거움이나 기쁨을 지니는 놀이는 문화의 근원이라 해도 지나치지 않다.[3]

특히, 언어라는 놀이의 규칙은 강제성을 띠기보다는 언어 사용에 있어 가능성의 범위를 제시하는 역할을 한다. 즉 언어는 그것을 사용하는 사람들이 공유하는 규칙을 바탕으로 삶 속에서 실현되는 놀이로서의 특성을 지니며, 그 놀이의 규칙은 사회적 관습을 배경으로 작동하는 이정표와 같은 것이어서 놀이를 안내하되 강제성을 띤 틀 안에 가두지는 않는다. 그러기에 언어에 있어 새로운 규칙의 창조가 가능한 것이다(김미혜, 2007 : 15).

그런데 한시에 수용된 그네(놀이) 관련 작품은 200여 편이 넘지만, 그에

---

[3] 그래서 놀이문화로서의 그네 관련 연구는 모든 학문 분야에서 다루어질 수 있을 만큼 중요하다.

대한 국문학적 연구는 흔치 않은 편이다. 다만, 선행의 연구에서 경기체가인 한림별곡 제8장에 수용된 그네의 상징성을 다루고 있다. 이를 살펴보면, 지헌영은 紅실로 만든 홍글위는 강렬한 정욕의 상징으로, 성호경은 홍실·홍글위의 '홍'은 성기 부근 피부의 색깔이라 하면서 '글위'는 당기고 밀고하는 성교행위로, 박병욱은 음란함을 자아내는 동시에 둘 사이의 매개물로, 김창규는 남녀 간의 화합 내지 사랑의 인연을 맺어주는 것으로 보는 반면, 박노준·김정주는 그네에 올라탔다는 것은 지상적인 풍요와 환락까지도 뛰어 넘어 영원하고 풍족한 세계를 향해 사유의 방향을 돌렸다는 뜻으로 보고 있다(최용수, 2000 : 161).

하나의 텍스트에 수용된 그네에 대한 이러한 논의는 그 나름대로 충분한 의미를 갖는다. 그러나 그네에 대한 이와 같은 여러 상징성을 한시 전반에 수용된 그네의 의미나 미의식에 보편적으로 적용하기에는 무리가 따른다. 물론 그네의 상징성을 밝힌 연구자들의 논의가 부적절하다는 것을 의미하지는 않는다. 그 중에서 일정 부분은 개별 텍스트에 따라서 한시에 수용된 그네의 의미나 미의식과 연관될 수도 있기 때문이다.

한편, 그네 관련 연구는 인접 학문에서도 찾을 수 있는데, 민속학, 외국어문학, 체육학, 회화 등이 그러하다. 이들 인접 학문에서 보는 그네의 상징성은 한림별곡에 나타난 그네의 상징성을 다룬 일부 연구자들의 견해와 무관하지 않다. 이건욱(2001)에 의하면, 러시아의 세시풍속인 그네타기는 그 운동과 메타포로 인해 들판을 비옥하게 해 준다는 상징성을 내포한다면서 그것은 일종의 생장과 관련된 주술적인 행위라고 한다. 여기서 한발 더 나아간 남성진(2006)에 의하면, 한시와 민요 텍스트 분석을 토대로 그네타기의 솟구쳐 오르는 행위는 '성적(性的)'인 은유이며, 곧 즐거움을 얻고 생산력을 발휘함으로, 그네놀이가 주술적으로는 풍요다산을 기원하는 모의적 성행위라고 말한다.

그리고 정현규(2007)에 의하면, 그네의 세 가지 유형은 시대적, 장르적으로 상이한 모습을 취한다고 하면서, 아이오라(Aiora) 축제는 신화적 맥락 속에서 고대의 자연 모방 즉 자연순환과 죽은 자와의 화해라는 측면을 보여주고 있고,4) 장 오노레 프라고나르(Jean-Honoré Fragonnard)의 그네는 부자유스러운 구체제 속에서 육체의 해방을, 그리고 폰타네(Fontane)의 에피 브리스트(Effi Briest)에서 에피는 가부장제 하에서 억압당하는 자연성의 화신을 그리고 있다고 한다.

이민희, 옥광(2007)에 의하면, 그네뛰기가 한민족의 정서를 드러내기에 적합하다고 하면서 이규보, 성현, 신광수의 시 텍스트와 계용묵의 산문 텍스트, 춘향전을 예로 들어 남녀주인공의 결연을 위한 필수적 도구로서 여성들의 미와 풍류를 집약적으로 나타내는 놀이라고 한다.

이렇게 보면 대체로 그네는 신화적, 주술적 맥락에서 식물의 생장과 연관된 성(性)으로서의 원형적 상징성으로 텍스트에 수용되거나 여성들의 미와 풍류를 집약하는 놀이로 수용된다. 그러나 그러한 상징성은 문화적 요소에 따라 또는 작가의 상황 등에 따라 잠재적으로 수용되거나 아니면 다양한 의미의 미적 분화를 일으킬 수도 있다. 그리고 한시에 수용된 그네(놀이)를 살펴보면, 남녀의 결연을 위한 필수적 도구로만 나타나는 것도 아니며, 여성들의 미와 풍류만을 집약적으로 노래한 것만도 아니다.

시적 대상은 작가의 시선이 무엇에 초점화 되어 있는가도 중요하지만, 작가에 의해 관찰된 그 무엇이 어떻게 수용되는가도 중요하다. 결국 무엇

---

4) 즉, 고대의 그네타기는 식물의 생장과 같이 자연의 순환을 모방하여 그것의 주술적인 의미를 극대화하려는 의도가 담겨 있으며, 이는 당시의 신화적 맥락과 맞물려 겨울로 상징되는 죽음과 생성으로 상징되는 봄의 도래가 죽음과 삶의 경계를 왕복하는 그네의 이미지로 형상화된 것으로 볼 수 있다(정현규, 2007 : 88).

을 어떻게 수용할 것인가의 문제인데, 이는 관찰된 대상 그 자체를 수용할 것인가 아니면 관찰된 대상의 주체를 수용할 것인가 등에 따라 달라질 수 있다. 즉, 시적 대상인 그네 자체가 작가에게 대상이 되기도 하지만 그네를 타고 있는 주체(사람)가 되기도 하며 그네놀이를 포함한 주변의 풍경이 되기도 한다. 그리고 이를 어떻게 수용하는가에 따라 그 의미와 미의식은 달라질 수 있다. 이는 시적 대상을 관찰하고 수용하는 과정에서 작가의 상황이나 문화적 요소, 상호텍스트성은 관찰 대상이 지닌 원형적 의미를 소멸시키거나 다변화시킴으로써 그 미의식도 달라질 수 있다는 것을 의미한다. 이를 <그림 1>로 나타내면 다음과 같다.

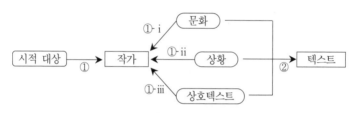

〈그림 1〉 시적 대상에 대한 작가의 수용과 생산

원형적 상징성을 가진 시적 대상일지라도 그 시적 대상이 작가에 의해 관찰되고 수용(①)될 때, 작가는 문화적 요소에 의해 그 의미를 구성(①- i)하거나 자신이 처한 상황이나 정서, 정체성 등에 의해 그 의미를 구성(①-ii)하기도 하며, 자신의 언어활동 경험에 의한 다른 텍스트들과의 상호텍스트적 관련성에 의해 그 의미를 구성(①-iii)하기도 한다. 이렇게 작가에 의해 구성된 의미는 그 원형적 상징성이 잠재화 되고 새로운 의미를 다양하게 발산시키면서 언어화되어 텍스트로 생산(②)된다.5)

---

5) 물론 언어로 의미화 된 텍스트에 대한 독자의 수용은 재구성될 수 있다. 이는 텍스트가 글로 쓰인 담화로 고착되어 작가와 독자가 공존하는 상태를 벗어나게 되면 작가의

이러한 관점에 보면, 기존의 그네에 대한 상징적 의미는 개별 텍스트에 국한될 수밖에 없거나, 시적 대상에 대한 관찰 및 수용의 방향에서 나타날 수 있는 의미의 다양성을 재고하지 못한 원형적 상징성에 머무를 수밖에 없다. 그리고 일부 텍스트만을 들어 그네의 집약적 의미를 다루는 것도 무리가 있어 보인다. 다만, 기존의 논의 중 일정 부분은 수용하고자 한다.

3. 그네 수용의 의미와 미의식

3.1. 멈춤으로서의 정적 그네

3.1.1. 기다림과 멈춤의 정서 : 아쉬움과 적막감

이규보(1168~1241)의 고율시(古律詩) 한식일대인부지(寒食日待人不至, 동국이상국전집 권3)에서 그네는 흔들림이 없는 상태에서 기다리는 사람과 연결된다.

백오 좋은 명절 사람은 오지 않고　　　百五佳辰人不來

추천 그림자 밖 석양이 돌아오네.　　　鞦韆影外夕陽迴

의도에 따른 의미는 잠재적 상태에 놓일 수밖에 없다(김정우, 2006 : 47). 그럼에도 불구하고 시적 대상에 대한 작가의 관찰 및 수용에 따른 미의식을 탐구하고자 하는 것은 어찌 보면 사소한 일일 수도 있으나 시적 대상에 대한 입체적 관점을 지향할 수 있다는 의미를 갖는다. 따라서 한시에 수용된 그네 또한 이러한 관점에서 그 수용의 의미와 미의식을 찾을 수 있을 것이라 본다. 다만, 이 연구에서는 그네의 수용 방향 중, 문화와 상황 그리고 그 상황에 기인한 정서에 초점을 맞출 것이며, 상호텍스트성이 표면적으로 드러난 한시의 경우는 그 일부를 다루고자 한다. 그리고 텍스트 간에 보여주는 상호텍스트성의 과정적 측면에 대한 세밀한 연구가 필요하나, 현재 필자의 노력 부족으로 차기 연구에서 논의의 대상으로 삼고자 한다.

행당과 맥락 전부 쓸모없는 일이니　　　　杏餳麥酪渾閑事

　　배꽃 마주하여 한 잔 술 마실 뿐.　　　　只對梨花飮一杯

　동지에서 105일이 되는 한식일 시적 화자는 사람을 기다린다. 그런데 그네 그림자 밖으로 석양이 돌아올 때까지 기다리는 사람은 오지 않는다. 오랜 기다림 속에 화자의 시선이 석양 무렵 그네 그림자에 머문다. 기다림은 만남에 비해 정적인 상태의 지속이라 할 수 있는데, 이러한 지속이 흔들림이 없는 그네와 일치되고 있다. 시적 화자의 기다림 속에 아쉬움이 그네를 통하여 표현되고 있다. 이는 이어지는 시구와도 연관된다. 행당과 맥락은 오는 사람을 위해 준비한 음식일 것인데, 모두 쓸모없는 일이 되고 만다. 그래서 시적 화자는 아쉬움을 달래기 위해 배꽃을 마주하여 한 잔 술을 마시게 됨으로써 시상을 맺는다.[6]

　정적 그네를 통해 보여주는 또 하나의 텍스트는 이색(1328~1396)의 3수로 구성된 추천(鞦韆, 목은시고 권8)이다. 1수에서 시적 화자는 사람과 그네가 반공중을 오르내리는 모습을 보면서 사람들의 말소리 속에 모시 적삼이 가벼이 날린다고 한다. 이어지는 2수를 보자.

　　채색 실 흔들리며 저절로 바람 일으키니　　綵絲飛颺自生風

---

6) 이규보의 한시 중 '아쉬움'이 표현된 시로는 속몽중작(續夢中作, 동국이상국후집 권1), 차운공공상인 증박소년오십운(次韻空空上人 贈朴少年五十韻, 동국이상국후집 권9) 등이 있다. 전자는 "아름다운 미인이 웃으며 서로 맞이하니 선녀도 역시 세속의 마음 일으킴을 알겠네. 한 구절 노래하고 꿈에서 놀라 깨어나니 맺은 약속 갈매기와 벗하며 기다림을 남겨두네(明眸皓齒笑相迎 始識仙娥亦世情 一句才成驚破夢 故留餘債約尋盟)."이고, 후자는 "오직 친밀한 벗되기를 기대하는데 어찌 잠시라도 집에서 함께 하지 않겠는가. 헤어질 때 심사는 융지와 같다가도 찾아오면 손뼉 치지 하물며 담장을 가리키겠는가(但將款密期爲友 何忍須臾不共堂 別去尋思如融地 訪來方抃況麾墙)."이다. 다만 후자는 아쉬움이 표현된 곳만 일부 옮겨 적는다.

붉은 치마 푸른 하늘로 들어갈까 두려웠네.	直恐紅裙入碧空
사람들 흩어진 저녁 무렵 적막하기만 한데	人散晚來殊寂寞
석양 속 그넷줄만 아른거리며 걸려 있네.	依依掛在夕陽中

시적 화자는 1구과 2구에서 동적인 그네를 묘사하고 있다. 즉, 그네 타는 여인의 붉은 치마가 하늘로 들어갈까 두려워하는 시적 화자의 심리 상태를 보여준다. 그런데 여기에서의 두려움은 공포의 전율을 자아내는 두려움이 아니라 여인의 아름다움을 무의식적으로 보게 되는 시적 화자 자신에 대한 두려움일 수도 있고, 그러한 아름다움을 남이 볼까 하는 것에 대한 두려움일 수도 있는데, 이는 여인의 아름다움을 염려해주는 시적 화자의 마음의 발로이다. 그러다가 그네놀이가 파한 뒤의 적막감이 석양 속에 걸린 정적 상태의 그넷줄로 이어진다. 시적 화자의 시선은 시적 대상인 그네 타는 여인에게서 그넷줄로 변화되는데, 이는 흔들림의 주체(여인)에 대한 걱정과 멈춤의 그넷줄에 대한 적막감을 대조시킴으로써 적막감에 대한 미적 분위기를 효과적으로 드러내고 있다.

3.1.2. 타향에서의 정서 : 슬픔과 괴로움

그네의 멈춤은 시적 화자로 하여금 아쉬움이나 적막감을 들게 할 수도 있지만, 타향에서 바라보는 정적인 그네는 시적 화자가 처한 상황에서의 슬픔이나 괴로움으로 시상이 이어진다. 정희득(?-?)의 기회시제군(記懷示諸君, 월봉해상록 권2)이 그러하다.

| 거리엔 떠들썩하게 웃으며 술 마시는데 | 滿街喧笑三盃酒 |
| 긴 그넷줄은 나무에 걸려 있네. | 掛樹鞦韆百尺絲 |

칠 년 전쟁을 일으킨 후에	自從七載兵戈後
화풍이 반 정도 오랑캐 땅에 들어왔네.	一半華風入卉夷
대마도 성에서 오월 오일을 만나니	對馬城邊逢五五
나그네 마음 오늘 더욱 놀랄 만하여라.	客心今日轉堪驚
옆 사람들아 괴상타 말라 너무 슬퍼한다고	傍人莫怪偏悒悵
절서가 흐르는 물 같아 내 마음 느껴서라네.	節序如流感我情

정희득은 1597년(선조 2) 정유재란 때 가족과 함께 피난 중 칠산(七山) 바닷가에서 왜적에게 포로가 되어, 형인 정경득, 족질인 정호인, 정호예와 함께 일본으로 잡혀갔다가 몇 년 후 조선으로 송환된다. 위의 시는 대마도에 잡혀있을 때 지은 것으로 보인다. 시적 화자는 대마도에서 그넷줄이 높은 나무에 매여 있는 것을 보게 되어 그 풍속이 조선뿐만 아니라 일본에서도 행해짐을 놀라워한다. 그러나 흔들림이 없는 정적인 그네로부터 이어지는 시적 화자의 정서는 타국에 잡혀있는 나그네로서의 슬픔이다. 이러한 슬픔은 괴로움으로도 나타나는데, 그의 시 단양일전파유감(端陽日奠罷有感, 월봉해상록 권2)이 그러하다.

좋은 명절 올 때마다 그리움이 더하여	每逢佳節倍多情
창포를 꺾어서 술잔에 띄우네.	忍折菖蒲泛酒舷
한잔 술로 제사 마치니 흐르는 눈물	一盃奠罷千行淚
도성에 훈풍을 들이어 빗소리를 만드네.	都入薰風作雨聲
마을 집집마다 문에는 오색 깃발	門巷家家五色旗
허리 언저리 나무칼 자웅을 겨루네.	腰間木劍有雄雌
물수제비 다투는 모습만 보일 뿐	但看隔水爭投石
그네 타는 모습은 볼 수가 없네.	不見鞦韆百尺絲

곳곳마다 쑥 인형 지붕 모서리에 달고	處處蒿人懸屋角
집집마다 웃기떡 때맞춰 섶에 올리네.	家家角黍薦時薪
오늘이 무릇 단오일이라 말하지 말라.	莫言今日是端午
객리에 좋은 명절 만남 못내 괴로우니	客裏不堪逢令辰

객지에서 보내는 단오일 제사를 마친 후 슬픔이 더해지는데, 오색 깃발이 날리고 나무칼에 자웅이 있지만 그네놀이 볼 수 없어 고향 생각이 절로 깊어진다. 곳곳마다 쑥 인형을 지붕 모서리에 달고, 집집마다 웃기떡을 섶에 올리지만, 객지에서 보내는 단오일은 그렇지 못하다. 그래서 시적 화자는 고향이 아닌 객지에서 보내는 명절을 못내 괴로워한다. 객지에서 그네놀이를 볼 수 없다는 것은 현재 시적 화자가 처한 상황에서의 그네는 흔들림이 없는 정적 그네라 할 수 있는데, 이러한 상태가 시적 화자의 괴로움과 무관하지 않다.

3.2. 흔들림으로서의 동적 그네

3.2.1. 타향에서의 정서 : 그리움과 슬픔의 심화

타향살이에서 보는 멈춤으로서의 정적 그네는 시적 화자의 슬픔과 괴로움으로도 연결되지만, 타향살이를 하면서 연상하거나 보게 되는 흔들림으로서의 동적 그네는 시적 화자의 고향에 대한 그리움과 그 그리움으로 인한 슬픔을 갖게 한다. 이러한 그리움과 슬픔은 명절에 더욱 아련히 떠오를 수 있는데, 특히 단오일과 한식일의 그네놀이와 연관되어 시적 화자의 감정은 더욱 심화된다. 이색의 단오(端午, 목은시고 권3)는 고향에 대한 그리움을 잘 보여준다.

금년 단오일은 천시가 좋은데	今年端午好天時
천애 노모 멀리서 걱정이 되네.	老母天涯費遠思
쑥 인형 만들어 문 위에 올리고	艾葉扶翁上瓊戶
창포꽃 술구더기 어울려 금잔에 드누나.	菖花和蟻入金巵
눈은 가절에 놀라나 내 나라가 아니고	眼驚佳節非吾土
몸은 뜬 이름과 더불어 색실을 매었네.	身與浮名繫綵絲
생각건대 고향 산천 놀이하던 곳에는	想得家山游戲處
그네 그림자 반공중에 드리웠겠네.	鞦韆斜影半空垂

시적 화자는 단오일 멀리 떨어진 노모를 걱정하면서 동시에 고려의 망국을 슬퍼한다. 아마도 고려가 망한 뒤에 노래한 것으로 보이는데, 그러면서도 몸은 뜬 이름에 색실을 매었다고 하니 그 슬픔이 더욱 깊었을 것이다. 그리고 시적 화자는 자신이 놀던 고향 산천의 그네 그림자가 반공중에 드리웠다 함으로써 고향에 대한 그리움으로 시상을 종결한다. 시적 화자의 고향에 대한 그리움은 노모에 대한 걱정과 망국의 슬픔이 어우러져 더욱 애잔하게 다가오는데, 이와 함께 그넷줄이 반공중에 있다는 동적인 그네의 묘사로 인하여 그 그리움이 더욱 깊어지고 있다. 이는 시적 화자의 상황과 동적 그네가 대조적인 이미지를 그려냄으로써 시적 화자의 정서를 더욱 심화시키는 미의식을 드러낸다. 이러한 미의식은 박의중(1337~1403)의 봉래역유감(蓬萊驛有感, 정재일고 권1)에서도 유사하게 나타난다.

지난해 단오일은 김제군에서 보내고	去年重五金堤郡
올해 단오일은 봉래역에서 보내네.	今年重五蓬萊驛
김제군 안에 모든 고향 사람들 생각나는데	金堤郡中盡鄉黨
봉래역 속에 모두 색다른 풍속만 보이네.	蓬萊驛裏皆殊俗

고향 사람들 주육 가져다 잔치했고	鄕黨爭持酒肉饗
나는 선롱에 분향 자리 맞이했네.	値我先壟焚黃席
고운 아가씨는 녹음 속에 그네 탔고	紅粉鞦韆綠陰動
소년들은 금 안장 졸라매어 타구했네.	打毬年少金鞍勒
여기는 풍속이 고향과 아주 다르고	此中風俗殊不同
쓸쓸한 공관엔 인적이 끊겼네.	空館寥寥人迹絶
해마다 이날이면 하늘 한 끝에서	年年此日天一涯
처자는 나를 향해 전언을 말할 것이네.	妻孥應向尊前說

시적 화자는 고향인 김제골과 달리 봉래역은 색다른 풍속이라고 하면서 고향의 그네놀이를 연상한다. 시적 화자 자신이 선영에 분황할 때 보았던 그네 타는 고운 아가씨와 금 안장을 졸라매어 타구하는 소년의 생기 넘치는 모습과는 달리 봉래역에서 시적 화자는 인적도 없는 객사에서 쓸쓸함을 느낀다. 타향에서의 쓸쓸함이 고향에서의 즐거움과 대조되는 대목이다. 그런 후 단오일이 되면 처자는 이전에 자신이 한 말을 할 것이라고 하면서 시상을 맺는다. 타향에서의 쓸쓸함은 고향에서의 즐거움으로 인해 심화되고, 그런 심화는 다시 고향에 대한 그리움으로 심화되어 간다. 특히, 7구의 그네 타는 아가씨와 마지막 구의 처자들은 단오일과 관련성을 지니기에 시적 화자의 고향에 대한 그리움은 더욱 깊어질 수 있는 것이다.

시적 화자의 상황과 대비되는 동적 그네는 상대적으로 고향에 대한 그리움을 심화시키기도 하지만, 시적 화자의 슬픔을 심화시키기도 한다. 심향에 억류되었을 때 노래한 김상헌(1570~1652)의 청명일회구유감(淸明日懷舊有感, 청음집 권11)은 이를 잘 보여준다.

장안성 삼월 되어 청명절이 돌아오니	長安三月淸明節
집집마다 물가에서 몸을 씻고 재계하네.	脩禊家家曲水湄
들풀은 노니는 사람 신발을 가늘게 덮고	野草細侵遊客履
산꽃은 햇볕 받은 가지에서 먼저 피었네.	山花先發向陽枝
관중에선 옛 풍속 따라 그네놀이 하고	關中舊俗鞦韆戲
유수 밖에선 가인 있어 작약시를 읊네.	洧外佳人芍藥詩
즐거운 일 십 년 동안 한 꿈 되었으니	勝事十年成一夢
흰 머리 천 리에 갇힌 초수를 슬퍼하네.	白頭千里楚囚悲

시적 화자가 장안성에 청명절이 돌아왔을 때 나그네의 입장에서 관조적인 모습을 보이지만, 그렇다고 해서 시적 화자의 정서와 무관하게 시상을 전개하지는 않는다. 관중에서 그네놀이 하고 유수 밖에서 가인이 작약시를 읊는 풍경은 시적 화자에게 즐거움의 대상이 될 수도 있다. 그러나 즐거운 일 십 년 동안 한 꿈 되었다고 하니 아마도 고국으로 돌아갈 수 없는 처지와 무관하지 않다. 그래서 타국에 잡혀온 초나라의 포로를 의미하는 초수(楚囚)에, 심양에 억류되어 어찌할 도리가 없는 청음 자신을 비유하면서 그 슬픔을 극대화시키고 있다. 즉, 그네놀이의 즐거움은 상대적으로 자신의 억류된 처지를 더욱 슬프게 하는 동적 그네로서의 미적 대상이 되는 것이다.[7]

---

7) 이외에 그네놀이 하는 고향 풍경을 그리워한 노래로 김창협(1651~1708)의 단양(端陽, 농암집 권2)이 있다. 그 중 일부를 들면 "천시는 지금 인모와 같지 않아 누런 진창에 말 타고 나는 홀로 근심하네. 그네놀이 고향 풍경 멀리서도 그리워(天時今不與人謀 黃泥騎馬吾獨愁 鞦韆遠憶故鄕違)"한다. 시름하는 시적 화자의 신세는 상대적으로 그네 타는 고향의 풍경을 더욱 그립게 만든다. 그런데 김흔(1448~1492)의 한식(寒食, 속동문선 권7)은 이와는 다른 양상을 보인다. 시의 일부를 들어보면, "시름 가운데 도리 꽃은 한창 향기롭네. 그네놀이 제기차기 모두 관계없으니 스스로 새 시를 읊으며 지는 해를 보내네(愁中桃李正芳菲 鞦韆蹴踘都不管 自咏新詩送落暉)."라고 하여 타향에

3.2.2. 노년의 정서 : 덧없음, 외로움, 슬픔의 심화

인생의 덧없음과 허무감은 주로 노년이 된 작가와 연관된다. 이는 동적
아름다움과 즐거움이 묻어나는 그네에 비해 상대적으로 그네놀이에 참여
하지 못하는 심리 상태, 곧 시적 화자의 늙음에서 비롯되는 정서나 의식
의 표현이다. 서거정(1420~1488)이 일휴 홍일동(?~1464)에게 보낸 용경진단
오시운기일휴(用庚辰端午詩韻寄日休, 사가시집 권9)를 보도록 하자.

올해에 또 단오일이 되었으니	今年又端午
세월이 공놀이와 비슷하네.	日月似跳丸
소우에 죽순 새싹이 새로우니	小雨新抽筍
광풍에 목란 배를 띄우고 싶네.	光風欲泛蘭
술 취하여 엷은 홑적삼 입고	醉穿衫袖薄
서늘하게 찬 대자리에 누웠는데	涼臥簟紋寒
어디에선가 그네 그림자	何處鞦韆影
흔들리는구나. 해는 아직 남았는데	搖搖日未殘

단오일의 즐거움을 시적 화자도 함께 누리고 싶어 하는 소망이 드러나
는데, 시적 화자의 처지는 그렇지 못하다. 그래서 화자는 술에 취하여 엷
은 홑적삼을 걸치고 대자리에 누웠는데, 마침 그네 타는 그림자의 흔들림
을 본다. 시적 화자는 그네놀이에 비껴서 있는 모습이다.

그의 또 다른 시 부용전운(復用前韻)에는 "늙으매 먼저 이가 흔들림을
깨닫고 여위니 또 허리가 줄어듦을 알겠네(老覺先搖齒 瘦知又減腰(徐居正),)."라

서의 시름이 큰 나머지 그네놀이와 제기차기는 시적 화자에게 외면되는 모습을 보이
기도 한다. 그러나 대체로 타향에서의 삶은 명절날의 동적 그네와 연결되면서 그 그
리움을 심화시키는 경향이 강하게 나타난다.

고 하면서, "땅을 찰 때는 제비같이 가볍고 허공을 날 때는 연기에 막히지 않네. 덧없는 이름에 나는 이미 매였지만 …… 천중절이 또 한 해 돌아왔네(蹴地輕如燕 飛空不礙煙 浮名吾已繫 …… 天中又一年)."(서거정, 사가시집 권13)로 시상을 맺는다. 시적 화자의 노년의 삶과는 대조적으로 그네놀이는 제비처럼 가볍고 연기에도 막히지 않는 동적인 그네의 이미지를 보여준다. 여기에서 화자는 인생의 덧없음과 삶의 얽매임을 드러낸다. 서거정의 이러한 의식은 늙음에 대한 탄식과 더불어 외로움과도 연결되는데 단오(端午, 사가시집 권44) 2수가 그러하다.

한 해의 절서가 또 단오일이 되었으니	一年時序又端陽
창포를 가늘게 잘라서 술잔에 띄우네.	細切菖蒲泛酒觴
구절이 어찌 늙음을 물리칠 수 있으리오.	九節何嘗能却老
내 살쩍 가의 서리는 너그러운 적이 없는데	不曾饒我鬢邊霜
오이 앵두 철에 따라 나는 산물은 새롭고	瓜子櫻桃節物新
그네 타는 높은 나무 그림자 맑기도 맑네.	鞦韆高樹影�戁�戁
문 닫고 해질 무렵 조용한 정자에 홀로 앉아	閉門獨坐幽亭晚
묵묵히 아무 말도 없이 쑥 인형 배우네.	默默無言學艾人

시적 화자는 단오일에 술잔을 드리우면서 구절이 늙음을 물리칠 수 없음을 탄식한다. 그러면서 새로운 계절의 산물과 그네놀이의 맑은 그림자를 보지만, 정작 자신은 문 닫고 해질 무렵 홀로 앉아 쑥 인형 만드는 것을 배운다. 싱싱한 산물이나 동적 그네와는 대조적으로 시적 화자의 늙음에서 오는 외로움이 한층 더해진다. 그러면서 이는 노년의 슬픔으로도 이어질 수 있는데, 이산해(1539~1609)의 오월오일(五月五日, 아계유고 권1)이 그러하다.

도성 길 주루엔 관현악이 울리고	紫陌朱樓擁管絃
푸른 홰나무 수양버들 그네가 춤추었네.	綠槐垂柳映鞦韆
지금은 촌로 되어 슬퍼 우는 소리 삼키니	只今野老呑聲哭
번화하던 옛날은 돌아옴이 없겠네.	無復繁華似昔年

이 시의 2수에 "선정전의 잠화는 이미 헛된 일인데 일 년 좋은 명절 천중절이 또 돌아왔네(宣政簪花事已空 一年佳節又天中)."라고 읊고 있다. 창덕궁 선정전에서 잠화를 꽂았던 젊은 시절은 관현악이 울리고 홰나무 수양버들 햇살 사이로 그네가 춤추었을 정도로 화려했지만, 그 시절이 헛된 옛일이 되어버리고 만다. 지금은 촌로가 되어 슬픔도 드러내지 못한 채 소리 죽여 울고 있다. 촌로가 된 자신의 처지는 단오일의 동적 그네와 대조되어 화자의 슬픔과 더불어 화려하던 시절이 다시 올 수 없다는 허무 의식을 더욱 짙게 드리운다. 결국 동적 그네는 노년의 삶과 대조되어 인생의 덧없음, 외로움, 슬픔을 심화시키고 있다.

3.2.3. 전원생활의 정서 : 풍요로움과 한가로움

노년의 그네는 인생이 덧없을 정도의 허무 의식을 드러낼 수도 있지만, 전원생활에서 바라본 시적 화자의 시선은 풍요로움을 드러내기도 한다. 이러한 모습은 성현(1439~1504)의 전가사십이수(田家詞十二首, 속동문선 권5)에 잘 나타난다.

절중한 여름에 만물이 무성하고	節中南訛萬彙盛
유류 마을에 해가 처음 길어지네.	榆柳村墟日初永
북쪽마을 석류꽃은 낮은 울타리 비추고	北里榴花映短籬
남쪽이웃 어린 대는 돌아가는 길 그늘지네.	南隣稚竹蔭歸徑

들판에 녹음 물결 암황색을 드러내고	平丘綠浪着暗黃
저구 분분하여 떡 찧는 소리 향기롭네.	杵臼紛紛芳餌餅
그네 타는 마을에 단오일 지나가고	鞦韆門巷過端午
모시풀 펄럭이며 모였다가 흩어지네.	苧葉翻翻散還聚
수많은 이랑에 볏모는 구름 다스려 푸른데	萬畝秧針翠撥雲
구부는 비를 부르려 소리 높여 울음 우네.	鳩婦喚雨聲正苦

전원의 서경적인 모습 속에 집집마다 떡을 찧는 소리가 들리며, 그네
타는 마을에 단오일이 지나가고, 모시풀이 바람에 펄럭이며 모였다가 흩
어진다. 귀족 계층이 즐기는 화려하고 아름다운 그네놀이가 아닌 일반 백
성들의 평범하면서도 풍요로움이 묻어나는 그네놀이가 전원 속에 있다.
논마다 볏모는 풍년이 들 것처럼 푸르고 구부는 비를 부르려 소리 높여
울음 운다. 이러한 전원의 풍요로움은 정약용(1762~1836)이 오성에 들러 지
은 춘일오성잡시(春日烏城雜詩, 여유당전서 권1)에서 한가로움으로 나타나기도
한다.

호남 땅은 장기에 비가 줄곧 내리니	湖南地瘴雨連綿
가목이 봄 되어 나란히 울연하네.	嘉木春來竝蔚然
치자나무 그늘에선 쌍륙놀이 벌이고	梔子樹陰投簙簺
석류나무 가지위에 그네 매어 타네.	石榴枝上繫鞦韆

비가 내려 가목이 무성하게 우거진 봄날 치자나무 그늘에서 쌍륙놀이
를 벌이고, 석류나무 가지위에 그네 매어 놀이하는 전원의 한가로운 풍경
이 펼쳐진다. 따라서 그네는 두 시에서 전원생활 속의 풍요로움과 한가로
움을 드러내려는 시적 의미를 담고 있다.

3.2.4. 놀이로서의 정서 : 즐거움과 아름다움

놀이는 그 자체로서 즐겁다. 그네놀이 또한 놀이이기에 즐거울 수밖에 없지만, 명절 분위기와 어울리면서 닫힌 세상의 여성이 열린 세상으로 나아가고 정적인 여성을 동적인 여성으로 변모시킴으로써 한층 더 즐거움을 가져다준다. 이응희(1579~1651)의 추천(鞦韆, 옥담사집)은 그네놀이의 즐거움을 잘 드러낸다.

좋은 명절 단오일이 되어	佳節端陽日
버드나무 가에서 그네놀이 하네.	鞦韆戲柳邊
바람 타고 푸른 하늘에서 오고	乘風來碧落
해를 차고 푸른 하늘로 오르네.	蹴日上靑天
마치 난조(鸞鳥)를 탄 손님인 듯하고	儼若驂鸞客
어쩌면 학을 탄 신선인 듯 돌아오네.	還疑駕鶴仙
지는 햇빛에 즐거운 놀이 마치니	斜陽歡事畢
부질없이 채색 그넷줄 매달린 걸 보네.	空見綵繩懸

시적 화자는, 바람타고 푸른 하늘에서 오고 해를 차고 푸른 하늘로 오르는 하강과 상승의 반복적 행위의 즐거움을 난조 탄 손님과 학을 탄 신선에 비유하고 있다. 그네놀이의 즐거움은 시각적 이미지에서만 찾을 수 있는 것은 아니다. 그 즐거움은 청각적 이미지와도 연결되는데, 서거정의 즉사(卽事, 사가시집 권28)에서 이를 볼 수 있다.

인적 없는 못가에 제비는 진흙을 다투고	池邊人靜燕爭泥
성긴 버들 들쭉날쭉한 잎에 해는 지고 있네.	疎柳參差落日低
홀연히 담 사이로 웃으며 하는 말 들리더니	忽有隔墙聞笑語

그네 그림자 화각의 난간 서쪽에 떨어지네.　　鞦韆影落畫闌西

　시적 화자는 석양이 지는 아름다운 풍경에서 홀연히 담 사이로 웃으며 하는 말이 들리더니 그네 그림자가 화각(畫閣)의 난간 서쪽에 떨어진다고 한다. 그네놀이의 즐거움이 아름다운 자연과 어울려 말소리와 함께 나타난다. 이를 시적 화자는 시각적 이미지와 연결하여 시상을 마무리한다. 그러면서 화자는 그림자를 정적인 상태가 아닌 '떨어지는' 동적인 상태로 보여준다. 이는 그네놀이와 거기에서 오는 즐거움이 지속되고 있음을 의미한다.

　그네 타는 주체의 즐거움은 그대로 보는 이에게로 전이될 수 있다. 그네놀이의 주체와 객체 모두가 즐거움 속으로 빠져드는 것이다. 김종직(1431~1492)이 단오일 전주 부윤 김견수(金堅壽)와 함께 그네놀이를 보고 지은 단오동부윤간추천사수(端午同府尹看鞦韆四首, 점필재집 권22)는 그네놀이의 객체인 시적 화자의 즐거움이 잘 묻어난다.

매월헌 안에서 단오일을 맞이하여　　　　　梅月軒中重午日
대윤이 시킨 그네놀이를 웃으며 보네.　　　　笑看大尹課秋千
경단과 웃기떡은 애오라지 풍속 따르고　　　粉團角黍聊隨俗
술잔 전하며 관현악에 취할 필요 없겠네.　　不要傳觴醉管絃

미인이 부름에 응하여 가지런히 인사하니　　粉黛三行齊應召
포도 시렁 아래 금옥 소리 함께 선회하네.　　蒲萄架下共鏘翔
활처럼 굽혀서 번갈아 그넷줄을 차니　　　　弓彎迭蹴秋千索
꾀꼬리 따라서 나지막한 담을 넘는 것 같네.　似逐流鶯過短墻

아름다운 나무는 토가산에 우거져 푸른데	佳樹蔥蘢土假山
채색 베는 녹음 사이를 비스듬히 나느네.	綵絨斜擘綠陰間
얼핏 보이는 듯 날아가고 날아오는 곳에	瞥然飛去飛來處
동글동글한 살구가 쪽머리를 스치네.	杏子團團掠髻鬟

별원에서 너울너울 춤추는 놀이 마치니	戲罷蹁躚別院中
유선군의 주름은 붉은 석류꽃이네.	留仙裙皺石榴紅
남은 향기 산들산들 주렴에 감기는데	餘香裊裊縈珠箔
운우가 박초바람 따라 돌며 흐르네.	雲雨還隨舶超風

시적 화자는 단오일 그네놀이를 웃으며 구경하는데, 술잔 돌리며 음악에 취할 것이 없다고 한다. 그네놀이의 주체에 흥취한 시적 화자의 마음이 간접적으로 드러난다. 그네 타는 여인의 모습을 신선에 비유한 이응희의 추천(鞦韆)과는 달리 시적 화자는 그 여인의 모습을 다른 사물에 빗대기는 하였으나, 신선이 아닌 현실 생활의 소재를 끌어와 좀 더 사실적 묘사에 접근하려는 시도를 보인다. 즉, 그네를 타기 위해 몸을 움직이는 모습을 '활'에 비유한 것이라든지, 상승하는 그네를 꾀꼬리 따라 나지막한 '담'을 넘는 것이라든지 하여 현실 생활에서 쉽게 접할 수 있는 소재들을 사용한 것이 그것이다. 그네놀이가 끝난 뒤에도 시적 화자의 즐거움은 이어지고 있는데, 유선군의 주름이 석류꽃에 비유되어 남은 향기가 주렴에 감기고 운우는 박초바람을 따라 흐르는 것으로 끝을 맺는다.[8]

이러한 시적 화자의 즐거움은 그네 타는 여인의 아름다움에서 비롯된

---

8) 이 시에서 운우는 운우지정(雲雨之情)을 의미하는 것이 아니다. 시의 마지막 부분에 "이날 해질녘에 비가 조금 내렸다(是日晚有小雨)."라는 주석을 달아 시 해석의 오류를 막고 있다.

다고 볼 수 있다. 물론 미인과 더불어 금옥 소리, 꾀꼬리, 아름다운 나무, 붉은 석류꽃 등이 그 아름다움을 더해준다. 여인의 아름다움은 연산군 12년(1506)에 별시에서 장원한 김안로(1481~1537)의 추천시(鞦韆詩, 이긍익, 연려실기술별집 권9)에서 볼 수 있다.

동풍이 처음 작은 복숭아 볼을 가르고	東風初破小桃腮
절기가 단오에 가까우니 비가 티끌을 씻네.	節迫秋千雨洗埃
비단신 꽃을 스쳐가니 붉은 이슬이 젖고	繡鳥掠花紅露濕
가냘픈 팔다리 버들 가르니 푸른 연기 열리네.	纖肢劈柳綠烟開
처음엔 농옥이 퉁소를 불며 가는가 여겼더니	初疑弄玉吹簫去
돌아보니 비경이 학을 타고 오는가 여겨지네.	還訝飛瓊御鶴來

5월 자연의 싱그러움은 그네 타는 여인의 아름다움을 한층 더한다. 여인의 비단신이 꽃을 스쳐 붉은 이슬이 젖고 가냘픈 팔다리가 버들가지를 헤치면서 푸른 연기를 가른다. 그네 타는 연인과 자연이 어우러진 한 폭의 산수화를 연상케 한다. 그네의 상승과 하강에 대한 묘사는 더욱 아름답다. 이는 농옥과 비경이 관련되기 때문이다.

농옥은 진목공의 딸로 남편인 소사에게 퉁소를 배워 몇 해 뒤 봉황을 불러들일 수 있게 되자 어느 날 소사와 함께 봉황을 타고 날아가 버린다.9) 그리고 허비경은 신선인 서왕모가 한 무제와 연회를 할 때 진령의 피리음악을 연주한 전설 속의 선녀이다(班固, 한무제내전).10) 이러한 농옥과

---

9) 劉向의 열선전에는 다음과 같이 서술되어 있다.
簫史者 秦穆公時人也 善吹簫 能致孔雀白鶴於庭 穆公有女 字弄玉 好之 公遂以女妻焉 日教弄玉作鳳鳴 居數年 吹似鳳聲 鳳凰來止其屋 公爲作鳳台 夫婦止其上 不下數年 一旦 皆隨鳳凰飛去 故秦人爲作鳳女祠於雍宮中 時有簫聲而已 簫史妙吹 鳳雀舞庭 嬴氏好合 乃習鳳聲 遂攀鳳翼 參翥高冥 女祠寄想 遺音載淸

비경의 이야기는 신비스러움과 아름다움을 자아내기에 부족하지 않다. 그네가 뒤로 물러날 때 농옥이 퉁소를 불며 가는 듯하고, 앞으로 다가올 때 비경이 학을 타고 오는 듯하니, 그 아름다운 모습이 절정에 이른다. 이는 시적 화자의 선계(仙界)로의 지향적 의미를 띤다.

3.2.5. 이별의 정서 : 슬픔 심화

단오일에 그네놀이는 즐거움과 아름다움을 더하지만, 그 즐거움은 이별의 슬픔을 더욱 심화시킬 수도 있다. 김종직의 단오동부윤간추천사수(端午同府尹看鞦韆四首)는 김견수와 함께 단오일에 매월정에 올라가서 구경하고 난 후 노래한 시인데, 그 이튿날 부윤이 병가를 청한 후 7일 만에 별세한다. 그의 죽음을 갑작스럽게 여기고 슬퍼하며 쓴 시가 전주김부윤견수만사(全州金府尹堅壽挽詞, 점필재집 권22)이다.

대정에서 말 전할 땐 기백이 무지개 같았었고	大庭臚句氣與虹
양방의 호기로운 재주는 누가 공과 같았겠는가.	兩牓豪才孰似公
구맥에서 친하게 지냄이 늘 적어서 한이었는데	九陌過從常恨少
올 봄에는 웃으면서 하는 말 매양 같이 하였네.	一春笑語每回同
대방의 관현악 소리엔 기쁨이 거듭 흡족했는데	帶方絲竹歡曾洽
패관의 그네놀이엔 꿈이 문득 비어 버렸네.	沛館鞦韆夢忽空
이별의 술잔을 들고서 다 마시지도 못하고	爲擧別觴觴不釂
끝없이 흐르는 눈물을 남풍에 뿌리네.	無端涕淚灑南風

작가는 부윤의 기백과 재주가 높음을 노래하면서 구맥에서 친하게 지

---

10) 한편, 이식(1584~1647)의 택당속집 권1에는 비경을 소재로 절구 네 수를 읊은 비경사사절(飛瓊詞四絶)이 있다.

넘이 늘 적어서 한이었다 한다. 마침 그는 당시 관직의 임기가 다 되어 교체될 때여서 전주부에 머물러 있었는데, 이때 부윤과 만나 봄날 자주 소어를 나눈다. 그런데 부윤의 갑작스러운 죽음으로 인하여 대방의 관현악 소리가 어우러진 패관의 그네놀이엔 꿈이 비어 버리고 이별의 눈물이 끝없이 흘러 남풍에 뿌린다고 하니, 봄날 부윤과 함께 구경한 그네놀이의 즐거움이 시적 화자의 슬픔을 더욱 심화시키고 있는 셈이다.

3.2.6. 만남의 정서 : 수줍음과 부끄러움

그네놀이의 즐거움이 대조적으로 이별의 슬픔을 더욱 심화하기도 한다. 그러나 흔들림으로서의 동적 그네가 주는 즐거움과 아름다움은 사람들을 만나게 하는 중요한 정신적 매개체로서 그네를 타는 주체와 그것을 바라보는 객체에게 심적 동요를 일으키기도 한다. 이색의 추천(鞦韆, 목은시고 권3) 3수 중 마지막 노래는 이를 잘 보여준다.

당당한 가래나무는 멀리 바람을 임하는데	堂堂楸樹逈臨風
붉은 실 그넷줄은 공중을 차고 오르려 하네.	紅線鞦韆欲蹴空
소년들이 제멋대로 끌어가고 밀어올 때	挽去推來少年在
여인의 애교스런 눈길에 굳은 마음 흔들리네.	鐵腸搖蕩眼波中

당당한 가래나무에 바람이 불어올 때, 소년들은 그네를 끌어가고 밀어올려 붉은 실 그넷줄이 공중을 차고 오른다.[11] 그렇게 그네 타는 여인의

---

11) 이 노래는 한림별곡 제8장을 연상케 한다. '당당(堂堂)', '가래나무(楸樹)', '붉은 실(紅線)', '그넷줄(鞦韆)', '소년(少年)', '끌어가고 밀어올 제(挽去推來)' 등이 한림별곡 제8장의 시어나 시구와 같거나 유사하여 상호텍스트성을 보여준다. 한림별곡 제8장은 다음과 같다.
   唐唐唐 唐楸子 皂莢남긔 / 紅실로 紅글위 미요이다 / 혀고시라 밀오시라 鄭少年하 /

애교스런 눈길이 시적 화자에게 쏠릴 때 굳은 마음이 흔들린다고 한다. 시적 화자의 마음에 동요가 일어난다는 솔직함이 묻어난다. 남녀 간의 만남에서 임제(1549~1587)의 추천곡(鞦韆曲, 임백호집 권2)은 처녀 총각의 심리 상태를 잘 보여준다.

흰모시 고의적삼 꼭두서니 치마 허리띠	白苧衣裳茜裙帶
여반과 서로 이끌며 그네타기 겨루네.	相携女伴競鞦韆
방죽에 백마 탄 이 어느 집 도령이기에	堤邊白馬誰家子
금 채찍 비켜들고 일부러 나아가지 않네.	橫駐金鞭故不前
분바른 데 땀이 조금 맺혀 두 뺨은 붉고	粉汗微生雙臉紅
요염한 웃음소리 연공에서 떨어지네.	數聲嬌笑落煙空
부드러운 손길 원앙 줄 바꾸어 잡으니	指柔易著鴛鴦索
가는 허리 버들바람 견디지 못하네.	腰細不堪楊柳風
구름결 머리에서 금봉채 잘못해 떨어지니	誤落雲鬟金鳳釵
노닐던 도령이 주워들고 웃으며 뽐낸다네.	游郎拾取笑相誇
수줍어 가만히 묻네. "도련님 어디 사세요."	含羞暗問郎居住
"푸른 버들 늘어진 몇 번째 집이라오."	綠柳珠簾第幾家

아름다운 처녀가 그네놀이를 하는 가운데 금 채찍을 들고 뚝 가에 서성이는 총각이 시선에 들어오면서 어느 집 도령인지를 궁금해 한다. 원앙 줄 바꾸어 잡으려다 고운 머릿결에서 금봉채가 떨어지고 그것을 주워든 총각은 마냥 즐겁다. 처녀는 부끄러워 도령이 어디에 사는지를 묻고 도령은 집을 가르쳐준다. 그네놀이로 인해 선남선녀의 만남이 이루어지는데,

---

위 내가논ᄃᆡ 놈갈셰라 / 削玉纖纖 雙手ㅅ길혜 削玉纖纖 雙手ㅅ길혜 / 위 携手同遊ㅅ 景 긔엇더ᄒ니잇고

처녀의 수줍음과 총각의 즐거움이 어우러진다.12) 남녀의 만남에서 보여
주는 여성의 수줍음은 남성에게도 나타날 수 있는데, 이숭인(1347~1392)의
단오(端午, 도은시집 권3)에서 이를 볼 수 있다.

부귀한 집안에 더운 바람 줄어들고	五侯池館暑風微
요란한 그네 채색 줄이 날아오르네.	撩亂鞦韆綵索飛
얇은 부채 비단 적삼 수줍고 부끄러워	紈扇羅衫也羞澁
녹음 깊은 곳 일부러 가서 서성거리네.	綠陰深處故依依

  그네놀이를 하는 여인을 본 남성은 부끄러워한다. 그래서 녹음 깊은 곳
에 일부러 가서 서성거리고 있다. 부끄러움은 앞서 본 총각의 즐거움과는
대조적인데, 김종직(1431~1492)의 단오관추천(端午觀鞦韆, 점필재집 권1)에도 그
부끄러움이 반복되어 나타난다.

그네를 매어라.	秋千架
미인들의 유희가 대사를 기울여라.	佳人遊戲傾臺榭
대사를 기울여라.	傾臺榭
취교와 화승이	翠翹花勝
문득 높았다 문득 낮았다 하여라.	倏高倏下
왕손은 도리어 무정한 고뇌를 당하여	王孫却被無情惱
담 바깥에 주저하며 향라가 부끄러워라.	躊躇墻外香羅怕
향라가 부끄러워라.	香羅怕
집으로 가면서도 마음을 빼앗겨	歸家心醉

---

12) 남성진(2006 : 267)은 이 노래에서 남녀의 눈빛이 교환되는 행위가 대단히 관능적으
  로 느껴진다고 하나, 꼭 그렇게만 볼 수는 없을 것이다.

하룻밤 동안 탄식만 하여라.   終宵喈喈

왕손은 그네 타는 미인에게 온통 시선을 빼앗긴다. 여인의 머리에 꽂은 장식품 하나까지도 눈여겨보면서 그 아름다움에 취한다. 그러나 왕손은 미인에게 다가서지 못하고 무정한 고뇌만 하게 된다. 미인에게 다가가야 할지 말아야 할지 주저하며 부끄러워한다. 그 마음이 반복되어 나타나는데 집으로 돌아가면서도 미인에게 마음을 빼앗겨 밤새도록 탄식만 한다. 이처럼 그네놀이는 남녀의 만남에서 여성과 남성의 수줍음과 부끄러움의 심적 동요를 보여준다.

3.2.7. 인연의 정서 : 아름다운 사랑

만남에서 일어나는 마음의 움직임은 이처럼 수줍음, 부끄러움 등의 정서를 동반한다. 이것이 남녀 간에 이루어지는 춘심(春心)의 시작일 것이다. 이러한 춘심은 남녀 간의 짝을 이루는 모습으로 형상화되는데, 허균 (1569~1618)의 궁사(宮詞, 성소부부고 권2)에 나오는 한 편의 시는 이를 잘 보여준다.

천중절 합문 앞에 상첩이 붙었는데   天中祥帖閤門前
창포주 잔에 가득 쑥호랑이 걸려 있네.   蒲酒盈觴艾虎懸
남몰래 어원 향해 여반을 불러내어   偸向御園招女伴
푸른 홰나무 그늘 속 그네놀이 시험하네. 綠槐陰裏試秋千

단오일에 몰래 어원의 여반을 불러내어 푸른 홰나무 그늘 속에서 그네놀이를 시험한다. 여반은 여자 동반자, 여자 짝, 여자 친구, 약혼녀, 여자

반려자를 의미하는데, 대체로 여자 짝이나 여자 친구로 풀이하는 경우가 많다. 이는 여자의 친구인 여성을 의미하기보다 남자의 친구인 여성을 의미하는 것이라 할 수 있다. 그리고 그네를 수용한 한시의 작가가 대부분 남성의 관점에서 여러 상황과 관련된 정서를 표출하고 있다는 점을 감안한다면 여반을 불러내는 주체는 남성일 가능성이 높다.

그런데 그네놀이를 시험한다는 의미는 이중성을 지닌다. 즉, 여반과 시적 화자가 함께 그네놀이를 즐긴다는 의미일 수도 있고, 아니면 그네놀이의 즐거움 속에서 사랑을 시험한다는 의미일 수도 있다. 다만, 대부분 그네를 수용한 한시의 경우 그네를 탄다거나 뛴다거나 하여 그 즐거움과 아름다움을 표현했지만, 이 시에서는 시험한다는 시어를 사용하고 있다는 점에서 후자로 해석함이 타당하지 않을까 한다. 그렇다면 여반과 그네놀이를 시험한다는 것은 시적 화자가 여자 친구의 사랑을 시험한다는 의미라 할 수 있다. 이는 남녀 간의 사랑놀이인데, 이달(1539~1612)의 평조사시사(平調四時詞, 손곡시집 권6)에서도 볼 수 있다.

마을에 청명절 오니 제비도 날아오고	門巷清明燕子來
푸른 버들 안개 같아 누대를 가렸다네.	綠楊如霧掩樓臺
여반 따라 같이 그네놀이하다 내려와서	同隨女伴鞦韆下
다시 꽃 사이로 가 풀싸움하면서 도네.	更向花間鬪草廻

여반과 함께 그네놀이 하다 내려와서 꽃과 꽃 사이로 가서 풀싸움하면서 빙빙 돈다는 표현은 남녀 간의 사랑이 익어가는 모습을 비유적으로 하는 것이라 볼 수 있다. 이렇게 보면 남녀 간의 그네놀이는 사랑놀이가 되기도 한다. 이러한 사랑놀이는 아름다운 인연을 맺기도 하는데, 허균의

풍입송(風入松, 성소부부고 권2)이 그러하다.

녹향의 집은 작은 임천에 있는데	綠香家住小林泉
붉은 집에 아름다운 얼굴 가두었네.	朱戶鎖嬋娟
오화마는 서호 길을 익히 알아서	五花慣識西湖路
방초 다리 가를 울면서 지나가네.	驕嘶過芳草橋邊
붉은 살구꽃은 울타리에 반쯤 피었고	紅杏半開籬落
하얀 담장은 그네를 비스듬히 올려놓았네.	粉墻斜拾鞦韆
풍류는 두번천과 겨룰 만하고	風流堪敵杜樊川
재색은 선녀들의 으뜸이네.	才貌冠群仙
광한 궁궐에 천향이 가득하니	廣寒宮闕天香滿
비단 이불 속 방연을 거듭 맺는다네.	羅衾裏重結芳緣
다시 예상곡으로	更把霓裳曲
낭군님 위해 거문고 타 올리네.	爲君彈上瑤絃

녹향이 사는 집은 수풀과 샘물이 둘러 있어 임천이라고 하는지도 모른다. 그 집으로 가는 길에 오화마(五花馬)가 방초 다리 가를 울면서 간다고 한다. 울음은 미인인 녹향을 찾아갔지만 만나지 못하고 가는 사람의 한탄일 수도 있다. 그녀의 집 울타리에는 붉은 살구꽃이 피어 있고 하얀 담장에 그네가 비스듬히 걸려 있다. 그네가 나무에 매달린 모습도 아니고, 그렇다고 그네가 흔들리는 것도 아니다. 그러면서 화자는 녹향의 풍류를 두번천과 견주고 그녀의 재색을 선녀의 으뜸이라 하면서 그녀의 집을 광한 궁궐로 묘사하고 거기에 천향이 가득하다고 한다.

천향은 온갖 향기가 감돌고 있음을 비유한 것이라고 볼 수도 있지만, 이 시에서는 부안 출신의 매창 이향금(1573~1610)을 두고 이른 말이다. 그녀의 자는 천향이며, 계생, 계랑이란 이름으로도 불린다. 다재다능한 예술인으로 황진이와 쌍벽을 이룰 정도의 명기인데, 당시 한양에까지 그 이름이 알려진다. 그녀는 특히 한시에 뛰어나고 거문고를 대단히 좋아하여 그녀가 묻힐 때 평소 즐겨 뜯던 거문고도 함께 묻힌다(허미자, 1986 : 83-90).

따라서 천향이 가득하다는 구절의 의미는 매창의 사랑이 무르익어가는 것으로, 이는 이어지는 시구 "비단 이불 속 방연을 거듭 맺는다네."와의 상황적 맥락에서 해석 가능할 것이다. 그러한 매창의 사랑은 낭군님 위해 예상곡으로 거문고를 타 올리면서 시상의 끝을 맺는다.13) 이처럼 사랑은 아름다운 인연으로 그려지며, 육체적인 성적 유희나 욕망을 채우려는 관능적 묘사로 나타나지 않는다. 따라서 그네에서 이어지는 시상 전개는 욕되거나 속되지 않은 진정한 사랑으로서의 미의식을 보여준다.

4. 맺음말

지금까지 고려 후기에서 조선 후기까지 한시에 수용된 그네의 미의식을 고찰하였다.

기존의 연구에서 보여준 그네의 상징성은 개별 텍스트에 국한되거나 의미의 다양성을 제고하지 못한 원형적 상징성에만 머물고 있다. 그리고 일부 텍스트만을 논의의 대상으로 삼아 그네의 집약적 의미를 다루는 문제점을 보여준다.

그러나 그네 수용의 방향을 문화, 상황, 상황에 따른 정서에 초점을 둔

---

13) 허균은 병한잡술(病閑雜述, 성소부부고 권2)에서 매창을 "천성이 고개하여 음탕함을 즐기지 않았다(性孤介不喜淫)."라고 기록하고 있다.

그러면서 일부 상호텍스트성과 관련하여 멈춤으로서의 정적 그네와 흔들림으로서의 동적 그네의 미의식은 다양하게 나타난다. 물론 한시에 수용된 그네는 세시 풍속과 관련되기에 당대의 문화를 밑바탕으로 하면서 그 바탕 위에 작가의 상황과 그 상황에 따른 정서 그리고 상호텍스트성이 나타나기도 하며, 일부 텍스트는 작가의 상황이 우위에 놓이면서 문화와 관련된 개인적 정서를 보여주기도 한다.

먼저, 멈춤으로서의 정적 그네는 기다림의 상황에서 오는 아쉬움이나 그네가 정지된 상황에서 갖는 적막감을 보여주기도 하며, 타향의 삶에서 오는 슬픔과 괴로움을 드러내기도 한다.

다음으로, 흔들림으로서의 동적 그네는 타향살이라는 삶의 상황에서 오는 고향에 대한 그리움이나 자신의 슬픔을 심화시키기도 하며, 노년의 삶과 대조되어 인생의 덧없음과 외로움, 슬픔을 심화시키기도 한다. 그러면서 동적 그네는 전원생활에서 느낄 수 있는 풍요로움과 한가로움의 한 부분이 되기도 하며, 놀이로서의 즐거움과 아름다움을 보여주기도 한다. 그리고 이별로 인한 슬픔을 심화시키기도 한다. 뿐만 아니라 그것은 남녀 간의 만남에서 일어나는 수줍음과 부끄러움을 나타내기도 하며, 남녀의 인연을 아름다운 사랑과 연결시키기도 한다.

따라서 한시에 수용된 그네의 미의식은, 작가가 문화와 상황, 그리고 그 상황에 따른 정서 등의 복합적 맥락에 따라 다변화시켜 그려냄으로써 다양성을 지닌다. 이러한 미의식의 다양성은 그네를 수용한 한시뿐만 아니라 장르 전반에 확대 적용될 수 있을 것이다.

참고문헌

고려사, 고려사절요, 속동문선, 조선왕조실록.

강혼, 목계일고.

김상헌, 청음집.

김정, 충암집.

김창협, 농암집.

서거정, 사가시집.

송순, 면앙집.

원천석, 운곡행록.

이규보, 동국이상국집.

이산해, 아계유고.

이수광, 지봉집.

이식, 택당별집.

이식, 택당집.

이응희, 옥담사집.

김부식, 삼국사기.

김안국, 모재집.

김종직, 점필재집.

박의중, 정재일고.

서경덕, 화담집.

왕성순, 여한십가문초.

이긍익, 연려실기술별집.

이달, 손곡시집.

이색, 목은시고.

이숭인, 도은시집.

이식, 택당속집.

이유원, 임하필기.

이황, 퇴계집.

임제, 임백호집.　　　　　　정도전, 삼봉집.

정약용, 여유당전서.　　　　정희득, 월봉해상록.

조광조, 정암집.　　　　　　허균, 성소부부고.

劉向, 열선전.　　　　　　　班固, 한무제내전.

경성신문, 공립신보, 동아일보, 조선일보, 중외일보, 조선중앙일보, 개벽, 기호흥학회월보, 대동학회월보, 대조선독립협회회보, 대한유학생회학보, 대한자강회월보, 대한학회월보, 대한협회회보, 대한흥학보, 동광, 별건곤, 삼천리, 서북학회월보, 서우, 태극학보.

가은아(2011), 쓰기 발달의 양상과 특성 연구, 한국교원대학교 박사학위논문.

강미영(2009), 내용 생성 단계에서의 사고력 함양을 위한 전략 개발Ⅰ, 새국어교육 81, 한국국어교육학회.

강미영(2010), 통합 인지적 관점을 기반으로 한 쓰기 모형 구성에 관한 연구, 인하대학교 박사학위논문.

강미영(2012), 쓰기적 사고력에 관한 연구 Ⅰ-통합 인지적 관점을 기반으로, 새국어교육 92, 한국국어교육학회.

고도연(2004), 학생의 정교화 질문 생성이 글 내용의 재인 및 이해에 미치는 효과, 독서연구 11, 한국독서학회.

고운기·김문식·박종기·박현모·배병삼·배우성·신병주·신복룡·안대희·이성무·이성혜·이태원·정구복·정긍식·정명현·정호훈·허경진(2006), 한국의 고전을 읽는다 4, 휴머니스트.

고춘화(2007), 글의 사고과정 해체를 통한 논증문 읽기지도 연구, 국어교육연구 41, 국어교육학회.

고춘화(2009), 사고력 함양을 위한 문법 교육 방안 연구-명사의 의미 기능과 교육 방안을 중심으로, 국어교육학연구 35, 국어교육학회.

곽호완·박창호·이태연·김문수·진영선(2008), 실험심리학용어사전, 시그마프레스.

교육과학기술부(2008), 고등학교 교육과정 해설 2.

교육과학기술부(2009), 고등학교 교육과정 해설.

교육과학기술부(2009), 국어과 교육과정(고시 제2009-41호).

교육과학기술부(2011), 국어과 교육과정(고시 제2011-361호).

교육과학기술부(2012), 국어과 교육과정(고시 제2012-14호).

교육부(2000), 초·중·고등학교 국어과·한문과 교육과정 기준(1946~1997).

교육인적자원부(2007), 국어과 교육과정(고시 제2007-79호).

권영국(2014), 손배가압류, 대한민국의 끔직한 현실, 2014년 3월 24일 검색, 사이트
　　주소 : http://weekly.changbi.com

권영민(2004), 한국현대문학대사전, 서울대학교출판부.

국어교육 미래 열기(2011), 국어교육학개론, 삼지원.

김규훈(2010), 텍스트 중심 문법교육의 원리, 새국어교육 85, 한국국어교육학회.

김기석(2007), 수능 언어영역의 시각자료 고찰, 국어교육 124, 한국어교육학회.

김대행·이남렬·김중신·김동환·염은열·조희정(2008), 고등학교 논술, 대한교
　　과서.

김동환(2007), 대학별 논술 고사의 정체성과 방향성, 국어교육학연구 29, 국어교육
　　학회.

김동환(2010), 인지언어학 연구 방법론, 우리말글 27, 우리말글학회.

김명순(2009), 국어과 교사들의 언어 사용 통합 교육에 대한 이해 양상, 새국어교육
　　82, 한국국어교육학회.

김미숙·김은경·박명화·이영규·장명익·황재옥(2010), 초등국어 개념사전, 아울북.

김미혜(2007), 지식 구성적 놀이로서의 시 읽기 교육 연구, 서울대 박사학위논문.

김병권·양왕용·서상준·유동석·이병운·임주탁·성숙자·임남순·강여순·허
　　수준·강정한·박건호(2010), 국어(상)·(하), 더텍스트

김봉순(2010), 국어교육을 위한 텍스트 분류 체계 연구-읽기와 쓰기 영역을 중심
　　으로, 국어교육학연구 39, 국어교육학회.

김선영(2006), <몽고반점>의 영역 및 작품 해설, 서울여자대학교 석사학위논문.

김소현(2014), 대학수학능력시험에 대한 학생들의 인식 분석-'국어 영역'을 중심으
　　로, 청람어문교육 49, 청람어문교육학회.

김슬옹(2000) 통합교육을 위한 삶쓰기 논술교육, 인간과자연사.

김양훈(2004), 독일신문텍스트에 대한 텍스트 분석, 독어교육 29, 한국독어독문학교
　　육학회.

김영정(2005), 고등 사고능력의 7범주, 대한토목학회지 53(6), 대한토목학회.

김옥남(2006), 인지적 영역의 교육목표분류학 비교, 교육학연구 12(2), 한국교육학회.

김원일(2006), 어둠의 혼, 문이당.

김정우(2006), 시 해석 교육론, 태학사.

김정숙(2010), 서사와 묘사의 상호작용을 통한 주제의 확장-한창훈의 나는 여기가 좋다를 대상으로, 현대문학이론연구 40, 현대문학이론학회.

김종률(2010), 고차적 사고력과 논술 교육 연구-다산 정약용의 논술 텍스트를 중심으로, 영남대학교 박사학위논문.

김종률(2011a), 논술 사고 교육론, 한국학술정보.

김종률(2011b), 논술문 형성 시기에 관한 연구-고차적 사고의 관점에서, 인문연구 62, 영남대학교 인문과학연구소.

김종률(2011c), 문학 작품 '비평문 쓰기'의 문제해결 방안 연구-10학년 문학영역과 쓰기영역을 중심으로, 국어교육연구 49, 국어교육학회.

김종백(2008), 텍스트이해를 위한 개념도사용의 효과적 활용전략-협력적 논쟁과 자기설명의 상호작용 효과, 교육심리연구 22(2), 한국교육심리학회.

김종철·이창덕·이명찬·서유경·황혜진·서혁·이상일·김효정·이지은·이현진(2010), 국어(상)·(하), 천재교육.

김주환(2010), 국어과 교육과정의 통합성 연구, 새국어교육 85, 한국국어교육학회.

김주영(2007), 웹기반 학습 환경에서 설명 유형이 학습 결과에 미치는 영향, 한양대학교 석사학위논문.

김중신(1999), 창의적 사고력과 문학교육, 문학교육학 4, 한국문학교육학회.

김지영(2008), 근대적 글쓰기의 제도화 과정과 변환 양상 연구, 서강대학교 박사학위논문.

김혜영(2001), 묘사적 표현에 나타난 대상 발견의 기제 연구, 국어교육연구 8, 서울대학교 국어교육연구소

남가영(2011), 문법교육용 텍스트의 개념 및 범주, 국어교육 136, 한국어교육학회.

남성진(2006), 그네 타는 '현장'과 그네타기 '운동'의 성 상징성, 실천민속학연구 8, 실천민속학회.

노경숙(2001), 텍스트 구조 지도 전략의 효과 연구-설명적 글쓰기를 중심으로, 한국교원대학교 석사학위논문.

노명완·손영애·이인제(1989), 국어과 사고력 신장 프로그램 개발을 위한 방안 탐색-국민학교 국어과를 중심으로(RM89-09), 한국교육개발원.

노무현(2011), 성공과 좌절, 학고재.

노은희(2009), 말하기와 쓰기의 통합에 대한 일고찰, 작문연구 8, 한국작문학회.

도경수·이효희(2012), 촉진질문 제공과 자기설명 지시가 기억과 이해에 미치는 영향 : 인지욕구와의 상호작용, 인지과학 23(2), 한국인지과학회.

문영진·강경구·곽명순·김동준·김현양·신두원·이정훈·정지범(2010), 국어(상)·(하), 창비.

민병곤(2000), 신문 사설의 논증 구조 분석, 국어국문학 127, 국어국문학회.

민현식(2008), 한국어교육을 위한 문법 기반 언어 기능의 통합 교육과정 구조화 방법론 연구, 국어교육연구 22, 서울대국어교육연구소.

민현식·송하춘·박진·박재현·신명선·이대욱·정경주·홍근희·김지영·서명희·김철회·김영란(2010), 국어(상)·(하), 좋은책 신사고.

박갑수·김종욱·이혁화·구재진·이지훈·김준우·이배용·남궁민(2010), 국어(상)·(하), (주)지학사.

박성희(2007), 설명적 텍스트의 의미 구조 이해 전략 연구, 서울대학교 석사학위논문.

박수자(2013), 초등학생의 읽기 후 질문 생성 양상에 관한 고찰, 어문학교육 46, 한국어문교육학회.

박영목(2008), 작문 교육론, 역락.

박영목(2012), 독서교육론, 박이정.

박영목·이재승·박재현·이규철·오택환(2011), 화법과 작문 Ⅱ, 천재교육.

박영목·정호웅·유현경·천경록·양기식·나윤·이재승·전은주·박의용·우완·이혜진(2010), 국어(상)·(하), 천재교육.

박인기(2000), 국어과 교육에서 정의교육의 향방과 재개념화, 국어교육학연구 11, 서울대학교 국어교육연구소.

박인기·김창원·공숙자·정유진·박창균·이지영·양경희(2005), 문학을 통한 교육, 삼지원.

박재현(2011), 설득 화법 교육론, 태학사.

박종덕(2005), 국어 논술 교육론, 박이정.

박종훈(2007), 설명 화법의 언어 형식화 교수·학습 방안 연구, 서울대학교 박사학위논문.

박혜정(2010), 자기소개서 작성을 위한 쓰기-문법 통합 교육 방안 연구, 고려대학교 석사학위논문.

박호영·조광국·박수자·이은희·조항욱·이성호·채주희·김재환(2010), 국어

(상)·(하), ㈜유웨이중앙교육.

방민호·황재문·박광수·안효경·모현정·김잔디·엄성신·정우상(2010), 국어 (상)·(하), (주)지학사.

배수찬(2006), 근대적 글쓰기의 형성 과정 연구 - 논설문 쓰기의 성립 환경과 문장 모델을 중심으로, 서울대 박사학위논문.

서울대학교 국어교육연구소(2007), 국어교육학사전, 대교출판.

서울대학교 교육연구소 편(1994), 교육학용어사전, 하우.

서은정(2005), 국어 학습자의 인지적 사고력에 초점을 둔 교수 담화 연구, 어문학교 육 30, 한국어문교육학회.

서종훈(2008), 자기소개서 쓰기에 대한 연구, 새국어교육 80, 한국국어교육학회.

서종훈(2012), 문단 위계 인식과 요약의 상관성 연구ー고1 학습자들의 읽기를 중심 으로, 국어교육연구 51, 국어교육학회.

서 혁(1991), 단락·문장의 중요도 파악과 단락의 주제문 작성능력이 요약에 미치 는 효과ー설명문을 중심으로, 서울대학교 석사학위논문.

서 혁(1995), 언어 사용과 추론, 한국국어교육연구회 논문집 56, 한국국어교육연 구회.

서 혁(1997), 국어적 사고력과 텍스트의 주체적 이해, 국어교육학연구 7, 국어교육 학회.

선주원(2006), 비평적 사고력 증진을 위한 소설 교육ー교육대학생의 비평적 에세이 쓰기를 중심으로, 「현대문학의 연구 29, 한국문학연구학회.

성균관대 입학처(2011), 2012학년도 성균관대학교 논술가이드북.

성일제·윤병희·양미경·한순미·이혜원·임선하(1989), 사고교육의 이론과 실제, 배영사.

소은주(1999), 학습산출자로서의 밑줄긋기의 효과, 서울대학교 석사학위논문.

송기한·정낙식·박진호(2011), 화법과 작문 Ⅱ, (주)교학사.

송진우(2007), Basic 중학생을 위한 국어 용어사전, 신원문화사.

신명선(2004a), 국어 사고도구어 교육 연구, 서울대학교 박사학위논문.

신명선(2004b), 유의어 변별 능력과 국어적 사고력의 관계에 대한 연구ー'구분, 분 류, 분석, 구별'을 중심으로, 한국어학 22, 한국어학회.

신종호·장유진(2002), 질문 제시 유형과 학습자 특성이 설명식 글의 이해와 흥미 에 미치는 상호작용 효과, 교육심리연구 22(1), 한국교육심리학회.

안관수·이연호(2007), 고등학교 학생의 국어 학습방법에 관한 연구, 교육의 이론과 실천 12(2), 한독교육학회.

엄해영·조재윤(2013), 인지와 감성 융합 학습 모형을 적용한 문학 수업 사례 연구, 한국초등교육 24(3), 서울교육대학교 초등국어교육연구소.

오세영·유문선·박상률·조현설·정승철·진기춘·강승원·최지성·곽노준(2010), 국어(상)·(하), 해냄에듀.

우리말교육연구소(2006), 외국의 국어 교육과정 1, 나라말.

우한용·박인기·정병헌·최병우·김혜숙·이필영·민병욱·임칠성·박윤우·김혜영·유성호·임경순·최인자·한창훈·김성진·정래필·안혁·황희종·박찬용·이병관·정진석(2010), 국어(상)·(하), 두산동아.

원진숙(1995), 논술 교육론, 박이정.

원진숙(2007a), "국어교육과 통합 교과 논술의 향방"에 대하여, 2011년 6월 8일 검색, 사이트 주소 : http://jinsook.snue.ac.kr

원진숙(2007b), 논술 개념의 다층성과 대입 통합 교과 논술 시험에 관한 비판적 고찰, 국어교육 122, 한국어교육학회.

유호상(1997), 정교화질문이 정보파지에 미치는 효과, 전북대학교 박사학위논문.

윤여탁·김만수·정충권·최미숙·구본관·김미혜·김진식·최영환·김수정·윤성원·박경희·김기훈·윤정한(2010), 국어(상)·(하), (주)미래엔 컬처그룹.

윤준채(2009), 요약하기 전략 지도가 독해에 미치는 영향 : 메타 분석적 접근, 새국어교육 81, 한국국어교육학회.

윤지연(2008), 웹 기반 학습 환경에서 초보학습자들의 스스로 설명하기를 위한 인지적 질문의 제공이 학업성취에 미치는 영향, 한양대학교 석사학위논문.

윤희원·최영환·서혁·공명철·길호현·김성해·김지상·김평원·민송기·신영산·이선영·정인숙(2010), 국어(상)·(하), (주)금성출판사.

이건욱(2001), 세시 풍속 안에서 남성과 여성 참석자의 성적 상징과 기능—19세기 말부터 20세기 초까지 러시아 농촌을 중심으로, 슬라브연구 17(2), 한국외국어대학교러시아연구소.

이경화(2004), 사고 활동을 촉진하는 읽기 수업 탐색, 독서연구 12, 한국독서학회.

이대구(1994), 창의적 사고력 신장을 위한 국어과 교수-학습방법(1)—고등학교 말하기 영역 '설득' 단원을 중심으로, 청람어문교육 12, 청람어문교육학회.

이도영(1998), 언어사용 영역의 내용 체계에 대한 연구, 서울대학교 박사학위논문.

이도영(2007), 국어과 교육과정에 나타난 텍스트 유형에 대한 비판적 검토, 텍스트언어학 22, 한국텍스트언어학회.

이민희·옥광(2007), 한국 고전문학 작품 속에 나타난 놀이문화의 실제와 의미 : 윷놀이, 그네뛰기, 격구, 쌍륙을 중심으로, 한국체육학회지 46(1), 한국체육학회.

이삼형·권순각·김중신·김창원·양정호·이성영·정재찬·조형주·최지현(2011), 화법과 작문 Ⅱ, ㈜지학사.

이삼형·김중신·김성룡·김창원·정재찬·최지현·김현·조형주(2010), 국어(상)·(하), ㈜도서출판 디딤돌.

이삼형·김중신·김창원·이성영·정재찬·서혁·심영택·박수자(2007), 국어교육학과 사고, 역락.

이상태(2002), 사고력 함양 중심의 작문 교육 계획, 어문학 75, 한국어문학회.

이성만(1999), 「논평」의 텍스트 유형론적 연구-바꿔쓰기에 의한 텍스트 주제의 전개 방심을 중심으로, 독어교육 17, 한국독어독문학교육학회.

이승후(2009), 대학의 실용적 글쓰기에 대한 비판적 검토-비즈니스 커뮤니케이션으로서 자기소개서 쓰기 교육, 새국어교육 83, 한국국어교육학회.

이양숙(2011), 자기서사를 활용한 글쓰기 교육의 필요성과 방법에 대한 연구, 한국문학이론과 비평 50, 한국문학이론과 비평학회.

이영규·심진경·안영이·신은영·윤지선(2010), 학습용어 개념사전, 아울북.

이영호(2012), 학습 논술 교육 연구-학습 과정에서의 논증 능력을 중심으로, 서울대 박사학위논문.

이은호(1993), TV텍스트의 발화양식에 관한 연구-호명의 기제를 중심으로, 서강대학교 석사학위논문.

이인제·정구향·송현정·유영희·문영진·조용기·이재기·민병곤(2004), 국어과 교육 과정 실태 분석 및 개선 방향 연구(연구보고 CRC 2004-4-3), 한국교육과정평가원.

이재기(2005), 국어 영역간 성취도의 상관관계 분석, 국어국문학 139, 국어국문학회.

이재기(2010), 교수 첨삭 담화의 유형과 양상 분석, 한민족어문학 57, 한민족어문학회.

이재형(2006), 읽기 중 밑줄 긋기 전략 사용에 대한 비판적 고찰, 한국어문교육 15, 고려대학교 국어교육학회.

임경대(2002), 설명적 텍스트의 기능 구조 분석 방법과 교육적 적용 연구, 연세대학교 석사학위논문.

임지룡(2006), 인지언어학적 관점에서 본 의미의 본질, 한국어 의미학 21, 한국어의미학회.

장명순(2002), 정교화질문 전략을 이용한 협동학습의 구조화가 지식의 구성에 미치는 효과, 전북대학교 박사학위논문.

장성복(1998), 정교화 전략을 활용한 읽기 지도와 독해력과의 관계, 이화여자대학교 석사학위논문.

전제웅(2008), 해석을 통한 필자의 상승적 의미 구성 교육 연구, 한국교원대학교 박사학위논문.

전영(1998), 중심내용파악 및 정교화전략 훈련이 읽기장애 학생의 읽기이해력에 미치는 효과에 관한 일 연구, 이화여자대학교 석사학위논문.

정민주(2009), 자기소개 담화에 나타난 '자아 표현' 양상과 실현 맥락에 관한 고찰 -대학생 자기소개 담화를 중심으로, 국어교육연구 44, 국어교육학회.

조남현·이은경·조해숙·윤대석·신장우·송원석·이동혁·정지은(2010), 국어(상)·(하), (주)교학사.

조영돈(2006), 논술문 생산의 텍스트 언어학적 책략, 태학사.

조재윤(2005), 질문생성전략 훈련이 독해력에 미치는 효과에 대한 메타분석, 국어교육 116, 한국어교육학회.

철학사전편찬위원회(2009), 철학사전, 중원문화.

최용수(2000), <한림별곡> 연구의 현황과 전망, 한민족어문학 37, 한민족어문학회.

최지은·전은주(2009), 자기소개서 쓰기 지도를 위한 교육 내용 선정 방안, 새국어교육 82, 한국국어교육학회.

최홍원(2010), 국어과 사고 영역 체계화 연구, 새국어교육」 85, 한국국어교육학회.

한국교육과정평가원(2012a), 2013학년도 대학수학능력시험 대비 학습 방법 안내(대수능 CAT 2012-3).

한국교육과정평가원(2012b), 2014학년도 대학수학능력시험 예비시행 업무처리지침 (대수능 CAT 2012-1).

한국교육심리학회 편(2000), 교육심리학용어사전, 학지사.

한국교육심리학회(2010), 교육심리학용어사전, 학지사.

한국문학평론가협회(2006), 문학비평용어사전, 국학자료원.

한국어문연구소·국어과교수학습연구소(2006), 독서교육사전, 교학사.

한철우·박영민·박형우·김명순·선주원·최숙기·가은아·이영진·신승은·김기열·박종임·최성아(2010), 국어(상)·(하), 비상교육.

한현숙(2010), 자기소개서 표현 양상 연구, 새국어교육 85, 한국국어교육학회.

허경철(2013), 사고력 교육의 내실화를 위한 평가 방안 탐색, 사고개발 9(2), 대한사고개발학회.

허미자(1986), 매창의 시와 생애, 허경진 엮음, 매창 시선」, 평민사.

허선익(2010a), 덩잇글 구조가 설명문 요약에 미치는 영향－고등학교 1학년을 중심
으로, 국어교육학연구 37, 국어교육학회.

허선익(2010b), 설명문, 논설문 쓰기 능력과 요약 능력의 상관성－대학생 1학년을
중심으로, 새국어교육 84, 한국국어교육학회.

허선익(2013), 논설문 요약의 과정에 관련된 요약 규칙과 덩잇글 활용 양상 분석, 국
어교육연구 52, 국어교육학회.

황재웅(2008), 맥락 중심 읽기와 텍스트 유형의 상관성 고찰－비문학 텍스트를 중
심으로, 청람어문교육 38, 청람어문교육학회.

Okuma Akiko(2012), 한국 민속 그네뛰기의 전통과 변천, 서울대 박사학위논문.

劉勰(2005), 문심조룡, 최동호 역편, 민음사.

陳必祥(1986/2001), 한문문체론, 심경호 역, 이회.

坂部惠・有福孝岳 편저(1997/2009), 칸트사전, 이신철 역, 도서출판 b.

Anderson, L. W., Krathwohl, D. R., Airasian, P. W., Cruikshank, K. A., Mayer, R.
E., Pintrich, P. R., James Raths, & Wittrock, M. C.(2001), *A taxonomy for
learning, teaching, and assessing; A revision of Bloom's taxonomy of educational
objectives*, New York : Longman.

Anderson, L. W., Krathwohl, D. R., Airasian, P. W., Cruikshank, K. A., Mayer, R.
E., Pintrich, P. R., James Raths, & Wittrock, M. C.(2001/2005), 교육과정
수업 평가를 위한 새로운 분류학 : Bloom 교육목표분류학의 개정, 강현
석・강이철・권대훈・박영무・이원희・조영남・주동범・최호성 역, 아카
데미프레스.

Beaugrande, R & W. Dresser.(1981), *Introduction to Text Linguistics*, London :
Longman.

Blanchard, J., & Mikkelson, V.(1987), Underlining performance outcomes in
expository text, *Journal of Educational Research* 80.

Bloom, B. S., Engelhart, M. D., Furst, E. J., Hill, W. H., & Krathwohl, D.
R.(1956), *Taxonomy of educational objectives-handbook 1 : Cognitive doman*, New
York : Longman.

Chi, M., Leeuw, N., Chiu, M., & Lanvancher, C.(1994), Eliciting self-explanation
improves understanding, *Cognitive Science* 18.

Duke, N. K., & Person, D.(2002), Effective practices for developing reading comprehension. In A. E. Farstrup & S. J. Samuels(eds.), *What research has to say about reading instruction*(3rd ed), Newark, DE : International Reading Association.

Dunlosky, J., Rawson, K. A., Marsh, E. J., Nathan M. J., & Willingham, D. T.(2013), Improving students learning with effective learning techniques : Promising directions from cognitive and educational psychology, *Psychological Science in the Public Interest* 14.

Gadamer, H. G.(1990/2012), 진리와 방법2 : 철학적 해석학의 기본 특징들, 임홍배 역, 문학동네.

Matthew Lipman(2003/2005), 고차적 사고력 교육, 박진환·김혜숙 역, 인간사랑.

Noam Chomsky(1986/2000), 언어지식―그 본질, 근원 및 사용, 이선우 역, 아르케.

Sagarra, N., & Alba, M.(2006), The key is in the keyword : L2 vocabulary learning methods with beginning learners of Spanish, *The Modern Language Journal* 90(2).

Vygotsky, L.(1972), Thought and language. In P. Adams (ed.) *Language and thinking*, Harmondsworth : Penguin Education.

찾아보기

▌김종률

영남대학교 교육대학원 외래교수, 풍산고등학교 교사
영남대학교 사범대학 국어교육과 및 동대학원(교육학 박사) 졸업

• 주요 논저
논술 사고 교육론, 국어과 통합교육을 위한 문제해결 방안 연구, 한설야 소설 연구, 전기소
설 발생론, 한국 노동시 연구 등이 있다.

인지적 사고와 국어교육론

초판 1쇄 인쇄 2014년 8월 8일
초판 1쇄 발행 2014년 8월 18일

지은이 김종률
펴낸이 이대현
편 집 박선주
디자인 이홍주

펴낸곳 도서출판 역락
등 록 1999년 4월 19일 제303-2002-000014호

주   소 서울시 서초구 동광로 46길 6-6(문창빌딩 2F)
전   화 02-3409-2058(영업부), 2060(편집부)
팩시밀리 02-3409-2059
e-mail youkrack@hanmail.net

정가 22,000원
ISBN 979-11-5686-071-6 93370

*잘못된 책은 구입처에서 바꿔 드립니다.

이 도서의 국립중앙도서관 출판예정도서목록(CIP)은 서지정보유통지원시스템 홈페이지(http://seoji.
nl.go.kr)와 국가자료공동목록시스템(http://www.nl.go.kr/kolisnet)에서 이용하실 수 있습니다.(CIP제
어번호 : CIP2014022294)